# VOYAGES

DE

# GULLIVER

ANGERS. IMPRIMERIE LACHÈSE ET DOLBEAU

Je répondis avec justesse a toutes les questions du roi.

# VOYAGES
## DE
# GULLIVER

### PAR SWIFT

TRADUCTION DE L'ABBÉ DESFONTAINE

REVUE, CORRIGÉE ET PRÉCÉDÉE D'UNE INTRODUCTION

PAR

JULES JANIN

ILLUSTRATIONS DE GAVARNI

QUATRIÈME ÉDITION

PARIS

LAPLACE, SANCHEZ ET Cⁱᵉ, LIBRAIRES-ÉDITEURS

3, Rue Séguier, 3

# JONATHAN SWIFT

DOYEN DE SAINT-PATRICK

Parce que cet homme illustre a laissé des pamphlets, tout remplis de la curiosité, de la grâce et de l'intérêt du roman, nous aurions tort de le priver de son vrai titre, et de ne pas le mettre au premier rang des hommes politiques de l'Angleterre. — Il est l'auteur du fameux *Conte du Tonneau*. — Il écrivait en se jouant, d'une plume acérée et moqueuse, les *Voyages de Gulliver*, la plus amusante et la plus populaire des satires, devenue un jouet d'enfant... Ceux-là cependant se tromperaient... (tant les hommes les plus distingués connaissent peu leurs vrais mérites!) qui placeraient le doyen de Saint-Patrick, Jonathan Swift, parmi les poëtes et les romanciers de la nation qui produisit, à la même heure et le même jour, Samuel Richardson et Fielding, *Clarisse Harlowe* et *Tom Jones*. Swift, armé d'ironie, et robuste écrivain, alerte à toutes les questions, prompt à l'attaque, habile à la défense, eût été bien étonné, j'ai presque dit *humilié*, si quelque esprit, bon critique, eût affirmé à ce rude joûteur que, tous les hommes qu'il attaquait ou qu'il défendait étant morts ; que toutes ces questions brûlantes, qui le tenaient en si grand éveil, étant oubliées ; que ces pamphets dont il faisait sa gloire étant retombés dans le néant, Jonathan Swift, honoré d'un titre populaire (on dit le *doyen*, en Irlande, comme à Rome on disait le *poëte*, en parlant de Virgile) échapperait à ce naufrage éternel, grâce à certains côtés, voisins de la comédie. Ah ! que de fois elle reste où l'histoire a passé !

Ce bretteur pour ou contre les divers *cabinets*, ce qui l'a sauvé de l'oubli, c'est l'adoption des lecteurs de bon sens, qui savent arracher d'un conte bien fait tout ce qui ressemble à la haine, à la violence des partis. Les tout petits enfants, par leurs suffrages naïfs, ont sauvé la mémoire du fameux Doyen de Saint-Patrick... et telle fut sa récompense d'avoir été si longtemps, parmi les plus cruelles tempêtes et les disputes les plus violentes, une façon d'homme d'État sans portefeuille, un des plus acharnés combattants de la presse périodique, à l'heure où le *journal*, ce « troisième pouvoir, » fondait sa domination toute-puissante sur les bords de la Tamise. Invention nouvelle, puissance inconnue et force invincible, vous rencontrez, tout d'abord, dans l'exercice assidu de cette improvisation sans trêve, les plus beaux esprits, les plus fermes courages de l'Angleterre : Steele, Addison, Swift, Congrève, Walsh, Arbuthnott, Gay, Pope, Keng, Prior, le docteur Friend, les *langues de feu* de ce temps-là ; les uns et les autres, ils ont eu l'insigne honneur de comprendre et de fonder, à l'abri de la tribune et même au delà, le journal, cette force éloquente, exposée à tant de haines, à tant de revers.

Certes, la lutte était terrible, en ces premiers jours, entre les gouvernants et ces satellites de la plume, et plus d'une fois, par ces lois sanglantes et sans pitié d'une presse mal définie, en deçà, au delà de toute loi connue, ce fut une lutte à mort :

Tel est blessé qui blesse, et meurt content, s'il tue ?

Tories et Jacobites de cette époque, au temps de la reine Anne, ils poussaient toutes choses au pied de la lettre, et n'entendaient pas raillerie. On n'irait pas bien loin pour rencontrer ces premiers martyrs du *quatrième pouvoir*. Lui-même, l'auteur de *Robinson Crusoé*, Daniel de Foë, un esprit à la taille de Swift, pour quelques pamphlets, roide assénés, il est emprisonné à Newgate, il est jeté en exil ; ses biens sont confisqués, ses pamphlets sont brûlés par la main du bourreau, dans New-Palace-Yard ; prisonnier d'un ministre impitoyable, il est condamné à une amende de huit cents livres sterling. En un mot, tous les supplices, hormis la mort... *citra mortem*.

Lui cependant, le pamphlétaire (ils étaient presque tous de cette taille, à la naissance du journal), il résiste à tous les châtiments ; sa tête peut tomber, il ne courbera pas la tête. A défaut de la science, il avait l'audace ; la violence lui servait de courage, et quant à la patience, il la puisait dans le trésor de ses colères. Si le poëte Montgomery, détenu dans le château d'York (1704), pour un pamphlet, écrivit son poëme des *Plaisirs de la prison*, Daniel de Foë, attaché au pilori, supplice barbare des Normands de la conquête, adressait une ode au pilori. « Salut, machine hiéroglyphique d'État, condamnée à châtier la pensée! Les fripons font leur office, pendant que les fous s'amusent à rêver. »

Mais aussi quelle étrange aventure, que ce grand pamphlétaire, intrépide, à la façon d'un héros, qui tient tête au gouvernement le plus tenace, un vrai patriote. Daniel de Foë, se rencontre à la fin de sa tâche, au moment de l'oubli définitif, éternellement sauvé par un chef-d'œuvre incomparable, où toute imagination se montre, où toute fiction est agissante! Il est sauvé, Daniel de Foë, par les *Aventures de Robinson Crusoé*, qui est un voyageur imaginaire, tout comme Jonathan Swift est sauvé par les *Voyages de Gulliver*. L'un et l'autre, ils sont adoptés dès l'enfance, et les voilà, l'un et l'autre, à jamais absous de tant de violences, de blasphèmes, de satires, de cruautés! Ainsi, chez nous, ce publiciste enfoui dans un linceul de discours sans date et sans nom, Benjamin Constant, pour avoir fait un petit conte (*Adolphe*)... la postérité lui pardonne toutes ces palinodies.

Mieux que tout autre, en ces grandes batailles des faibles contre les forts, des beaux esprits gens de rien contre les ministres tout-puissants, Jonathan Swift excellait à parler au peuple anglais dans le véritable accent des bords de la Tamise. Il avait ce genre de courage et d'audace qui ne recule absolument devant personne, et, toute sa vie, il fut à côté, tantôt pour l'attaquer, tantôt pour le défendre, de ce gouvernement mal assuré qui passait, tour à tour, par tous les excès de la compression et de la liberté. Le duc de Warthon, lord-lieutenant d'Irlande, *le plus scandaleux des hommes puissants* (c'est un mot de Pope), ne peut être réprimé que par le docteur Swift. Il fut d'abord, ce terrible *doyen*, l'ami de ces ministres qu'il devait détruire, l'*Alcide* de Harley, l'*Ajax* de Bolingbroke. Il avait l'énergie et la passion ; il flagellait à outrance, avec le flegme anglais et le fouet de Juvénal, ses plus puissants adversaires : Sunderland, Godolphin, Cowper, Walpole, le duc de Marlborough lui-même, Warthon enfin, Warthon, qu'il accablait sous le poids d'une verve intarissable, d'une ironie implacable que rien n'étonne, d'une colère éloquente et sans frein.

Tels furent les premiers jeux de cette plume ardente, habile, ingénieuse et sans rivale, tout à fait digne d'appartenir au *Club de la Légion;* « *Légion* » était le vrai nom de Jonathan Swift.

Il vint au monde, à Dublin, le 30 novembre 1667, dans une ancienne famille du comté d'York, ruinée par les guerres civiles. Son père était avocat, sa mère était belle et pauvre. Il fut, tout de suite, un enfant précoce. A quatorze ans, ses parents l'envoyèrent au collége de la Trinité comme pensionnaire, et l'enfant se trouva frappé de cet ennui du collége auquel tant de jeunes esprits ne savent pas résister. Il avait ses éclaircies dans les études, et ses intervalles somnolents ; il étudiait à ses heures, à son bon plaisir ; il faisait souvent l'école buissonnière, et souvent il fut châtié ; c'est pourquoi il avait gardé, peut-être en souvenir de ses grades, péniblement gagnés, un assez triste souvenir de ses premières années d'étude. Une remarque à faire : on rencontre assez rarement, parmi ces grands écrivains anglais, un aimable et respectueux souvenir des jours scolaires.

Ne demandez pas à Gibbon l'historien, ne demandez pas à Locke le philosophe, à Dryden le critique et autres *éthoniens* les souvenirs qu'ils ont conservés de ces années que les parents, oublieux des travaux du premier âge, appellent obstinément: les plus belles années de la vie!... ils vous répondraient par des imprécations unanimes. Jamais, il faut le dire à sa louange, l'Université de France n'a déposé dans le cœur de ses disciples ces rancunes impérissables. On la boude... on lui pardonne! Elle est bien l'*alma mater*, négligée au temps heureux, que l'on regrette et que l'on pleure au milieu des tempêtes de la vie... Au contraire, on dirait que les plus illustres écrivains de la Grande-Bretagne, les meilleurs élèves de ces écoles qui ont produit des savants du premier ordre, se sont entendus pour jeter contre *leur mère impitoyable* les cris d'une réprobation unanime : Cowley, Addisson (la bonté même), Cowper, Swift, Goldsmith, Churchill, autant de bons esprits qui ne furent même pas de médiocres écoliers, et qu'on reçut bacheliers, Swift entre autres, *par grâce spéciale*. De ces haines vigoureuses rien ne peut guérir ces écoliers indociles, ni l'âge, ni la gloire; et tout d'un coup, sans qu'on y songe, au milieu d'une tirade, les voilà qui prennent à partie immédiate leurs anciens maîtres. Celui-ci jette sa bile sur le *terræ filius* d'Oxford, cet autre sur le *provocateur* de Cambridge. Lord Byron, le plus célèbre... et le plus récent de ces enfants des écoles anglaises, à peine hors de page, se met à traiter son vieux maître Butler, comme si ce Butler eût été un des critiques de la *Revue d'Edimbourg*.

« Je ne pense pas, dit Byron, que maître Butler, mon digne précepteur, puisse jamais regretter les *tendresses mutuelles* que nous avions l'habitude de nous prodiguer. Nous ne nous sommes parlé qu'une fois, depuis mon départ de l'école en 1805, et il dit alors obligeamment que *ma société ne convenait pas à ses élèves*. J'espère que dans ma quatrième satire le révérend M. Butler apprendra que je n'ai pas voulu mourir sans laisser au monde le souvenir de ses bons offices envers moi. — L'*alma mater* fut pour moi l'*injusta noverca* : elle ne me donna mes degrés de *maître ès arts* que lorsqu'elle ne put faire autrement. »

En 1688, la guerre éclatait en Irlande, et Swift, qui marchait sur ses vingt et un ans, s'en fut à Londres, pour y vivre, au jour le jour, de ses talents précoces. Heureusement il rencontra, qui le prit à son service, un des grands esprits de cette époque, orateur distingué, habile écrivain, sir William Temple, un peu hautain, un peu fier, mais bien élevé. William Temple était un des plus acharnés dans la bataille politique et dans les évolutions de ce gouvernement sans boussole; il devina bientôt un véritable écrivain, que dis-je? un défenseur dans ce nouveau venu qui n'appartenait encore à personne, et, comme essai de ce jeune homme, il en fit une façon de secrétaire. Et tantôt le jeune Swift faisait la lecture à son patron, et tantôt il écrivait sous sa dictée; ou bien, si l'homme politique était retenu chez lui par la goutte, le jeune secrétaire ouvrait la porte au roi Guillaume, quand Sa Majesté visitait sir William.

Vous chercheriez en vain dans les souvenirs de Jonathan Swift l'émotion que la présence d'un si grand homme aurait dû laisser dans une âme ouverte à toutes les impressions. Le jeune homme, dans ce moment, est tout occupé à traduire une ode d'Horace, l'ode XVIII du second livre, et s'inquiète assez peu de ce Guillaume... un héros silencieux, un capitaine, un politique, un fondateur...

« A ma poutre enfumée on ne voit pas briller l'or et l'ivoire, et je laisse aux palais des grands les blocs de l'Hymette, posés sur des colonnes que l'Afrique a taillées. Un si petit que je suis se perdrait dans la maison d'Attale; aux dieux ne plaise que je change en fileuses de ma pourpre les plus grandes dames romaines! »

Telles étaient ses pensées. Il était pauvre et déjà la pauvreté lui pesait. Il l'a redoutée toute sa vie; il en avait peur. Sans doute, il disait avec le poëte : « Elle a surtout cela de malheureux, la pauvreté, elle vous fait ridicule! » Or (le pauvre homme!) il préféra la haine au ridicule, et, pour ne faire pitié à personne, il fit pitié à tout le monde. A ce compte, il a refusé d'épouser une charmante femme, et la fit mourir de chagrin, parce qu'il n'était pas assez riche encore pour tenir le serment qu'il avait fait de l'épouser.

De l'*ode* à la satire il n'y a pas loin; Horace... et Swift l'ont bien prouvé, et, le jour même où White-Hall (1671) remplit de ses flammes, vengeresses de tant d'iniquités royales, la ville entière, Swift écrivit sa première satire, à propos de l'immense incendie, et cette admirable satire a tout à fait des accents à la Juvénal.

« White-Hall, élevé par les mains impies de Wolsey ! Le cruel Henri VIII y tint sa cour ; entre ces murailles, sans pitié et sans honte, cet affreux tyran a signé la mort de plus de mille martyrs. Dans ces lieux solennels, le faible Édouard et la superstitieuse Marie ont comploté, les insensés ! leurs saintes innovations ; mais bientôt, digne fille de son père, en vraie Tudor qu'elle était, la reine Élisabeth se dressa, ici même, au niveau de son trône royal, un trône pontifical : reine et pape tout ensemble ! Gloire ternie par le meurtre d'une reine... d'une sœur. Vint ici, plus tard, le Cromwel, qui tue et disperse ; à son tour reparut, à White-Hall, le digne fils de Charles I$^{er}$, ce demi Louis XIV ! Il amenait à sa suite, avec le meurtre et la peste, les bouffons, les menteurs, les parasites ! Adieu donc, ô White-Hall, étable d'Augias, car cette fois, dans cette œuvre de purification impossible (Hercule serait mort à la tâche, le grand Nassau eût succombé), la flamme dévorante s'acquitte en souveraine. C'en est fait, tout brûle, un peu de cendre est tout ce qui reste de ces misérables splendeurs ! Disparaissez, avares et mercenaires faiseurs de projets, courtisans vendus ou à vendre, patriotes qui donneriez la patrie pour une guinée ; lâches meurtriers, concubines, disparaissez ; votre toit superbe, il s'écroule ; vos marbres se calcinent ; votre Sodome... est une flamme ; le nid obscène de tous ces vices tombe écrasé dans le brasier de ce paradis infernal ! »

Voyez donc le poëte! et pensez si le jeune homme, écrivant ces imprécations, n'était pas disposé à toutes les haines!... Il attendit que son patron lui témoignât enfin qu'il l'avait remarqué... Le patron, William Temple, ne reconnut pas tout d'abord ces rares mérites.

Impatient et mécontent, Swift quitta William Temple et revint en Irlande, où il obtint, étant ordonné ministre, une modeste prébende. Ah! le triste séjour! l'isolement, le silence et la pauvreté! Quels changements pour ce jeune homme habitué au mouvement le plus rare, aux esprits les plus divers, aux grands rêves, aux vastes pensées :

> Quitter le long espoir et les vastes pensées!

Un peu plus tard, il fut nommé au doyenné de Saint-Patrick de Dublin. Ce n'était pas une fortune encore, c'était déjà une assez grande position. Le presbytère était ancien, la maison très-habitable; une eau vive arrosait le grand jardin; des voisins, des voisines, entouraient M. le doyen. C'était beau et bon, tout cela; mais la politique et la vie à Londres, mais les disputes des whigs et des tories, mais l'écho de la Chambre des communes, mais tous ces pamphlets de chaque jour, ces partis qui se déchirent, et cette mêlée ardente d'intérêts, de passions, de vanités, voilà de quoi chagriner le plus beau doyenné du monde.

Aussi bien Jonathan Swift assez souvent quittait l'Irlande et s'en venait chercher des nouvelles de l'Angleterre. A peine à Londres, il entrait dans les bureaux d'un journal intitulé le *Causeur* (*Tattler*), et tout de suite il prenait la plume, et les lecteurs du lendemain se disaient : « Avez-vous lu le *Causeur?* » Un autre jour, c'était l'*Examiner*, un journal politique, et maître Swift, seul contre tous, n'ayant plus à ses côtés le doux Addisson pour modérer ses colères, tenait tête à toutes les violences de la plume et de la parole.

En ces moments d'insultes et de représailles, le docteur Swift soudain grandissait de dix coudées! Son nom était dans toutes les bouches, les ministres le saluaient jusqu'à terre ; il avait ses grandes et ses petites entrées partout où se brassait la politique. A peine écrites, on s'arrachait ses brochures. Celle qu'il écrivit le 17 novembre 1711 (*la Conduite des Alliés*), au moment où la question de la guerre était débattue au Parlement, eut quatre éditions en huit jours. Mais aussi, Dieu sait la colère et la fureur des partis! Les uns demandaient sa tête, les autres, plus cléments, se contentaient d'un exil éternel. Lui cependant, toujours à l'œuvre, à sa tâche, infatigable, acceptait tous les défis, relevait toutes les violences ; il se jetait hardiment dans la mêlée, et parfois, sans le savoir, il écrivait des chefs-d'œuvre.

Ainsi le *Conte du Tonneau*, fondé sur une allégorie ingénieuse et claire comme le jour, est écrit avec tout le sel et toute la verve de Rabelais. Cette fois encore, il s'agissait de retracer la corruption de l'Église romaine, et d'exalter l'Église anglicane, aux dépens du culte catholique. Ainsi fut porté le dernier coup aux croyances des Stuarts, et ce livre était si charmant, il était si plein de doute et de malice, que Voltaire en fut jaloux, et qu'il le recommandait à ses disciples. Ce *Conte du Tonneau* vivra, autant que vivra chez nous la *Satire Ménippée*. Et notez bien que cette *Ménippée* a l'accent anglais, Jonathan Swift ne la signa pas de son nom; il laissa son livre et son esprit tout seuls faire un grand chemin au milieu des louanges, au milieu des blasphèmes. Admiré, sifflé, applaudi, déchiré, ce livre est sorti, vivant, de ces rudes épreuves. L'Angleterre, encore aujourd'hui, sait par cœur le *Conte du Tonneau*.

Toutefois, cette renommée et ce grand bruit autour de son nom ne contentaient pas l'ambition de Jonathan Swift. Il aspirait ouvertement aux plus hautes dignités de cette Église qu'il avait si bien défendue, et ne cachait guère son mécontentement quand il se voyait encore si loin du banc des évêques, et qu'il se comparait à tant de grands esprits, arrivés plus haut que lui : Addisson, secrétaire d'État; Newton, intendant des manuscrits du royaume; Congrève, magistrat ; Prior, plénipotentiaire; M. Pope, qui vend deux mille *livres sterling* sa traduction de l'*Iliade*. Après leur mort, honorés comme des rois, ces hommes heureux sont portés à Westminster. Jonathan Swift eut beau faire, il resta jusqu'à la fin doyen de Saint-Patrick. On dit même qu'à son retour en Irlande, après ses grandes batailles, il fut assez mal reçu de ses concitoyens ; ô misère ! il avait dépensé pour des ingrats (en attendant les jours meilleurs) tout ce courage avec tout ce talent !

« Nul n'est prophète en son pays ! » Jonathan Swift l'éprouva bientôt, et dans son doyenné, il fut reçu comme un étranger, comme un importun, pendant qu'à Londres sa retraite était regardée comme une défaite. « Il est donc parti, se disaient les pamphlétaires, ce grand négociateur entre les ministres, ce fameux défenseur du clergé, cet écrivain que la reine Anne a laissé sans récompense ! » En même temps les délations, les injures, les calomnies, toutes les indignités de la politique... On eût dit que du fond de sa retraite il n'entendait pas une seule de ces injures, tant il était calme et silencieux.

D'ailleurs, en ce moment de sa vie il est occupé cruellement par l'expiation d'une grande faute. Il avait aimé deux femmes, et le dévouement de ces deux femmes, leur jalousie et leur malheur, déchiraient cette âme accessible aux remords. La première avait nom Stella ; elle avait vingt ans, lorsqu'elle aima d'amour Jonathan Swift. Stella était un bel esprit, un noble cœur ; elle avait suivi cet homme en tous sentiers, elle l'avait consolé dans ses diverses fortunes, elle l'aimait d'un amour dévoué, jusqu'à mourir pour lui.

Vanessa, la seconde, avait été la première à dire à Jonathan Swift : « Je vous aime ! » et déjà dans les liens de Stella, il avait répondu imprudemment à l'amour de la belle Vanessa ! Triste position pour un galant homme, et même pour un doyen de l'Irlande. Il se débattit longtemps dans ces doubles chaînes ; mais enfin la pauvre Vanessa succomba, la première. Elle mourut quand elle apprit que Swift était le mari de Stella ! Cette mort fut presque un crime. Hélas ! la jeune femme était si charmante, elle était si patiente aussi ! Elle attendait le *doyen* des semaines entières ; elle lui écrivait des lettres si tendres et si tristes ! L'Irlande entière avait pris parti pour Vanessa. L'Angleterre en oublia pendant six mois la peine, le meurtre et les douleurs de Clarisse Harlowe, une sainte, une martyre!

Et, comme il arrive assez souvent que les gens d'un vrai mérite, après avoir été bien discutés, bien insultés, finissent par avoir une revanche éclatante, il advint que le docteur Jonathan Swift, dans cette Irlande qui l'avait si mal accueilli, fut le défenseur intrépide, opiniâtre, opprimé de la nation irlandaise. Elle avait perdu toutes ses prospérités, toutes ses libertés depuis la ruine des Stuarts; la guerre civile et les persécutions religieuses avaient affaibli ce royaume à ce point, que la misérable Irlande était devenue une espèce de province conquise. Le parlement d'Angleterre envoyait ses lois à l'Irlande; il lui prenait son commerce; il prohibait l'exportation de ses marchandises; il ruinait, par des lois imprévues, ses manufactures, et, quand l'Irlande élevait la voix pour se plaindre, ô peine inutile! ô grande cause à peu près perdue, faute d'un défenseur! L'Irlande se sentait plus que jamais liée, en toute perpétuité, à la couronne d'Angleterre : *Victrix provincia ploras!*

Alors les colères, les plaintes, les révoltes, les gémissements de ce peuple! En même temps quelle indignation dans l'âme intelligente du docteur Swift! Il oublie à l'instant même les mépris qui l'ont accablé dans cette Irlande au désespoir, et lance un pamphlet tout rempli de flétrissures contre le despotisme anglais [1].

Encore une fois, Swift mettait le feu aux poudres, et ses *représailles* épouvantèrent ce ministère entouré de toutes

---

[1] Proposition de ne faire usage que de manufactures irlandaises, etc., en renonçant entièrement à toutes les étoffes qui viennent d'Angleterre.

les corruptions. Aussitôt les persécutions recommencent. L'impression des pamphlets est arrêtée; récompense est promise à qui dénoncera l'auteur...; mais pas un ne le dénonça, et, quand vint la question *palpitante* des demi-sous et des liards *sterling*, fabriqués en Irlande, afin d'enrichir la comtesse de Kindale, une maîtresse de Georges Ier, Jonathan Swift, l'intrépide, publia ses fameuses *Lettres du Drapier,* étincelantes de verve et d'esprit, d'ironie et de bon sens.

Le *Drapier,* dans un langage excellent, réclamait les libertés de l'Irlande; il la montrait opprimée et ruinée à plaisir; il rejetait avec horreur cette monnaie déshonorée ! Ah ! quel retentissement dans cette Irlande autrefois libre, esclave aujourd'hui ! Le *Drapier* parlait comme autrefois Spartacus. A la voix du *Drapier,* des associations se formèrent contre les sous de la duchesse de Kindale, et pas un des porteurs de cette monnaie honteuse ne trouva plus à acheter, dans tout le royaume, une bible, un journal, un pot de bière, une prise de tabac.

Voilà comment il fallait répondre, et voilà comme il fut répondu à cet envahissement de l'Irlande par les gros sous de l'Angleterre. Association ! Spoliation ! comme autrefois Hampden, qui refusa au Stuart l'impôt, et qui gagna sa cause. Et par l'écriture, et par la parole, et par le serment, Jonathan Swift opposa l'Irlande à l'Angleterre, écrasant le ministère et s'arrêtant à peine à la prérogative royale. On n'a jamais vu pareil succès chez nous, sinon peut-être (un seul instant !) les pamphlets de Paul-Louis Courrier, que personne aujourd'hui ne lit plus... Les *Lettres du Drapier* sont dans toutes les mémoires... tant le pamphlétaire avait raison, tant il écrivait d'un style ardent, convaincu ! Aussi bien il eut pour aide à son œuvre toutes les passions du peuple irlandais, et le ministère, obligé de reculer, finit par rappeler le batteur de fausse monnaie. Alors quel triomphe et quelle gloire ! Aux pieds de son défenseur se prosterna l'Irlande. Il n'y eut pas de chaumière où l'on ne vit l'image du *Doyen*, car voilà comment on l'appelait.

Son nom était dans toutes les bouches, il était gravé dans tous les cœurs. Le ministre un instant voulut faire arrêter le Doyen. « Ce sera très-bien fait, lui dit quelqu'un ; mais au préalable, envoyez dix mille soldats, pour le conduire en prison. »

Telle fut cette idolâtrie. Il devint le Dieu de tout un peuple ; il parle, on l'écoute ; il marche, on le suit. Trop heureux le Doyen, s'il se fût contenté de cette popularité, dont la popularité d'O'Connell donne à peine une idée approchante. Hélas ! c'était une âme inquiète, un esprit volage. Il n'eut pas de cesse qu'il n'eût quitté cette Irlande, où il était adoré, pour retourner à Londres, où l'attendaient les déceptions amères. Walpole, une contrefaçon de notre duc de Choiseul, était en ce temps-là le premier ministre. Esprit futile, inquiet, mécontent, plein d'insolence, il ne pouvait guère oublier que Jonathan Swift avait été l'agitateur de l'Irlande, et de toute sa force, en secret, en détail, il maltraita le doyen de Saint-Patrick.

Swift cependant (ce que c'est que de nous ! à quels fils misérables tiennent la bonne renommée et l'honneur des écrivains!) faisait une cour assidue à mistress Howard, maîtresse du prince de Galles et confidente de la princesse Caroline... Il fut, sans le savoir, le jouet de ces deux femmes... Il fut le jouet de ce ministre... Il n'était pas de ces hommes que l'on maltraite impunément.

Écrivain de forte race, énergique, audacieux, il revient en Irlande, en laissant un brûlot, un véritable incendie, au milieu du royaume d'Angleterre. Ici nous voulons parler de son grand titre aux respects de la postérité, les *Voyages de Gulliver*. Le manuscrit de *Gulliver* fut jeté, par un passant, dans la boutique d'un libraire appelé Mathe, et le libraire eut bientôt publié, non pas sans quelques retranchements de sa façon, ce chef-d'œuvre armé de mille insultes. Jamais satire à la fois plus ingénieuse et plus éloquente, en tant de formes, en tant de façons, par une variété plus piquante, n'avait paru dans aucune littérature. Un livre étrange et charmant, où l'Anglais retrouvait, émerveillé de la ressemblance : le roi, la reine et la maîtresse royale, et le peuple, et la cour, et le ministre. Ici, tories et whigs, les *talons hauts* et *talons plats*; plus loin, protestants et papistes, les *gros boutiens*, les *petits boutiens*; le prince de Galles, le duc d'Ormond, lord Bolingbroke; les intrigues, les scandales, les courtisans, les filles d'honneur, rien n'y manque.

Et tantôt Gulliver est le géant, tantôt le pygmée. Une autre fois, dans le *Voyage à Laputa*, vous retrouverez les philosophes, les écrivains, les poëtes et les faiseurs de projets, semblables aux courtisans de Quinte-Essence, reine d'Entéléchie, au chapitre xiii du livre V du *Pantagruel*.

Mais que la satire aille au fond de la politique, ou qu'elle s'arrête à la surface des belles lettres de ce grand siècle littéraire qui commence à Milton, qui s'arrête à Dryden, dont Shakespeare est le dieu, ce qu'il y a de plus rare et de plus charmant, dans ces *Voyages de Gulliver*, c'est que la satire et l'allusion, et la malice directe, étant disparues, il reste un livre, une histoire, un conte, un roman; le charme enfin, l'intérêt, la curiosité, le sourire. Il est fâcheux, sans doute (mais le dommage était facile à réparer), que le *voyage chez les Houyhnhnms*, tout rempli d'une amertume exagérée, ait souillé ces aimables fictions. Cette fois, Lucien, Rabelais, Bergerac, les humoristes, on les regrette; ils piquaient tout le monde, ils ne tuaient personne, ils ne souillaient personne.

Au demeurant, le succès de *Gulliver* fut immense : il dure encore.

On y retrouvait d'une façon nette et vive et précise, avec le style irrégulier du *Drapier*, l'ironie et le bon sens, au degré suprême. Ajoutez la vérité des caractères, et l'aimable abandon de ces choses impossibles, racontées dans le ton le plus simple et le plus vrai de l'histoire. Admirons ce bonheur si rare... un pamphlet politique, après avoir jeté sa flamme et sa fumée, accepté bientôt comme un conte, un drame, un poëme, une vision !... Donc, s'il vous plaît, nous laisserons les *gros boutiens* et les *petits boutiens* se moquer, tout à leur aise, de la politique... Elle est l'expression de la vie et du mouvement d'un grand peuple. Croyez-moi, ne médisons pas de la politique ; elle est féconde en force, en beau style, en fictions charmantes : l'*Utopie* de Thomas Morus, les *Aventures de Télémaque*, l'*Annus mirabilis* de John Dryden, autant de livres politiques. Ils ne sont pas le moindre honneur de la littérature qui les enfanta.

Les *Voyages de Gulliver* représentent non pas le dernier travail, mais le dernier succès, le dernier bonheur de Jonathan Swift. Ce rare esprit avait jeté dans son livre une clarté suprême, et désormais, au jour le jour, il ne sut plus que languir et s'éteindre. A son retour en Irlande, il avait retrouvé Stella, cette autre femme qui l'avait tant aimé. Elle était mourante, à peine elle eut le temps de lui sourire : « Ami, je te pardonne. » Elle mourut calme et résignée, un 28 janvier 1728. Désormais seul au monde et plein de repentir, Jonathan Swift résista quelque temps encore à l'envahissement de tous les maux et de toutes les peines. Il se plongea dans la solitude, il s'entoura de silence ; il prit en haine les hommes d'abord, les choses ensuite. Sa colère augmentait à mesure que s'en allait sa raison. Triste abandon, découragement, plus rien que le nom, qui reste, et la vieillesse approchante ! Il avait gardé une grande part du talent qui était en lui. A défaut de tous les amours qu'il avait perdus, il s'était repris d'une grande passion pour l'Irlande, la pauvre et catholique Irlande ! Elle a la grâce et la piété. Swift, un jour, la voyant si affamée et si pauvre, lui proposa de manger ses propres enfants ; ce fut là son dernier sourire et sa dernière ironie.

On le craignait encore, il faisait peur au ministère : il avait des ennemis qui le prenaient à partie, et lui, il dédaignait

> L'insecte impertinent qui piquerait un Dieu.

Peu à peu, ces langueurs restées intelligentes se changèrent en diatribes, en pièces fugitives, en obscénités, et ces tristes licences annoncèrent la décomposition finale. En même temps que la santé du corps, s'en allait la santé de l'âme. Il mangeait seul; tout lui déplaisait, même l'aubépine en fleur. A la fin, le désastre de ses sens n'eut plus de bornes; il ne fut plus que l'ombre incertaine et flottante d'un grand nom : *magni nominis umbra...*

Il voulut corriger ses ouvrages, et ses corrections les dégradèrent; il voulut écrire des satires... il dépassa le but, lui qui ne l'avait jamais dépassé! Il tomba misérablement dans la personnalité, de la personnalité dans la charge. Il finit par ne plus s'entendre... on avait cessé de l'écouter.

En même temps, une irritation funeste, une violence, une fantaisie, une suite incroyable de caprices, et chaque jour un ami qui s'en va emporté par la mort : Gay, Arbuthnot... Il devint sourd. Un jour il trouve un arbre étété et s'arrête : « Ah! dit-il au docteur Young (le triste auteur des *Nuits*, un sot livre adopté par le dix-huitième siècle français), *voyez cet arbre, il est mort par le haut! je mourrai comme lui.* » Un autre jour, il se fâche, entendant qu'on l'appelle un *beau* vieillard : « Non, disait-il, il n'y a pas de beau vieillard. » Il sentait venir la folie. A toute heure, il s'interrogeait lui-même. Dans son testament, il consigna sa volonté dernière : « que l'on bâtît à ses frais, une maison pour les insensés ! » ajoutant que pas une nation plus que la nation anglaise n'avait besoin de ces tristes asiles. Dans cet acte de sa volonté suprême, il oublia sa famille ; il ne l'avait jamais trop aimée. Ah ! la triste fin ! Un ami, un contemporain de Jonathan Swift, Shéridan, si pauvre, était resté si charmant ! Il a souvent consolé le *Doyen* par ses vives saillies, et Swift souriait, par habitude, au pauvre et gai Shéridan.

Arrêtons-nous, n'allons pas plus loin ; contemplons en silence un si terrible malheur, et, quand le doyen sera mort, accompagnons sa dépouille mortelle dans la cathédrale de Saint-Patrick, où lui-même il s'était creusé un tombeau avec cette épitaphe :

*Ici repose enfin Jonathan Swift, le doyen de cette église. Il n'a jamais poussé la colère jusqu'aux injures. Imitez, si Dieu vous en fait la grâce, la virile ardeur qui fit du Doyen le vengeur de la liberté.*

Jonathan Swift est mort le 19 du mois d'octobre 1745, à l'âge de soixante-dix-huit ans. Il avait été un des beaux hommes de son siècle ; il avait la taille haute et robuste, les yeux bleus, le teint brun, les sourcils noirs, une physionomie à la fois sévère et fière. *Il riait peu...* « *il sourit de manière à faire penser qu'il se moque de lui-même.* » C'est un mot de Shakespeare. Il était éloquent, il pensait bien, avec mille réparties et mille saillies. Il savait bien notre langue. Il aimait la promenade. Il avait une grande autorité sur son entourage ; il était charitable, économe et bienfaisant, très-bon prêtre, attentif à son œuvre, exact à sa tâche ; un fidèle administrateur de sa cathédrale, et surtout un admirable, un infatigable écrivain, « un esprit créateur, » disait le cardinal de Polignac ; un vrai génie. On lira sans cesse et sans fin, de Jonathan Swift, le *Conte du Tonneau,* « dédié au prince Postérité, » les *Lettres du Marchand de drap,* et surtout les *Voyages de Gulliver.*

S'il vous plaît, nous dirons un mot de cette *nouvelle* traduction des *Voyages de Gulliver.*

« Nouvelle, » on peut le dire : elle est revue et châtiée avec un zèle infini, dans la juste prévision que, cette fois encore, il ira, ce beau livre, entre les mains innocentes de l'adolescence et de la jeunesse. Il les faut respecter. Prenez garde à l'enfant ! prenez garde à la jeune fille, au jeune homme, aux jeunes âmes ouvertes à toutes les impressions.

Voilà pourtant à quelle tâche, ingrate il est vrai, mais nécessaire, on s'est attaché, dans cette édition, pour que ce pamphlet politique, écrit dans la langue même de la rue et du marché, avec le projet bien arrêté de frapper fort, plus que de frapper juste, eût enfin ses grandes entrées dans le doux sanctuaire de ces familles dont Walter Scott est l'hôte assidu, bienveillant, sans danger.

Il y a bientôt un siècle et demi (1727) que, pour la première fois, furent publiés chez nous les *Voyages de Gulliver.* Voltaire, à son retour d'Angleterre, et comme il venait d'écrire, en se jouant, ses fameuses *Lettres anglaises,* avait signalé l'ironie et les mépris de toute espèce que contenaient ces pages remplies de moquerie et de leçons. Voltaire aimait ce rire aigu, cette plaisanterie acharnée et ce style impitoyable! Il y trouvait les premiers traits de *Candide!* Il y trouvait les prémisses de son fameux conte appelé *Micromégas,* et quiconque était à sa portée, avec une certaine connaissance de l'anglais, il le poussait à traduire les *Voyages de Gulliver.*

Dans la maison de la célèbre marquise du Châtelet, dans ces fameux entre-sols de Cirey, sa fête et son orgueil, Voltaire avait introduit un jeune homme appelé Linant. Moitié lecteur, domestique à demi de la marquise, M. Linant avait le projet d'écrire une tragédie en guise d'émancipation. « Monsieur Linant, traduisez les *Voyages de Gulliver!* » lui dit Voltaire. Il essaya... Quel malheur qu'il ait été ignorant et paresseux, M. Linant! Voltaire eût sans doute ajouté son brin d'ironie aux pages offensives et défensives de Gulliver.

Mais quoi! M. Linant, ou, comme on disait, le *petit* Linant, savait peu d'anglais, peu de français; il avait fort peu de tout ce qu'il faut avoir pour comprendre, aimer, traduire enfin les œuvres de premier jet, écrites par des écrivains maîtres. Ajoutez une grande paresse à cette grande ignorance! Après de nonchalants essais, il renonçait à l'entreprise, à demi commencée. Et Dieu sait si Voltaire en fut fâché, et prit en pitié le *petit* Linant! Voltaire-*Micromégas!*

Sur ces entrefaites, un écrivain de la forge et de la bataille antiphilosophique, un ennemi de l'*Encyclopédie* et des philosophes, un bretteur de la plume, un coq-plumet du pamphlet, l'abbé Desfontaines, eut vent de ce

*Gulliver*. Il entendit Voltaire appeler et provoquer un traducteur, et, comme il était versé dans la double langue (*utriusque linguæ*), il traduisit en hâte, d'une plume énergique et brutale, avec peu de ces nuances si chères au lecteur français, le *Gulliver* de Swift. Le voilà donc, ce *Gulliver* qui fait tant de bruit, *de l'autre côté de l'eau*. Le voilà tel quel ; anglais des pieds à la tête, et trait pour trait ! Sans une ombre ! et sans rien qui dissimule une obscénité, une grossièreté, un attentat contre les plus simples convenances du langage ! Ah ! l'abbé Desfontaines, le traducteur brutal et sans pitié !

Quoi d'étrange ? Il avait en lui-même, ce triste abbé Desfontaines, les erreurs, la férocité et le sans-gêne des polémistes. Pamphlétaire, il rencontre en son chemin un pamphlet : le voilà content, il traduit en pamphlétaire, et plus l'œuvre à traduire est licencieuse, originale ou violente au fond, brutale dans la forme, et plus le traducteur se réjouit de ce livre écrit dans l'accent qu'il préfère ! Il est à l'aise en ces violences, il a le secret des gros mots ! Ces gravelures et ces grivelées ne sauraient lui déplaire ! Une ou deux fois, quand l'allusion, trop directe et compromettante, heurte en passant la favorite ou le ministre (du Roy), il écrit lâchement au bas de la page une note explicative... Il sait le chemin de la Bastille... il n'y veut pas retomber.

En vain l'abbé Desfontaines se vante *à l'ami lecteur* « d'avoir fait disparaître des *Voyages de Gulliver* une foule d'allégories impénétrables, d'allusions insipides, de détails puérils, de réflexions triviales, de pensées basses, de redites ennuyeuses, de plaisanteries fades et grossières... » on lui peut répondre hautement qu'il en a beaucoup trop laissé, pour des lecteurs français qui veulent être respectés.

Oui, dit-il encore, en traduisant *littéralement* ce *Gulliver,* je m'exposais à traduire des choses indécentes, pitoyables, impertinentes! Elles auraient révolté le bon sens qui règne en France; elles m'auraient moi-même couvert de confusion, et j'aurais infailliblement mérité les plus justes reproches, si j'avais été assez faible, assez imprudent pour les exposer aux yeux du public. »

Et voilà comme on ne se connaît pas soi-même! Il en avait tant épargné, l'abbé Desfontaines, de ces *choses indécentes,* que l'on est encore à s'expliquer comment il se fait que pendant un siècle et demi, dans la société polie, un pareil livre, adopté des plus honnêtes lecteurs, ait été si peu suivi de *reproches,* de *confusion?*

Ajoutez dans cette œuvre hâtée une phrase embarrassée et monotone, un retour fréquent des mêmes formules. En même temps, pas un sourire en ce plaisant sujet, nulle grâce et nulle courtoisie, et rien qui réveille le lecteur, Telle était la traduction perpétuelle du féroce abbé Desfontaines. « Sacrifier aux grâces! » est un de ces conseils qu'il a donnés toute sa vie, et qu'il n'a jamais suivis.

Cette fois, du moins, dans la traduction que nous donnons au lecteur, le livre est dégagé de ces tares, de ces obstacles, de cet ennui d'une phrase inerte et plus anglaise, à coup sûr, que française. Et désormais, grâce à tant de soins, les plus jeunes lecteurs liront sans danger, et les plus vieux lecteurs liront sans peine un livre ingénieux, la joie et l'instruction de quatre ou cinq générations.

Peut-être aussi n'est-il pas malséant d'avertir MM. les éditeurs de l'avenir, que ce livre ainsi revu et corrigé, s'ils venaient à le réimprimer tel que le voilà, produirait une véritable contrefaçon. Heureusement que les doctes images de Gavarni, si charmantes et si vraies, ce doux dire et cette innocente ironie, représentent une traduction, sans rivale entre les traductions d'autrefois. Les images de Gavarni! voilà ce qui reste à l'abri de MM. les traducteurs et contrefacteurs.

J. Janin.

## PREMIÈRE PARTIE

## LE
# VOYAGE A LILLIPUT

# CHAPITRE PREMIER

Gulliver rend compte des premiers motifs qui le portèrent à voyager. — Il fait naufrage, et se sauve à la nage dans le pays de *Lilliput*. — On l'enchaîne, on le conduit, enchaîné, plus avant dans les terres.

Mon père, dont le bien, situé dans la province de Nottingham, était médiocre, avait cinq fils; j'étais le troisième; il m'envoya au collége d'Emmanuel à Cambridge, à l'âge de quatorze ans. J'y demeurai trois années que j'employai utilement; mais, la dépense de mon entretien au collége étant trop grande, on me mit en apprentissage sous M. Jacques Bates, fameux chirurgien à Londres, chez qui je demeurai quatre ans. Mon père m'envoyait de temps en temps quelques petites sommes d'argent, je les employais à apprendre le pilotage et les autres parties des mathématiques, les plus nécessaires aux personnes qui veulent voyager sur mer. Or je prévoyais que telle était ma destinée. Ayant quitté M. Bates, je retournai chez mon père; et, tant de lui que de mon oncle Jean et de quelques autres parents, je tirai la somme de quarante livres sterling, avec promesse de trente autres livres sterling par an, pour me soutenir à Leyde. Je m'y rendis, et m'appliquai à l'étude de la médecine, deux ans et sept mois, persuadé qu'elle me serait un jour très-utile dans mes voyages.

Bientôt après mon retour de Leyde, j'obtins, à la recommandation de mon bon maître M. Bates, l'emploi de chirurgien sur l'*Hirondelle*, où je restai trois ans et demi, sous le capitaine Abraham Panell; je fis, pendant ce temps-là, des voyages au Levant et ailleurs. A mon retour, je résolus de m'établir à Londres; M. Bates m'y encouragea et me recommanda à ses clients; je louai un appartement dans un petit hôtel d'Oldjewry; bientôt après j'épousai M$^{lle}$ Marie Burton, seconde fille de M. Édouard Burton, marchand de la rue de Newgate, laquelle m'apporta quatre cents livres sterling en mariage.

Mais mon cher maître, M. Bates, étant mort deux ans après, et n'ayant plus de protecteur, bientôt mes clients, déjà peu nombreux, diminuèrent. Ma conscience ne me permettait pas d'imiter la conduite de la plupart des chirurgiens dont la science est trop semblable à celle des procureurs. C'est pourquoi, après avoir consulté ma femme et quelques autres de mes intimes amis, je pris la résolution de faire encore un voyage sur mer. Je fus chirurgien successivement dans deux vaisseaux, et plusieurs autres voyages que je fis pendant six ans, aux Indes orientales et occidentales, augmentèrent quelque peu ma petite fortune. J'employais mon loisir à lire les meilleurs auteurs anciens et modernes, étant toujours fourni d'un certain nombre de livres; si je me trouvais à terre, aussitôt j'étudiais les mœurs et les coutumes des peuples, en même temps j'apprenais la langue du pays, ce qui me coûtait peu, ayant la mémoire excellente.

Le dernier de ces voyages fut pour moi d'un résultat médiocre, et, quelque peu dégoûté de la mer, je pris le parti de rester avec ma femme et mes enfants. Je changeai de demeure, et me transportai de l'Oldjewry à la rue Fatterlane, et de là à Wapping, avec cette espérance que les matelots malades me feraient vivre... Hélas! ils se portaient aussi bien que vous et moi.

Après avoir vainement attendu, pendant trois ans, un changement dans mes affaires, j'acceptai un parti avantageux qui me fut proposé par le capitaine Guillaume Prichard ; il montait l'*Antelope*, et faisait voile pour la mer du Sud. Nous nous embarquâmes à Bristol, le 4 de mai 1699, voyage entrepris sous les auspices les plus heureux.

Il serait malséant d'ennuyer le lecteur par le détail de nos aventures maritimes ; il lui suffira de savoir que, dans notre passage aux Indes orientales, nous essuyâmes une tempête dont la violence nous poussa vers le nord-ouest de la terre de Van-Diémen. Par une observation que je fis, je trouvai que nous étions à trente degrés deux minutes de latitude méridionale. Douze hommes de notre équipage étaient morts par le travail excessif plus que par les maladies et la mauvaise nourriture. Le 5 novembre, qui était le commencement de l'été de ce pays-là, le temps étant un peu noir, les mariniers aperçurent un roc à peine éloigné du vaisseau de la longueur d'un câble ; mais le vent était si fort, que nous fûmes poussés directement contre l'écueil, et nous échouâmes dans un moment. Six passagers (j'étais du nombre), s'étant jetés à propos dans la chaloupe, trouvèrent le moyen de se débarrasser et du navire et de la roche où le vaisseau s'était brisé. Nous fîmes à la rame environ trois lieues ; à la fin la lassitude ne nous permit plus de ramer. Entièrement épuisés, nous appartenions à la fureur des flots, et bientôt nous fûmes renversés par un coup de vent du nord.

Je n'ai jamais su quel fut le sort de la chaloupe, et de ceux qui se sauvèrent sur le roc, ou qui restèrent dans le vaisseau ; mais je crois qu'ils périrent tous. Pour moi, je nageai à l'aventure, et, poussé vers la terre par le vent et la marée, je laissai souvent tomber mes jambes, sans toucher le fond. Enfin, près de m'abandonner tout à fait, je trouvai pied dans le sable juste au moment où s'apaisait la tempête. Comme la pente était presque insensible, je marchai une demi-lieue dans la mer avant que j'eusse pris terre. Je fis environ un quart de lieue sans découvrir ni maisons ni aucun vestige d'habitants, quoique ce pays fût très-peuplé. Je me couchai sur l'herbe, elle était très-fine en cet endroit, et mon sommeil dura neuf heures. La fatigue, et peut-être une demi-pinte d'eau-de-vie que j'avais bue en quittant le bateau, furent autant de causes de mon profond sommeil. A la fin, m'étant éveillé, j'essayai de me lever ; mais ce fut en vain. Je m'étais couché sur le dos, mes bras et mes jambes étaient attachés à la terre de l'un et l'autre côté, et mes cheveux y tenaient aussi de la même manière ; je trouvai même plusieurs ligatures très-minces, qui entouraient mon corps de l'aisselle à la cuisse. Je ne pouvais que regarder en haut ; le soleil commençait à être fort chaud, et sa grande clarté blessait mes yeux. J'entendis un bruit confus autour de moi, mais dans la posture où j'étais je ne voyais que le soleil. Bientôt je sentis remuer quelque chose à ma jambe et ce je ne sais quoi, avançant sur ma poitrine, finit par atteindre à mon menton. Quel fut mon étonnement lorsque j'aperçus une petite figure de créature humaine, haute au plus de six pouces, l'arc et la flèche à la main, le carquois sur le dos ! J'en vis, pour le moins, quarante autres de la même espèce. En ce moment, je poussai des cris si terribles, que tous ces petits animaux se retirèrent transis de peur ; il y en eut même quelques-uns, comme on me l'apprit ensuite, qui furent dangereusement blessés par les chutes précipitées qu'ils firent en sautant de mon corps à terre. Néanmoins ils revinrent bientôt, et l'un d'eux eut la hardiesse de s'avancer si près, qu'il fut en état de voir entièrement mon visage. Il levait les mains et les yeux par une espèce d'admiration, s'écriant d'une voix aigre, mais distincte : *Hekinah Degul !* Les autres répétèrent plusieurs fois la même exclamation, dont le sens m'échappait. J'étais cependant très-étonné, inquiet, troublé, et tel que serait le lecteur en pareille occurrence. A la fin, par d'énergiques efforts, j'eus le bonheur de rompre et d'arracher ces cordons, ces fils, ces chevilles qui attachaient mon bras droit à la terre ; en me haussant un peu, j'avais découvert ce qui me tenait attaché et captif. En même temps une secousse violente qui me causa une douleur extrême brisa les cordons qui attachaient mes cheveux du côté droit (cordons plus fins que mes cheveux mêmes), en sorte que je me trouvai en état de procurer à ma tête un petit mouvement. Aussitôt, les insectes humains se mirent en fuite, en poussant des cris très-aigus. Le bruit ayant cessé, j'entendis un d'eux s'écrier : *Tolgo Phonac !* et je me sentis percé à la main gauche de plus de cent flèches, qui me piquaient comme autant d'aiguilles. Ils firent une autre décharge en l'air, comme nous tirons des bombes, nous autres Européens, dont plusieurs tombaient paraboliquement sur mon corps ; mais je ne les voyais pas. D'autres tombaient sur mon visage, et je tâchai de me couvrir de ma main droite. Quand cette grêle de flèches eut cessé, je tentai un dernier effort... Nouvelle et plus violente décharge que la première, quelques-uns tâchant de me percer de leurs lances ; mais par bonheur je portais une veste impénétrable de peau de buffle. Il me sembla que le meilleur parti était de me tenir en repos, et de rester comme j'étais, jusqu'à la nuit ; alors, dégageant mon bras gauche, je pourrais me mettre en pleine liberté. A l'égard des habitants, c'était avec raison que je me croyais d'une force égale aux plus puissantes armées qu'ils pourraient mettre sur pied, s'ils étaient tous de la même taille que ceux que j'avais vus jusque-là. Mais quoi ! la Fortune me réservait un autre sort.

Quand ces gens furent bien assurés que j'étais tranquille, ils cessèrent de me décocher des flèches ; mais, par le bruit que j'entendis, je connus que leur nombre augmentait considérablement. En effet, à la distance de deux toises, vis-à-vis mon oreille gauche, j'entendis bruire, une grande heure : on eût dit le bourdonnement d'un grand nombre de travailleurs. Ce fut alors que, tournant un peu la tête de ce côté-là (autant du moins que les chevilles et les cordons me le permettaient), je vis un échafaud, haut de terre d'un pied et demi, où quatre de ces petits bonshommes pouvaient se placer, plus une échelle pour y monter. De ces *hauteurs*, un d'entre eux, sans doute un grand personnage, me fit une harangue à laquelle je ne compris pas un mot. Avant de commencer, il s'écria trois fois : *Langro Dehul san!* Ces mots furent répétés ensuite, et commentés par des signes, pour me les faire entendre. Aussitôt cinquante hommes s'avancèrent, ils coupèrent les cordons qui retenaient captif le côté gauche de ma tête, ce qui me donna la liberté de la tourner à droite et d'observer la mine et l'action de l'orateur. Il me parut entre deux âges, et d'une taille au-dessus de la moyenne ; un des trois qui l'accompagnaient (sans doute un page) portait la *traîne* de sa robe, et les deux autres étaient debout, de chaque côté, pour le soutenir. Il me sembla bon orateur, et je conjecturai que, selon les règles de l'art, il mêlait dans son discours des périodes pleines de menaces... et de promesses. Je fis la réponse en peu de mots, c'est-à-dire par un petit nombre de signes, mais d'une manière pleine de soumission, levant ma main gauche et les deux yeux au soleil, pour le prendre à témoin que je mourais de faim, n'ayant rien mangé depuis longtemps.

Mon appétit était même si pressant, que je ne pus m'empêcher de témoigner de mon impatience (peut-être contre les règles de la civilité) en portant mon doigt très-souvent à ma bouche, indiquant à ces petites gens que j'avais besoin de nourriture. L'*hurgo* (c'est ainsi que parmi eux l'on appelle un grand seigneur, comme je l'appris plus tard), m'entendit fort bien. Il descendit de cet échafaudage, ordonnant que plusieurs échelles fussent appliquées à mes côtés ; sur ces échelles grimpèrent plus de cent hommes, qui se mirent en marche aux alentours de ma bouche, infiniment chargés de paniers pleins de viandes. Il y avait, dans cette espèce d'*olla podrida*, de la chair de différents animaux ; mais je ne pouvais guère me reconnaître en ces différences. On eût dit un immense abatis d'épaules et d'éclanches semblables à l'épaule et à l'éclanche du mouton, fort bien accommodées, mais plus petites que les ailes d'une alouette ; j'en avalais deux ou trois d'une bouchée avec six grands pains de ménage. Ils me fournirent tout cela, témoignant de grandes marques d'étonnement et d'admiration à me voir de si haute taille et d'un si prodigieux appétit. Sur un autre signe en demandant *à boire!* ils conjecturèrent, par la façon dont je mangeais, qu'une médiocre quantité de boisson ne me suffirait pas, et, très-intelligents qu'ils étaient, ils levèrent avec beaucoup d'adresse un des plus grands tonneaux de vin qui fût dans leurs caves, le roulèrent vers ma main, et le défoncèrent. Je le humai d'un seul coup comme on ferait d'un œuf frais, avec grand plaisir ; et bien vite, on m'apporta un autre muid, que je bus de même, en faisant plusieurs signes pour avertir qu'ils eussent à me voiturer encore un peu de boisson.

Quand j'eus accompli tous ces miracles ils poussèrent des cris de joie et se mirent à danser, répétant plusieurs fois, comme ils avaient fait d'abord : *Hekinah Degul!* Ils me firent signe que je pouvais jeter à terre les deux muids, et ils avertirent les assistants de s'éloigner, en s'écriant : *Borach mevolah!* Quand ils virent les deux muids en l'air, ce fut un hourra général. Je fus, je l'avoue, assez tenté, pendant qu'ils allaient et venaient sur mon corps, de saisir quarante ou cinquante des premiers qui se trouvaient à ma portée, et de les lancer jusqu'au ciel... Le souvenir de ce que j'avais déjà souffert, de ce qu'ils pouvaient m'infliger encore, et la promesse que je leur avais faite de ne point user de ma force, éloignèrent ces pensées de mon esprit. D'ailleurs, je me regardais comme lié par les lois de l'hospitalité envers ce peuple qui venait de me traiter avec tant de générosité. Je ne pouvais cependant me lasser d'admirer la hardiesse de ces petits êtres, qui s'aventuraient à monter et à se promener sur mon corps, tandis qu'une de mes mains était libre.

Voyant que je ne demandais plus à manger, ils conduisirent devant moi une personne d'un rang supérieur qui m'était envoyée par Sa Majesté. Son Excellence monta sur le bas de ma jambe, et s'avança jusqu'à mon visage avec une douzaine des gens de sa suite. Il me présenta ses lettres de créance revêtues du sceau royal, les plaça tout près de mes yeux, et fit un discours d'environ dix minutes, d'un ton calme, et montrant le côté de l'horizon qui s'étendait en face de nous. Or c'était de ce côté qu'était située la capitale, à une demi-lieue à peu près : le roi avait décidé dans son conseil que j'y serais transporté. Ma réponse ne pouvant être comprise, j'eus recours aux signes : passant ma main laissée libre par-dessus les têtes de l'envoyé et de son monde, je l'appliquai sur mon autre main et sur ma tête. Le seigneur comprit que je me plaignais de mes liens, mais il me fit comprendre que je devais être transporté dans l'état où j'étais. Toutefois il m'assura par d'autres signes qu'on me donnerait tout ce qui me serait nécessaire. Le désir de briser mes liens me revint fortement ; mais, lorsque je sentis la pointe de leurs flèches sur mes mains déjà couvertes d'ampoules et sur mon visage, plusieurs de ces petits dards étant restés dans ma chair, et le nombre de mes ennemis augmentant toujours, je me soumis à tout ce qu'ils voudraient faire de moi. A ces causes, l'*hargo* (le seigneur) et sa suite se retirèrent satisfaits.

Bientôt après j'entendis une acclamation universelle avec de fréquentes répétitions de ces mots : *Peplum selan !* et j'aperçus un grand nombre de peuple sur mon côté gauche, relâchant les cordons à tel point que je me trouvai en état de me tourner, et, ma foi ! quand un homme a vidé quatre ou cinq tonneaux, quoi de plus simple qu'il éprouve un grand besoin de lâcher le *superflu de la boisson ?* Ainsi fis-je, et *coram populo*, au grand étonnement de ce peuple, qui, devinant ce que j'allais faire, impétueusement s'ouvrit de droite et de gauche afin d'éviter le déluge. Quelque temps auparavant, on m'avait frotté charitablement le visage et les mains d'une espèce d'onguent d'une odeur agréable, qui, dans très-peu de temps, me guérit de la piqûre des flèches. Ces circonstances jointes aux rafraîchissements que j'avais reçus, et que je m'étais donnés, me disposèrent à m'endormir ; mon sommeil fut environ de huit heures, tout d'une traite ; les médecins du gouvernement avaient ajouté je ne sais quelles drogues soporifiques au vin que j'avais bu.

Je dormais encore que déjà l'empereur de Lilliput (c'est le nom du pays) ordonna de me conduire aux pieds de Sa Majesté. Des provisions de vivres et de boisson me furent envoyées, et il fut décidé qu'une machine serait construite pour me transporter dans la capitale. La résolution semblera peut-être hardie et dangereuse, et je suis sûr qu'en pareil cas elle ne serait du goût d'aucun souverain de l'Europe..... A mon avis, c'était un dessein également prudent et généreux ; car, si ces peuples eussent tenté de me tuer avec leurs lances et leurs flèches pendant je dormais, je me serais certainement réveillé au premier sentiment de douleur, ce qui eût excité ma fureur et grandi mes forces à un tel degré, que je me serais trouvé en état de rompre le reste de mes *chaînes !* Libre enfin, quel obstacle opposer à l'Encelade que j'étais ? Je les aurais tous écrasés et foudroyés.

On fit donc travailler à la hâte cinq mille charpentiers et ingénieurs, pour me construire une voiture. C'était un chariot haut de trois pouces, de sept pieds de longueur et quatre de largeur avec vingt-deux roues. Quand il fut achevé, on le roula au lieu où j'étais ; mais la principale difficulté fut de m'enlever et de me hisser sur cette voiture. On résolut ce grand problème au moyen de quatre-vingts perches, chacune de deux pieds de hauteur, et de cordes très-fortes de la grosseur d'une ficelle. Elles furent attachées, par plusieurs crochets, aux bandages que les ouvriers avaient ceints autour de mon cou, de mes mains, de mes jambes, de tout mon corps. Neuf cents hommes des plus robustes furent employés à élever ces cordes par un grand nombre de poulies : de cette façon, en moins de trois heures, je fus élevé, placé, fixé sur la machine. Je sais tout cela par le rapport qu'on en fit à l'Académie des sciences de Lilliput, car pendant cette manœuvre je dormais très-profondément. Quinze cents chevaux les plus robustes des écuries impériales, chacun d'environ quatre pouces et demi de hauteur, furent attelés au chariot et me traînèrent vers la capitale, éloignée d'un quart de lieue.

Il y avait quatre heures que nous étions en marche, et l'on ne voyait pas encore les remparts de Lilliput, lorsque je fus subitement réveillé par un accident assez ridicule. Les voituriers s'étant arrêtés pour raccommoder une des roues, deux ou trois habitants du pays avaient eu la curiosité de regarder comment j'étais fait quand je dormais ; et s'avançant très-doucement jusqu'à mon visage, l'un d'entre eux, capitaine aux gardes, avait insinué la pointe aiguë de son esponton bien avant dans ma narine gauche. Ainsi chatouillé, soudain je m'éveille, et j'éternue à grand bruit, trois fois de suite. Il fut bien heureux, le capitaine aux gardes, de n'être pas *reniflé*. Mais enfin, à force d'avancer, nous fîmes une grande marche le reste de ce jour, et nous campâmes la nuit avec cinq cents gardes, les uns porteurs de flambeaux, les autres avec des arcs et des flèches, prêts à tirer à mon premier geste. Le lendemain, au lever du soleil, mon escorte et moi, achevant la route commencée, nous arrivâmes à cent toises des portes de la ville sur le midi. L'empereur et toute sa cour sortirent pour nous voir ; mais les grands officiers ne voulurent jamais consentir que Sa Majesté hasardât sa personne sacrée en grimpant sur mon corps, comme plusieurs seigneurs, esprits forts, avaient osé faire.

A l'endroit où s'arrêta la voiture, il y avait un temple ancien, estimé le plus grand de tout le royaume ; lequel, ayant été souillé quelques années auparavant par un meurtre, était, selon la prévention de ces peuples, regardé comme profane, et pour cette raison employé à divers usages. Il fut résolu que je serais logé dans ce vaste édifice. La grand'porte, au nord, était de quatre pieds de haut, et de deux pieds de large, ou peu s'en fallait. De chaque côté de la porte était percée une petite fenêtre élevée de six pouces. A la fenêtre du côté gauche, les serruriers du roi attachèrent quatre-vingt-onze chaînes, semblables à la chaîne de montre d'une dame d'Europe, et presque aussi larges : elles furent, par l'autre bout, attachées à ma jambe gauche, avec trente-six cadenas. Vis-à-vis de ce temple et de l'autre côté du grand chemin, à la distance de vingt pieds, s'élevait une tour de cinq pieds de haut, tout autant... c'était là que le monarque devait monter avec plusieurs des principaux seigneurs de sa cour, pour la commodité de me regarder tout à leur aise. On compte qu'il y eut plus de cent mille habitants qui sortirent de la ville attirés par la curiosité, et, malgré mes gardes, je crois bien qu'il n'y eut pas moins de dix mille hommes, qui, à différentes fois, montèrent sur mon corps par des échelles. Mais enfin fut publié à son de trompe un arrêt du conseil d'État qui défendait cet attentat à ma personne..... On ne peut s'imaginer le bruit et l'étonnement du peuple, en me voyant debout et me promenant; les chaînes qui tenaient mon pied gauche étaient environ de six pieds de long, elles me donnaient la liberté d'aller et de venir dans un demi-cercle, et de plus, comme elles étaient fixées à quatre pouces de la porte, je pouvais la passer en rampant et m'étendre dans le temple.

D'un bout à l'autre de l'empire, il y eut comme un vertige infini de la plus vive admiration; au pays de Lilliput, la renommée, en marchant, agrandit toute chose. Il n'était pas de cabane et de palais où l'on ne parlât de *ma grandeur*.

Elle était l'entretien de la ville et de la cour. On ne parlait que de moi, Gulliver, chez les oisifs, chez les marchands, les petits-maîtres et les petites-maîtresses.

On en fit des images en plâtre, en sucre, en pain d'épice, et les enfants me dévoraient à belles dents.

## CHAPITRE II

L'empereur de Lilliput, accompagné de plusieurs de ses courtisans, visite Gulliver dans sa prison. — Description de la personne et de l'habit de Sa Majesté. — Une commission scientifique est nommée pour apprendre la langue à l'auteur. — Il obtient des grâces par sa douceur : ses poches sont visitées.

Quand je fus libre enfin de mes mouvements, je regardai autour de moi; je n'ai jamais contemplé scène plus charmante. Le pays environnant me parut une suite de jardins; les champs clos de murs, la plupart de quarante pieds carrés, me firent l'effet des plates-bandes d'un parterre. Les plus grands arbres me semblèrent hauts d'environ sept pieds. Sur la gauche j'apercevais la ville; elle ressemblait à la perspective d'une cité dans un riant tableau.

Un jour, l'empereur, à cheval sur son cheval de bataille, s'avança vers moi, ce qui pensa lui coûter cher. A mon aspect, son cheval étonné se cabra, mais ce prince intrépide, et, qui plus est, excellent cavalier, se tint ferme sur ses étriers, sa suite accourut et prit la bride; alors, sans se hâter, Sa Majesté mit pied à terre, et me considéra de tous côtés, avec une grande admiration; pourtant elle se tenait, par amour pour ses sujets, hors de la portée de ma chaîne.

Il ordonna à ses cuisiniers et sommeliers de me servir des viandes et du vin sur des voitures qu'ils amèneraient près de moi. Je pris ces voitures et je les vidai promptement. Il y en avait vingt pour les viandes et dix pour les boissons ; chacune des premières me fournit deux ou trois bouchées ; je versai la liqueur de dix amphores dans une des voitures, je la bus d'un seul trait, ainsi du reste.

L'impératrice, les princes et les princesses du sang, accompagnés de plusieurs dames d'honneur en grands habits, s'assirent à quelque distance. L'empereur est reconnaissable à sa taille imposante, à la majesté de son visage, au feu de ses regards, ce qui le fait redouter par tous ceux qui le regardent. Les traits de son visage sont grands et mâles, avec une lèvre à l'autrichienne au-dessous d'un nez aquilin, un teint qui va tirant sur l'olive, un grand air de commandement, des membres bien proportionnés, la grâce et la majesté en toutes ses actions ; tel était ce maître absolu d'un si petit peuple. Il avait alors passé la fleur de sa jeunesse, étant âgé de vingt-huit ans et trois quarts ; il régnait depuis cinq ou six ans, à la grâce et par la grâce de Dieu. Quant à moi, qui voulais me rendre un compte exact de Sa Majesté, je me tenais sur le côté, mon visage parallèle au sien ; il se trouvait à une toise et demie loin de moi. Depuis ce temps, j'ai tenu bien souvent l'empereur sur ma main droite, et je ne puis me tromper à faire son portrait. Il portait un habit très-simple et mi-parti asiatique, mi-parti à l'européenne ; il avait sur la tête un léger casque d'or orné de joyaux et d'un plumet magnifique ; il tenait son épée à la main, tout prêt à se défendre, si j'avais brisé mes chaînes : cette épée était longue de trois pouces ; la poignée et le fourreau d'or massif et enrichis de diamants. La voix de ce grand prince était aigre, mais claire et distincte, et je la pouvais entendre aisément, même quand je me tenais debout. Les dames et les courtisans se montraient, selon l'étiquette, habillés superbement, de sorte que la place où toute la cour faisait la roue apparaissait à mes yeux éblouis comme une belle jupe étendue au soleil et brodée de figures d'or et d'argent. Sa Majesté Impériale me fit l'honneur de m'adresser la parole à plusieurs reprises, et je lui répondis toujours sans nous entendre, ni l'un ni l'autre.

Au bout de deux heures, la cour se retira; on me laissa une forte garde, pour empêcher l'impertinence et peut-être la malice de la populace, impatiente de se rendre en foule autour de moi pour me voir de plus près. Quelques-uns eurent l'effronterie et la témérité de me tirer des flèches, dont une pensa me crever l'œil gauche... Le colonel fit arrêter six des plus effrontés de cette canaille, et, pour leur apprendre à vivre, il ordonna qu'ils me fussent livrés, pieds liés, poings liés. Ah! l'épouvante! Je les pris dans ma main droite, et j'en mis cinq dans la poche de mon justaucorps; puis, prenant le sixième entre le pouce et l'index, je feignis de le vouloir manger tout vivant. Le pauvre petit homme, horripilé, poussait des hurlements; et le colonel, tout chargé de fanfreluches honorifiques, était fort en peine, surtout quand il me vit tirer mon canif; mais bientôt cessa leur frayeur. Avec un air doux et humain, coupant les cordes dont ce malheureux était garrotté, je le mis doucement à terre... Il prit la fuite... il court encore. Je traitai ses complices de la même façon, les tirant de ma poche l'un après l'autre, et : *Sauve qui peut!* Je remarquai avec plaisir que les

Audience de l'Empereur de Lilliput.

soldats et le peuple étaient touchés de ma bonne action; elle fut rapportée à la cour d'une manière avantageuse, et me fit le plus grand honneur, si je puis parler ainsi.

Vers le soir, je regagnai ma maison, où j'entrai non sans peine, et je couchai sur la terre pendant plusieurs nuits, en attendant le lit que l'empereur avait commandé pour moi. Cent cinquante de leurs couchers ordinaires, cousus ensemble, formèrent la largeur et la longueur du mien, et l'on posa quatre de ces matelas l'un sur l'autre, ce qui ne composait pas encore un lit très-douillet; mais il me parut assez doux, après tant de fatigues.

La nouvelle de l'arrivée d'un homme extraordinaire... un géant! s'étant répandue à travers l'empire, attira un nombre infini de gens oisifs et de curieux; les villages en furent presque abandonnés, et la culture des terres en eût souffert, si Sa Majesté Impériale n'y avait pourvu, par différents édits et ordonnances. Elle ordonna que tous ceux qui m'avaient déjà vu retourneraient incessamment chez eux, et n'approcheraient point, sans une permission particulière, du lieu de mon séjour. Grâce à cette *défense* (une porte nouvelle ouverte au bon plaisir), les commis des secrétaires d'État gagnèrent des sommes considérables.

Cependant, l'empereur tint plusieurs conseils pour délibérer sur le parti qu'il fallait prendre à mon égard; j'ai su depuis que la cour avait été fort embarrassée. On craignait que je ne vinsse à briser mes chaînes et à me mettre en liberté. Celui-ci disait que ma nourriture était une dépense excessive, et pouvait, à la longue, amener la disette. On opinait tantôt à me laisser mourir de faim, tantôt à me percer de flèches empoisonnées; mais un économiste de ce temps, qui savait, pour les avoir pratiqués, le *contre* et le *pour* de toute chose, ami fidèle et dévoué de tous les gouvernements, écrivit une éloquente dissertation afin de démontrer par A + B que l'infection d'un corps tel que le mien produirait, inévitablement, la peste dans la capitale et dans tout le reste de l'empire. Pendant qu'on délibérait, plusieurs officiers de l'armée se rendirent à la porte de la grand'chambre, où le conseil impérial était assemblé ; deux d'entre eux, ayant été introduits, rendirent compte de ma conduite à l'égard des six criminels dont j'ai parlé, ce qui fit une impression si favorable sur l'esprit de Sa Majesté et de tout son conseil, qu'une commission impériale fut expédiée à l'instant pour obliger les villages à quatre cent cinquante toises aux environs de la ville, de livrer chaque matin, à mon réveil, six bœufs, quarante moutons et autres vivres pour ma nourriture, plus quantité proportionnée de pain, de vins et boissons. Pour le payement de ces vivres, Sa Majesté donnait, à six mois de date, sans escompte, délégations sur son trésor. Ce prince heureux n'a d'autres revenus que son domaine ; dans les occasions importantes, il lève des impôts sur ses sujets. Ces dignes sujets sont obligés de le suivre à la guerre, à leurs propres dépens. On nomma mon service officiel : six cents personnes, qui furent pourvues d'appointements pour leur dépense de bouche, et de tentes construites commodément de chaque côté de la porte. En même temps, il fut ordonné que trois cents tailleurs me feraient un habit à la mode du pays ; six hommes de lettres, des plus savants de l'empire, furent chargés de m'apprendre la langue nationale, et, pour que rien ne manquât à ces largesses royales, les chevaux de l'empereur et ceux de la noblesse, et les compagnies des gardes du corps firent souvent l'exercice devant moi, pour les accoutumer à ma figure. Tous ces ordres furent exécutés. Je fis de grands progrès dans la connaissance de la langue vulgaire et savante de Lilliput; pendant ce temps, l'empereur m'honora de visites fréquentes, et même il voulut bien aider mes maîtres de langue à m'instruire..

Les premiers mots que j'appris furent pour lui faire savoir l'envie que j'avais qu'il voulût bien me rendre ma liberté, ce que je lui répétais tous les jours à genoux. Sa réponse fut qu'il fallait attendre et patienter; que c'était affaire d'État, sur laquelle il ne pouvait se déterminer sans l'avis de son conseil. En outre, il fallait absolument : 1° que je fisse serment d'une paix inviolable avec lui et avec ses sujets; en attendant, je serais traité avec toute l'honnêteté possible. Il me conseillait aussi de gagner, par ma patience et ma bonne conduite, son estime et celle de ses peuples. Enfin, il m'avertit de ne lui savoir point mauvais gré s'il donnait ordre à certains officiers de faire, avec tout le soin possible, une perquisition *ad hominem*, pour se bien assurer si je ne portais pas sur moi des armes préjudiciables à la sûreté de l'État. Je répondis que j'étais prêt à me dépouiller de mon habit, et à vider mes poches en sa présence. Il me répartit que, par les lois de l'empire, il fallait que je fusse au préalable visité par deux commissaires. Il savait bien que cela ne pouvait se faire sans mon consentement, mais il avait si bonne opinion de ma droiture et de ma bonne foi, qu'il confierait sans crainte les plus chers conseillers de sa couronne entre mes mains amicales. Au demeurant, tout ce qu'on m'ôterait me serait rendu fidèlement, quand je quitterais le pays, ou bien je serais remboursé selon l'évaluation que je ferais moi-même.

Lorsque les deux commissaires vinrent pour me fouiller, je pris ces messieurs dans mes deux mains ; et, délicatement, je les engouffrai, l'un et l'autre, en chaque poche. Ici, — là, — poche au côté, — poche au justaucorps ; ils fouillèrent partout.

Comme ils avaient sur eux plumes, encre et papier, ils firent un inventaire exact de tout ce qu'ils virent ; et, quand ils eurent achevé, ils me prièrent de les mettre à terre, afin qu'ils pussent, en toute hâte, rendre à l'empereur un compte exact de leur visite.

Cet inventaire était conçu dans les termes suivants :

« 1° Dans la poche à droite du justaucorps du grand *homme-montagne* (c'est ainsi que je rends ces mots, *Quinbus Flestrin*), après une visite minutieuse, avons trouvé un morceau de toile grossière, assez grand pour servir de tapis de pied dans la principale chambre de parade à Votre Majesté. 2° Dans la poche à gauche, avons trouvé un grand coffre d'argent avec couvercle de même métal, que nous, commissaires, n'avons pu lever. Nous avons prié ledit *homme-montagne* de l'ouvrir, et l'un de nous, *Vaillance*, étant entré là-dedans, en a eu de la poussière jusqu'aux genoux ; même il a éternué deux heures ; son compagnon, resté sur les bords du gouffre, n'a éternué que sept minutes. 3° Dans la poche à droite de sa veste, avons trouvé un paquet prodigieux de substances blanches et minces, pliées l'une sur l'autre, environ la grosseur de trois hommes, attachées d'un câble assez fort et marquées de grandes figures noires, lesquelles il nous a semblé être des écritures. 4° Dans la poche à gauche il y avait une grande machine, armée de grandes dents très-longues, semblables aux palissades qui sont devant la cour de Votre Majesté. 5° Dans la grande poche du côté droit de son couvre-milieu (c'est ainsi que je traduis le mot *ranfulo*, par lequel on voulait entendre mes *chausses*), avons vu un grand pilier de fer creux attaché à une grosse pièce de bois, plus large que le pilier ; d'un côté du pilier d'autres pièces de fer en relief, serrant un caillou coupé en talus. 6° Dans la poche à gauche, une machine de la même espèce. 7° Dans la plus petite au côté droit, plusieurs pièces rondes et plates, de métal rouge et blanc, d'inégale grosseur : quelques-unes des pièces blanches, qui nous ont paru être d'argent, étaient si larges et si pesantes, que mon confrère et moi avons eu grande peine à les lever. *Item*, deux sabres de poche, dont la lame s'emboîtait dans une rainure du manche, au fil tranchant : ils étaient placés dans un étui. 8° Restaient à visiter deux poches, appelées *goussets*. C'étaient deux ouvertures coupées dans le haut de son couvre-milieu, mais fort serrées par un ventre énorme. Hors du gousset droit, pendait une immense chaîne d'argent, avec une machine très-merveilleuse au bout. Nous lui avons commandé de tirer hors du gousset tout ce qui tenait à cette chaîne : cela paraissait être un globe, dont la moitié était d'argent, l'autre côté d'un métal transparent. Sur le côté transparent avons remarqué certaines figures, tracées dans un cercle, et, pensant les toucher, nos doigts ont été arrêtés par une substance lumineuse. Nous avons appliqué cette machine à nos oreilles : elle faisait un bruit continuel à peu près comme le *tic tac* d'un moulin à eau ; nous avons conjecturé que ceci renfermait quelque animal inconnu, ou la divinité qu'il adore ; mais nous penchons du côté de la dernière opinion, l'*homme-montagne* nous ayant assuré (si nous l'avons bien entendu, car il s'exprime fort imparfaitement) qu'il la consultait en toute chose ; il l'appelait son oracle, ajoutant qu'elle désignait le temps, pour chaque action de sa vie. 9° Du gousset gauche, il tira un filet, presque assez large pour servir à un pêcheur ; nous avons trouvé au dedans plusieurs pièces massives, d'un métal jaune : ah ! sire, si ces meules sont du véritable or, il faut qu'elles soient d'une valeur inestimable.

« Ainsi, ayant, par obéissance aux ordres de Votre Majesté, fouillé très-exactement toutes ses poches, nous avons observé une ceinture autour de son corps, faite de la peau de quelque animal prodigieux, à laquelle, du côté gauche, pendait une arme de la longueur de six hommes, et, du côté droit, une bourse ou poche en deux cellules ; chacune étant d'une capacité à contenir trois sujets de Votre Majesté. Dans une de ces cellules, il y avait plusieurs globes ou balles d'un métal assez lourd, environ de la grosseur de notre tête, et qui exigeait une main très-forte pour les lever. L'autre cellule contenait un amas de certaines graines noires, mais peu grosses et assez légères ; nous en pouvions tenir plus de cinquante dans la paume de nos mains.

« Tel est l'inventaire exact de tout ce que nous avons trouvé sur le corps de l'*homme-montagne*. Nous devons ajouter qu'il nous a reçus avec beaucoup d'honnêteté et des égards conformes à la Commission de Votre Majesté.

« *Signé et cacheté le quatrième jour de la lune et la quatre-vingt-neuvième du règne très-heureux de Votre Majesté,*

« Flessin Frelock, Marsi Frelock. »

Quand cet inventaire eut été lu en présence de l'empereur, il m'ordonna poliment de lui livrer toutes ces choses en mains propres. D'abord il demanda mon sabre. Il avait donné ordre à trois mille hommes de ses meilleures troupes, qui l'accompagnaient, de l'environner à quelque distance avec leurs arcs et leurs flèches ; mais je ne m'en aperçus pas dans le moment, mes yeux étaient fixés sur Sa Majesté. Il me pria de tirer mon sabre, qui, bien que rouillé par l'eau de mer, était encore assez brillant. J'obéis, et tout aussitôt, blessés par cet éclat surnaturel, ces braves soldats jetèrent de grands cris. Il m'ordonna de le remettre au fourreau, et de le jeter à terre aussi doucement que je pourrais, à six pieds de distance de ma chaîne... Il voulut aussi que je le misse en possession de l'un de ces piliers creux, par lesquels il entendait mes pistolets de poche ; aussitôt je les lui présentai, non pas sans lui en expliquer l'usage. Il voulut les entendre, et, les chargeant à poudre, j'avertis l'empereur du bruit que j'allais faire, et je tirai en l'air. L'étonnement à cette occasion fut plus grand qu'à la vue de mon sabre ; ils tombèrent tous à la renverse, comme s'ils eussent été foudroyés. L'empereur, tout brave qu'il était, eut grand'peine à revenir de sa frayeur. Je lui remis mes deux pistolets comme je lui avais remis mon sabre, avec mes sacs de plomb et de poudre, en l'avertissant de ne pas approcher du feu le sac de poudre s'il ne voulait pas voir son palais impérial sauter en l'air ! Je lui remis aussi ma montre ; il fut curieux de l'étudier, et commanda à deux de ses gardes, deux soldats superbes et *faits pour marcher devant un roi*[1], de la porter

---

[1] Shakespeare.

sur leurs épaules, suspendue à un grand bâton, comme les charretiers des brasseurs portent un baril de bière, en Angleterre. Il était étonné du bruit continuel que faisait la machine et du mouvement de l'aiguille qui marquait les minutes ; il pouvait aisément le suivre des yeux, les yeux des Lilliputiens étant plus perçants que les nôtres. Même, en son ardeur de tout comprendre, il voulut savoir le sentiment de ses docteurs les plus infaillibles, et cette fois, chose assez peu croyable ! ces messieurs ne furent pas d'accord sur la cause immédiate de ce bruit, de ce va et vient, de cette aiguille avançant toujours.

Je livrai mes pièces d'argent et de cuivre, ma bourse avec neuf grosses pièces d'or et quelques-unes plus petites, mon peigne, ma tabatière d'argent, mon mouchoir et mon journal. Mon sabre, mes pistolets de poche et mes sacs de poudre et de plomb furent transportés à l'arsenal de Sa Majesté ; tout le reste, avec une bonté rare, fut laissé à ma discrétion.

J'avais une poche en particulier qui ne fut point visitée ; elle contenait une paire de lunettes, dont je me sers quelquefois, un télescope avec plusieurs autres bagatelles que je crus de nulle conséquence pour l'empereur ; pour cette raison je ne les découvris point aux commissaires, appréhendant qu'elles ne fussent gâtées ou perdues, si je venais à m'en dessaisir.

Ma bonne conduite et ma douceur m'avaient tellement gagné les faveurs de l'empereur et de sa cour, le peuple et l'armée m'avaient en si grande estime, que j'espérais obtenir bientôt ma liberté, et je ne négligeai rien pour augmenter ma popularité. Les Lilliputiens s'étaient insensiblement familiarisés avec moi, à ce point que je me couchais à terre et que je permettais aux jeunes gens de jouer à cache-cache dans mes cheveux. Déjà j'avais fait des progrès dans leur langue, soit pour la comprendre, soit pour la parler, et Dieu sait que les professeurs ne me manquaient pas.

Les professeurs officiels avaient été choisis, par l'empereur lui-même, parmi les plus savants de ses sujets. Plusieurs de ceux-là n'étaient guère occupés qu'à préparer, arranger, disposer, *accentuer* les divers mots dont se composent le dictionnaire et la grammaire des Lilliputiens. On les compare assez généralement aux gardiens du feu sacré ; ils parlent si proprement, que l'on a grand'peine à les entendre ! et pas un ne s'en étonne à Lilliput !

Ils sont payés pour parler une langue à part, dont tout le monde est fier et que nul ne comprend.

## CHAPITRE III

Gulliver divertit l'empereur et les grands de l'un et de l'autre sexe, d'une manière fort extraordinaire. — Description de la cour de Lilliput. — L'auteur est mis en liberté à certaines conditions.

L'empereur voulut, à son tour, me donner le divertissement de quelque spectacle, en quoi ces peuples surpassent toutes les nations que j'ai vues, pour l'adresse et pour la magnificence ; mais rien ne me divertit plus que leurs danseurs de corde, voltigeant sur un fil blanc presque invisible et long de deux pieds onze pouces.

Les gaillards qui pratiquent cet exercice obéissent à la plus noble ambition. C'est au meilleur sauteur que l'autorité est destinée. Et plus ils sautent, plus ils avancent dans la faveur de leurs maîtres. Aussi bien, de très-bonne heure ils sont formés à l'accomplissement de ces tours de force, uniquement réservés aux héritiers des plus grandes familles. Donc, sitôt qu'une grande charge est vacante par la mort de celui qui en était revêtu, ou par sa disgrâce, cinq ou six prétendants à la charge vacante présentent une requête à l'empereur, ès-fins d'avoir la permission de divertir Sa Majesté d'une danse sur la corde. Or celui-là qui fait le plus grand saut sans se casser les reins obtient la charge. Il arrive assez souvent que l'on ordonne aux grands magistrats et aux principaux administrateurs de danser sur la corde, afin de montrer leur souplesse, et pour confirmer l'empereur dans l'opinion que ces grands sauteurs n'ont rien perdu de leur talent primitif. Le célèbre et désintéressé Flimnap, grand trésorier de l'empire, a réussi dans la cabriole, au point d'avoir distancé d'un bon pouce (on le dit généralement) les meilleurs sauteurs de l'empire. Je l'ai vu plusieurs fois faire un saut périlleux (que nous appelons le *Sommerset*) sur une petite planche de bois imperceptible et pas plus grosse qu'une ficelle ordinaire.

Ces divertissements causent souvent des accidents funestes ; la plupart sont enregistrés dans les archives impériales. J'ai vu moi-même deux ou trois prétendants s'estropier, sans rémission ; mais le péril est beaucoup plus grand quand les ministres eux-mêmes reçoivent l'ordre de signaler leur adresse ; alors les voilà qui se livrent à des efforts extraordinaires pour se surpasser l'un l'autre, au grand péril des catastrophes les plus dangereuses. On m'assura qu'un an avant mon arrivée, Flimnap se serait infailliblement cassé la tête en tombant... Il tomba, par bonheur, sur les coussins du roi.

Un autre divertissement est réservé exclusivement pour l'empereur, l'impératrice et pour le premier ministre. L'empereur met sur une table trois fils de soie fort déliés, longs de six pouces ; le premier fil est cramoisi, le second jaune et le troisième est blanc. Ces fils représentent les plus éclatantes récompenses que puisse décerner l'empereur de

Lilliput à ceux qu'il veut distinguer par une marque singulière de sa faveur. La cérémonie est faite dans la grande chambre d'audience de Sa Majesté ; mais les concurrents sont obligés de donner une telle preuve de leur habileté, que je n'ai rien vu de semblable, en aucun pays de l'ancien et du nouveau continent.

L'empereur tient un bâton, les deux bouts parallèles à l'horizon, tandis que les concurrents, s'avançant l'un après l'autre, en faisant : *Hop-là!* sautent par-dessus le bâton. Quelquefois Sa Majesté tient un bout et son premier ministre est à l'autre bout, ou bien Son Excellence le tient tout seul. Celui qui réussit le mieux, et montre en sautant le plus d'agilité et de souplesse, est récompensé de la soie en cramoisi. La couleur jaune est donnée au second, et la blanche au troisième. Ces fils, dont ils font des baudriers, leur servent dans la suite d'ornement, et, les distinguant du vulgaire, leur inspirent une noble fierté.

Les chevaux des troupes et ceux des écuries impériales ayant été souvent exercés devant moi, je ne leur causais plus de frayeur. On leur faisait franchir ma main posée à terre, et l'un des piqueurs de l'empereur sauta par-dessus mon pied chaussé, effort vraiment prodigieux. J'avisai un autre amusement, qui eut un grand succès. Je priai l'empereur de me faire apporter des bâtons de deux pieds de haut, et gros comme une canne ordinaire. Sa Majesté ordonna au grand forestier de me procurer ce que je lui demandais. Le lendemain, six bûcherons conduisant six voitures traînées par huit chevaux, arrivèrent avec les pièces de bois. J'en pris neuf, que j'enfonçai en terre de manière à former un carré de deux pieds et demi ; je tendis mon mouchoir sur ces

l armée Lilliputienne passant entre les jambes de Gulliver

piquets, jusqu'à ce qu'il fût aussi roide qu'une peau de tambour ; et quatre bâtons, dépassant le mouchoir de cinq pouces aux quatre coins, servirent à une sorte de parapet.

Ceci terminé, j'invitai l'empereur à faire manœuvrer sur cet emplacement vingt-quatre de ses meilleurs cavaliers ; le prince agréa ma proposition. Alors je pris les hommes et leurs officiers tout montés et tout armés, et les plaçai, un à un, sur le mouchoir. Là ils exécutèrent un combat simulé avec une grande précision, un admirable ensemble de mouvements. L'empereur prit grand plaisir à ce spectacle et le fit répéter plusieurs fois ; il voulut même être hissé sur ce plateau et commander les évolutions. Il engagea l'impératrice à me permettre de la tenir dans sa chaise à porteur à deux pieds de distance de l'arène, et cette princesse consentit, non sans peine, à étudier dans cette position cette espèce de petite guerre. Heureusement, il n'arriva aucun accident grave : seulement le cheval d'un capitaine fit un trou dans mon mouchoir en piaffant, et tomba avec son cavalier. Je les relevai tous deux, et, posant une main sur le trou, je descendis avec l'autre les cavaliers. Le cheval en fut quitte pour une entorse, — son maître n'eut rien ; cependant je ne continuai pas cet exercice dangereux.

Pendant un de ces amusements, un exprès vint annoncer à l'empereur une découverte singulière faite à la place où j'avais d'abord été aperçu. C'était un grand objet noir dont les bords circulaires étaient de la largeur de la chambre royale, et dont le milieu s'élevait en forme de colonne tronquée à la hauteur de deux hommes. On ne croyait pas que cela vécût, et plusieurs personnes étant montées sur les épaules l'une de l'autre, jusqu'à la cime unie et plate du cylindre, elles avaient découvert, en frappant avec leurs pieds, que l'intérieur était creux. On avait conjecturé que cette machine appartenait à l'*homme-montagne*, et l'on proposait de la transporter à la capitale. Je compris qu'il s'agissait de mon chapeau, et suppliai Sa Majesté d'ordonner qu'il me fût rapporté tout de suite. Il arriva le jour suivant, non pas en aussi bon état que je l'aurais voulu, moins détérioré pourtant qu'il eût pu l'être. On avait fait deux trous dans les bords, et fixé deux crampons dans ces trous; puis une corde fut passée dans ces crochets et attachée au collier du premier de cinq forts chevaux, qui traînèrent mon malheureux couvre-chef pendant un trajet d'un demi-mille. Heureusement la plaine étant tout unie, mon chapeau avait résisté à ce voyage périlleux.

L'empereur, ayant un jour donné l'ordre à plusieurs escadrons de son armée, logée aux environs de sa capitale, de se mettre en grande tenue, voulut se réjouir d'une façon très-singulière. Je me tiendrais debout comme un colosse, et mes deux pieds aussi éloignés l'un de l'autre que je les pourrais étendre. Après quoi, il commanda à son général, vieux capitaine expérimenté, de ranger les troupes en ordre de bataille, et de les faire passer entre mes jambes, l'infanterie par vingt-quatre de front, et la cavalerie par seize, tambours battant, enseignes déployées et piques hautes. Ce corps était composé de trois mille hommes d'infanterie et de mille cavaliers. Sa Majesté prescrivit, sous peine de mort, à tous les soldats d'observer dans la marche la plus exacte bienséance à l'égard de ma personne, ce qui n'empêcha pas les jeunes officiers de lever les yeux, en passant au-dessous de mon arc de triomphe. Pour confesser la vérité, ma culotte était en si piètre état, qu'elle leur donna occasion d'éclater de rire, et la reine en fut troublée extraordinairement.

J'avais présenté, j'avais envoyé tant de *mémoires* et de *requêtes* pour ma liberté, qu'à la fin, Sa Majesté proposa l'affaire au conseil des dépêches, et puis au conseil d'État, où il n'y eut d'opposition que de la part du ministre Skyresh Bolgolam, qui jugea à propos, sans aucun sujet, de se déclarer contre moi. Heureusement que tout le reste du conseil me fut favorable, et l'empereur appuya leur avis. Ce ministre, qui était *galbet*, c'est-à-dire grand amiral, avait mérité la confiance de son maître par son habileté dans les affaires; malheureusement, il avait l'esprit aigre et fantasque. Il obtint que les articles touchant les conditions auxquelles je devais être mis en liberté seraient dressés par lui-même. Ces articles me furent apportés par Skyresh Bolgolam en personne, accompagné de deux sous-secrétaires d'État et de plusieurs gens de distinction. On m'enjoignit d'en promettre l'observation par serment, prêté d'abord à la façon de mon pays, et, pour plus de sûreté, à la manière ordonnée par leurs lois. Il me fallut tenir l'orteil de mon pied droit dans ma main gauche, et mettre le doigt du milieu de ma main droite sur le haut de ma tête, et le pouce à la pointe de mon oreille droite. Comme le lecteur peut être curieux de connaître le style de cette cour, et de savoir les articles préliminaires de ma délivrance, j'ai fait une traduction de l'acte entier, mot pour mot.

« Golbasto-Momaren-Eulame-Gurdilo-Shefin-Mully-Ully-Gue, très-puissant empereur de Lilliput, les délices et la terreur de l'univers, dont les États s'étendent cinq mille blustrugs (c'est-à-dire environ six lieues en circuit) aux extrémités du globe; souverain de tous les souverains, plus haut que les fils des hommes; dont les pieds pressent la terre jusqu'au centre, dont la tête est voisine du soleil, dont un clin d'œil fait trembler les genoux des potentats; aimable comme le printemps, agréable comme l'été, abondant comme l'automne, terrible autant que l'hiver; à tous nos sujets amés et féaux, salut. Sa Très-Haute Majesté propose à l'*homme-montagne* les articles suivants, lesquels, pour préliminaire, il sera obligé de ratifier par un serment solennel.

« 1. L'*homme-montagne* ne sortira point de nos vastes États sans notre permission, scellée du grand sceau.

« 2. Il ne prendra point la liberté d'entrer dans notre capitale sans notre expresse permission, afin que les habitants soient avertis, deux heures auparavant, de se tenir renfermés chez eux.

« 3. Ledit *homme-montagne* bornera ses promenades à nos principaux grands chemins, et se gardera de se promener ou de se coucher dans un pré, ou dans une pièce de blé.

« 4. En se promenant par lesdits chemins, il prendra tout le soin possible de ne fouler aux pieds les corps d'aucun de nos fidèles sujets; il respectera chevaux et voitures; il ne prendra aucun de nosdits sujets dans ses mains, sinon de leur propre consentement.

« 5. S'il est nécessaire qu'un courrier du cabinet fasse une course extraordinaire, aussitôt l'*homme-montagne* est obligé de porter dans sa poche ledit courrier pendant six journées, une fois toutes les lunes, et de remettre ledit courrier (s'il en est requis) sain et sauf en notre présence impériale.

« 6. Il sera notre allié contre nos ennemis de l'île de Blefuscu, et fera tout son possible pour faire périr la flotte qu'ils arment avec menaces d'une descente sur nos terres.

« 7. Ledit *homme-montagne*, à ses heures de loisir, prêtera son secours à nos ouvriers, en les aidant à élever certaines grosses pierres pour achever les murailles de notre grand parc et nos bâtiments impériaux.

« 8. Après avoir fait le serment solennel d'observer les articles ci-dessus énoncés, ledit *homme-montagne* aura une provision journalière de viande et de boisson suffisante à la nourriture de dix-huit cent soixante-quatorze de nos sujets, avec un libre accès auprès de notre personne impériale, et autres marques de notre faveur. Donné en notre palais, à Belfaborac, le douzième jour de la quatre-vingt-onzième lune de notre règne. »

Je prêtai le serment, et signai tous ces articles avec une grande joie; hélas! quelques-uns n'étaient pas aussi honorables que je l'eusse souhaité! Mais comment résister à la maligne influence du grand amiral Skyresh Bolgolam? On m'ôta mes chaînes, et je fus mis en liberté. L'empereur me fit l'honneur d'assister, en personne, à la cérémonie auguste de ma délivrance. Je rendis de très-humbles actions de grâces à Sa Majesté, en me prosternant à ses pieds sacrés; mais elle me commanda de me lever, et cela dans les termes les plus obligeants.

Le lecteur intelligent a déjà fait cette observation que, dans le dernier article de l'acte de ma délivrance, l'empereur était convenu de me donner une quantité de viande et de boisson qui pût suffire à la subsistance de dix-huit cent soixante-quatorze Lilliputiens, et surtout à mon modeste entretien. Quelque temps après, demandant à un courtisan, mon ami particulier, par quelle suite de raisonnements et de calculs le gouvernement de Lilliput était arrivé à ce *total* singulier, le grand seigneur, mon ami, me répondit que les mathématiciens de Sa Majesté, ayant pris la hauteur de mon corps par le moyen d'un quart de cercle et supputé sa grosseur, et le trouvant, par rapport au leur, comme dix-huit cent soixante-quatorze est à un, ils avaient inféré de la similarité de leur corps que je devais avoir un appétit dix-huit cent soixante-quatorze fois plus grand que le leur. Le lecteur peut juger de l'esprit admirable et de l'économie exacte et clairvoyante de leur empereur.

# CHAPITRE IV

Description de Mildendo, capitale de Lilliput, et du palais de l'empereur. — Conversation entre Gulliver et un secrétaire d'État, sur les affaires de l'empire. — Les offres que fait Gulliver de servir l'empereur dans toutes ses guerres.

Une première requête à l'empereur, après avoir obtenu ma liberté, fut d'obtenir la permission de visiter la célèbre cité de Mildendo, capitale de l'empire, et Sa Très-Gracieuse Majesté voulut bien consentir à ma prière, en me recommandant de ne faire aucun mal aux habitants, aucun tort à leurs maisons. Le peuple fut averti par une proclamation, qui annonçait le dessein que j'avais de visiter la capitale... Une muraille l'environnait, haute de deux pieds et demi, et large au moins de onze pouces; à ce compte, un carrosse à quatre chevaux eût facilement fait le tour des murailles sur des dalles en vrai granit lilliputien. Cette haute muraille était flanquée de fortes tours, à dix pieds de distance l'une de l'autre. Je passai par-dessus la porte occidentale, et marchai très-lentement et de côté par les deux principales rues, mon pourpoint boutonné avec toutes les précautions imaginables, dans la crainte où j'étais que le revers ou le pan de mon habit ne renversât une cheminée, un balcon, une maisonnette. J'allais avec une extrême circonspection, pour me garder de fouler aux pieds quelques gens qui étaient restés dans les rues, nonobstant les ordres précis de se tenir chez soi claquemurés. En revanche, ils s'étaient huchés sur les toits, sur les dômes, sur les clochers, aux mansardes et même dans les gouttières, avec de petits cris et de grands gestes ; on eût dit une fourmillière humaine ! Cette ville forme un carré exact, chaque côté de la muraille ayant cinq cents pieds de long. Les deux grandes rues, qui se croisent et la partagent en quatre quartiers égaux, ont cinq pieds de large ; les petites rues dans lesquelles je ne pus entrer, les carrefours de la plèbe et de la gent taillable et corvéable à merci, ont pourtant, en belle largeur, depuis douze jusqu'à dix-huit pouces. La ville, au besoin, contiendrait cinq cent mille âmes. Les maisons sont de trois ou quatre étages ; les boutiques pleines de marchandises, et les marchés pleins d'abondance. Il y avait autrefois bon opéra et bonne comédie ; hélas ! l'opéra, faute de musiciens, faute de chanteurs et de danseurs, faute de tout, et la comédie, à défaut de comédiens, de comédiennes, de génie et de bel esprit, sont en ruines, et dans ces ruines mêmes, il n'y a plus rien qui vaille.

Le palais de l'empereur, situé dans le centre de la ville, où les deux grandes rues se rencontrent, est entouré d'une muraille, haute de vingt-trois pouces ; il fut bâti à vingt pieds de distance des bâtiments. Sa Majesté m'avait permis d'enjamber par-dessus cette muraille, pour voir son palais de tous les côtés. La cour extérieure est un carré de quarante pieds, et comprend deux autres cours. C'est dans la cour appelée *par euphémisme* la cour de marbre, que s'ouvrent les splendides appartements de Sa Majesté. J'avais un grand désir de voir, mais la chose était difficile : les plus grandes portes n'étaient que de dix-huit pouces de haut et de sept pouces de large. Enfin, dernier obstacle, les bâtiments de la cour extérieure étaient au moins hauts de cinq pieds : il m'était impossible de les enjamber sans courir le risque de briser les ardoises des toits. Pour les murailles, elles étaient solidement bâties de pierres de taille, épaisses de quatre pouces. L'empereur avait néanmoins envie, et cela se comprend, de me montrer les royales magnificences de sa demeure..... Il me fallut trois grands jours pour surmonter des difficultés qui semblaient insurmontables. A la fin, lorsque j'eus coupé avec mon couteau quelques arbres des plus grands du parc impérial, éloigné de la ville d'environ cinquante toises, je fis deux tabourets de ces chênes séculaires, chacun de trois pieds de haut, et assez forts pour soutenir le poids de mon corps. Le peuple ayant donc été averti pour la seconde fois, je repassai dans la ville, et m'avançai vers le palais, tenant mes deux tabourets à la main. Quand je fus arrivé à l'aile droite de la cour extérieure, je montai sur un de mes tabourets et pris l'autre à la main. Je fis passer celui-ci par-dessus le toit, et le descendis doucement à terre, dans l'espace qui était entre la première et la seconde cour, de huit pieds de large. Ainsi je passai très-commodément par-dessus les bâtiments, et, quand je fus dans la place, aussitôt je tirai, avec un crochet le tabouret qui était resté en dehors. Par cette invention je pénétrai dans la cour la plus intérieure, et là, me couchant sur le côté, j'appliquai mon visage aux fenêtres du premier étage. On les avait tout exprès laissées grandes ouvertes, et je vis les appartements les plus magnifiques que l'on puisse imaginer. S. M. l'impératrice et les jeunes princesses étaient assises dans leurs chambres, environnées de leur suite. Sa Majesté Impériale voulut bien m'honorer d'un gracieux sourire, et me donna par la fenêtre sa main à baiser.

Je ne ferai point ici le détail des curiosités renfermées dans ce palais ; je le réserve pour un plus grand ouvrage, qui ne tardera pas à faire gémir la presse ; il contiendra la description générale de l'empire de Lilliput, depuis sa première fondation ; l'histoire de ses empereurs pendant une longue suite de siècles ; des observations sur leurs guerres, leur politique, leurs lois. On vous dira le progrès, la décadence et la renaissance des lettres, de la philosophie et des croyances. La *Flore* et la *Faune* auront leur tour : les plantes, les animaux, les mœurs et les coutumes des habitants, avec plusieurs autres matières prodigieusement curieuses et excessivement utiles. Mon but unique, en ce moment, est de raconter ce qui m'arriva, pendant un séjour d'environ neuf mois, dans ce merveilleux empire.

Quinze jours après que j'eus obtenu ma liberté, Keldresal, secrétaire d'État pour le département des affaires particulières, se rendit chez moi, suivi d'un seul domestique. Il ordonna que son carrosse l'attendît à quelque distance, et me pria de lui donner un entretien d'une heure. Je lui offris de me coucher, afin qu'il pût être de niveau à mon oreille ; mais il voulut que le tinsse dans ma main pendant la conversation. Il commença par me faire des compliments sur ma liberté, et me dit qu'il pouvait se flatter d'y avoir quelque peu contribué. Il ajouta que, sans l'intérêt que la cour y avait, je ne l'eusse pas de sitôt obtenue. « Et vraiment, dit-il, quelque florissant que notre État paraisse aux étrangers, nous avons deux grands fléaux à combattre : une faction puissante au dedans, au dehors l'invasion dont nous sommes menacés par un ennemi formidable. A l'égard du premier, il faut que vous sachiez que depuis plus de soixante-dix lunes, cet empire appartient à deux partis, flottant sans cesse et sans fin de celui-ci à celui-là, sous les noms de *Tramecksan* et *Slamecksan*, termes empruntés des hauts et bas talons de leurs souliers, par lesquels ils se distinguent. On prétend, il est vrai, que les *hauts-talons* sont les plus conformes à notre ancienne constitution; mais, quoi qu'il en soit, Sa Majesté a résolu de ne se servir que des *bas-talons* dans l'administration du gouvernement, et dans toutes les charges qui sont à la disposition de la couronne. Vous pouvez même remarquer que les talons de Sa Majesté Impériale sont plus bas au moins d'un *drurr* que ceux d'aucun de sa cour. » (*Drurr* est environ la quatorzième partie d'un pouce.)

« La haine des deux partis, continua cet homme d'État, est poussée si loin, qu'ils ne mangent ni ne boivent ensemble; à peine s'ils échangent un simple *bonjour*. Nous comptons que les tramecksans ou hauts-talons nous surpassent en nombre; mais l'autorité est entre nos mains. Hélas! nous appréhendons que Son Altesse Impériale, l'héritier présomptif de la couronne, n'ait un certain penchant pour MM. les *hauts-talons;* tout au moins est-il apparent qu'un de ses talons est plus haut que l'autre, ce qui le fait un peu clocher dans sa démarche. Au milieu de ces dissensions intestines, nous sommes menacés d'une invasion des gens de l'île de Blefuscu, qui est l'autre empire de l'univers, presque aussi puissant que celui-ci. Car, pour ce que nous avons entendu dire, qu'il y a d'autres empires et royaumes dans le monde, habités par des créatures humaines aussi impossibles que vous l'êtes ; qu'il existe des ministres de votre taille, et des armées composées d'hommes de cinq pieds et quelques pouces, armés de grands sabres, semblables au vôtre, et de mousquetons à poudre... sans vouloir vous démentir, vous nous permettrez de douter de votre assertion ! Nos plus sérieux et plus intelligents philosophes en doutent beaucoup ; ils conjecturent que vous êtes tombé de la lune ou de quelque étoile, parce qu'il est certain qu'une centaine de mortels de votre grosseur consommeraient dans peu de temps tous les fruits et tous les bestiaux des États de Sa Majesté. D'ailleurs, nos historiens, depuis six mille lunes, ne font mention d'aucunes autres régions que des deux grands empires de Lilliput et de Blefuscu. Ces deux formidables puissances ont été engagées pendant trente-six lunes dans une guerre très-opiniâtre dont voici le sujet. Tout le monde convient que la manière primitive de casser les œufs, avant de les manger, est de les casser par le gros bout ; mais l'aïeul de Sa Majesté régnante, pendant qu'il était enfant, sur le point de manger un œuf, eut le malheur de couper un de ses doigts, sur quoi l'empereur son père rendit un arrêt, ordonnant à tous ses sujets, sous de grièves peines, qu'ils eussent à casser leurs œufs par le petit bout. O malheur ! ô leçon faite aux princes qui abusent de leur toute-puissance ! A peine le peuple avait-il entendu parler du décret impérial, qu'il fût saisi de rage et de fureur, et nos historiens racontent qu'il y eut, à cette occasion, six révoltes, dans lesquelles un empereur perdit la vie, un autre la couronne. Ces dissensions intestines furent toujours fomentées par les souverains de Blefuscu ; et, quand les soulèvements furent réprimés, les coupables se réfugièrent dans cet empire. On suppute que onze mille hommes ont, à différentes fois, préféré la mort sur l'échafaud, par la main du bourreau, à la honte impie, ineffaçable, de casser leurs œufs par le petit bout. Plusieurs centaines de gros volumes ont été écrits et publiés sur cette matière ; mais les livres des *gros-boutiens* ont été lacérés, brûlés, supprimés ; tout leur parti a été déclaré, par les lois, incapable de posséder charges, emplois, honneurs, dignités. Pendant la suite de ces troubles, les empereurs de Blefuscu ont fait des remontrances par leurs ambassadeurs, nous accusant de violer indignement un précepte fondamental de notre grand prophète *Lustrogg*, dans le cinquante-quatrième chapitre du *Brundecral* (ce qui est leur Alcoran). On a jugé que c'était une pure interprétation du sens du texte, dont voici les mots : « Que tous les fidèles casseront leurs œufs par le « bout le plus commode. » On doit, à mon avis, et la plus simple tolérance l'exige ainsi, laisser décider à la conscience de chacun, quel est le bout le plus commode ; ou tout au moins est-ce à l'autorité du souverain magistrat à en décider. Or, les *gros-boutiens*, exilés, décrétés, dépouillés, ont trouvé tant de crédit à la cour de l'empereur de Blefuscu, et tant de secours dans notre pays même, qu'une guerre très-sanglante a régné entre les deux empires, pendant trente-six lunes, à ce sujet, avec mille intermittences de défaites et de victoires. Ah! que de sang répandu par les *gros-boutiens*, par les *petits-boutiens* ! Dans cette guerre incomparable avec nulle autre, nous avons perdu quarante vaisseaux de ligne, un plus grand nombre de petits vaisseaux, avec trente mille de nos meilleurs matelots et soldats : l'on compte en même temps que la perte de l'ennemi n'est pas moins considérable. A cette heure encore on arme une flotte, et Blefuscu se prépare à faire une descente sur nos côtes. Or, Sa Majesté Impériale, mettant sa confiance en votre valeur, et dans la haute idée de vos forces, m'a commandé de vous faire ce détail au sujet de ses affaires, afin de savoir quelles sont vos dispositions à son égard. »

Je répondis au secrétaire d'État que j'appartenais âme et corps à l'hospitalière nation de Lilliput, que je serais un homme heureux de servir une si bonne cause. Enfin, je priai Son Excellence d'assurer l'empereur de mes très-humbles respects, et de lui faire savoir que j'étais prêt à sacrifier ma vie pour défendre sa personne sacrée et son illustre empire contre toutes les entreprises et invasions de ses ennemis.

L'homme d'État me quitta fort satisfait de ma réponse.

Et moi, je restais immobile et confondu des grands mystères que je venais d'entendre, et je cherchais à m'expliquer, avec mes habitudes et mes préjugés de citoyen de la joyeuse Angleterre, de quel côté se tenaient le droit, la justice et la vérité.

L'usage, il est vrai, était pour les *gros-boutiens ;* la liberté plaidait hautement la cause innocente des *petits-boutiens.*

# CHAPITRE V

Gulliver par un stratagème extraordinaire, s'oppose à une descente des ennemis. — L'empereur lui confère un grand titre d'honneur. — Les ambassadeurs arrivent de la part de l'empereur de Blefuscu, pour demander la paix. — Le feu prend à l'appartement de l'impératrice, et Gulliver contribue à éteindre l'incendie.

L'empire de Blefuscu est une île située au nord-nord-est de Lilliput, dont elle n'est séparée que par un canal de quatre cents toises de large. Je ne l'avais pas encore aperçu ; mais, sur l'avis formel d'une descente projetée, je me gardais bien de paraître de ce côté-là, de peur d'être découvert par quelques-uns des vaisseaux blefuscutiens.

Je fis part à l'empereur d'un projet que j'avais formé, pour m'emparer de toute la flotte ennemie... Au rapport de nos espions, elle était prête à mettre à la voile au premier vent favorable. Je consultai les ingénieurs hydrographes pour savoir quelle était la profondeur du canal ; ils me répondirent qu'au milieu, dans la grande marée, il était profond de soixante-dix *glumgluffs* (c'est-à-dire environ de six pieds, selon la mesure de l'Europe), et le reste de cinquante glumgluffs au plus. Je m'en allai secrètement vers la côte du nord-est, vis-à-vis de Blefuscu, et, me couchant derrière une colline, je tirai ma lunette... Bonté divine ! au même instant, toutes voiles déployées, allant comme on marche à la gloire, arrivait, triomphante, la flotte de l'ennemi, composée de cinquante vaisseaux de guerre et d'un grand nombre de vaisseaux de transport. A l'aspect de toutes ces forces réunies, je sens grandir mon courage, et, me traînant sur le ventre : « Amis ! dis-je aux Lilliputiens, préparez en toute hâte une grande quantité de câbles les plus forts ! » Les câbles devaient être de la grosseur d'une double ficelle, les barres de la longueur, de la grosseur d'une aiguille à tricoter. Je triplai le câble, et tortillai vigoureusement trois des barres de fer l'une sur l'autre, attachant à chacune un crochet. Les engins étant bien et dûment préparés, je revins, par la nuit profonde, à la susdite côte de nord-est, et, mettant bas mon justaucorps et mes souliers, j'entrai dans la mer. Je marchai tant que j'eus pied sur ce petit sable : au milieu du gouffre, il me fallut nager ; en cinq ou six brasses, je fus sur mes pieds, et, d'un pas résolu, voici que j'arrive à la flotte en moins d'une demi-heure. A l'aspect de cet homme étrange, dont ils ne voyaient que le buste et la tête, au feu de ces grands yeux, ouverts comme un four, les ennemis éperdus, ahuris, et sans demander leur reste, se précipitent hors de leurs vaisseaux comme des grenouilles, et s'enfuient à terre : ils paraissent être au nombre de trente mille hommes. Je pris alors mes câbles ; et, attachant un crochet au trou de la poupe de chaque vaisseau, je passai mes câbles dans les crochets. Cependant l'ennemi fit une décharge de plusieurs milliers de flèches ; un grand nombre m'atteignirent au visage et aux mains : j'en ressentis une vive douleur, avec une vive inquiétude pour mes yeux, que j'aurais perdus, si je ne me fusse avisé d'un expédient. J'avais dans un de mes goussets une paire de lunettes, que j'attachai à mon nez aussi fortement que je pus. Armé de cette façon comme d'une espèce de casque, je poursuivis mon travail en dépit de la grêle continuelle qui tombait sur moi. Enfin, tous mes crochets étant placés, je tirai à moi cette flotte abandonnée... O surprise ! elle était encore à l'ancre, et je me vis forcé de faucher avec mon couteau les câbles qui retenaient les navires. Ainsi je tirai aisément cinquante des plus gros vaisseaux et les entraînai avec moi.

Les *Blefuscutiens*, qui n'avaient point d'idée de ce que je projetais, furent également surpris et confus. Ils m'avaient vu couper les câbles, mais ils pensaient que mon dessein était de laisser les vaisseaux flotter au gré du vent et de la marée, et qu'ils se heurteraient l'un contre l'autre à tout hasard. Quand ils me virent entraîner toute leur flotte à la fois, ils jetèrent des cris de rage et de désespoir.

En moins de temps que je n'en mets à le dire, je me vis hors de la portée de leurs flèches-épingles, et, retirant facilement celles qui s'étaient attachées à mon visage et à mes mains, je conduisis ma flotte au port impérial de Lilliput.

L'empereur avec toute sa cour était sur le bord de la mer, attendant le succès de mon entreprise. Ils voyaient bien, de loin, une flotte s'avancer sous la forme d'un grand croissant, mais, comme j'étais dans l'eau jusqu'au cou, ils ne s'apercevaient pas que c'était moi qui la conduisais vers eux.

Déjà ils cherchaient des yeux les économistes et les savants de l'empire, en explication du mystère de ces vaisseaux qui allaient tout seuls.

En ce moment d'angoisses bien naturelles, l'empereur, très-étonné, s'imagina que j'avais péri et que la flotte ennemie s'approchait pour faire une descente. Halte-là ! ses craintes furent bientôt dissipée et se changèrent en joie immense. A l'instant même, j'apparus en criant d'une voix de Stentor : *Vive à jamais le très-puissant empereur de Lilliput!* Ce prince, à mon arrivée, me donna des louanges infinies, et sur-le-champ me créa *nardac*, qui est le plus haut titre d'honneur.

Sa Majesté voulut ensuite que je prisse des mesures pour amener dans ses ports tous les autres vaisseaux de l'ennemi. L'ambition de ce prince ne lui faisait prétendre à rien moins que de se rendre maître de tout l'empire de Blefuscu, de le réduire en province de son empire, de lui imposer un vice-roi ; de faire périr tous les exilés *gros-boutiens,* et de contraindre enfin tous ses peuples à casser les œufs par le petit bout ; ce qui l'aurait fait parvenir à la monarchie universelle. Or, quand il se fut bien enivré de mes victoires, je tâchai de le détourner de ce dessein par plusieurs raisonnements fondés sur la politique et sur la justice ; et je protestai hautement que je ne serais jamais l'instrument dont il se servirait pour opprimer la liberté d'un peuple libre, noble et courageux. Quand on eut délibéré sur cette affaire dans le conseil, la plus saine partie fut de mon avis.

Cette déclaration ouverte et hardie était si opposée aux projets et à la politique de Sa Majesté l'empereur, qu'il était difficile qu'il pût jamais me la pardonner. Il en parla dans le Conseil d'une voix aigre, d'une façon perplexe, et du même coup mes envieux (j'en avais, je méritais d'en avoir !) et mes ennemis secrets s'en prévalurent pour me perdre. Tant il est vrai que les services les plus importants rendus aux souverains sont bien peu de chose, aussitôt qu'ils sont suivis du refus de servir aveuglément leurs passions. A la grâce de Dieu ! c'est le droit des couronnes d'être ingrates, et Dieu sait qu'elles ne le laissent pas tomber en désuétude.

Environ trois semaines après mon expédition éclatante, arriva une ambassade solennelle de Blefuscu avec des propositions de paix. Le traité fut bientôt conclu, à des conditions très-avantageuses pour l'empereur. L'ambassade était composée de six seigneurs, ornés d'une suite de cinq cents personnes ; bref on peut dire que leur entrée fut conforme à la grandeur de leur maître, à l'importance de leur négociation.

Après la conclusion du traité, Leurs Excellences, étant averties secrètement des bons offices que j'avais rendus à leur nation par la manière dont j'avais parlé à l'empereur, me rendirent une visite en cérémonie. Ils commencèrent par m'adresser beaucoup de compliments sur ma valeur et sur ma générosité, puis ils m'invitèrent au nom de leur maître, à passer dans son royaume. Je les remerciai de leur louange, et les priai de me faire l'honneur de présenter mes très-humbles respects à Sa Majesté blefuscutienne, dont les vertus éclatantes étaient répandues par tout l'univers. Enfin je promis de me rendre auprès de sa personne royale, avant de retourner dans mon pays.

Peu de jours après, je demandai à l'empereur la permission de faire mes compliments au grand roi de Blefuscu ; il me répondit froidement qu'il ne s'y opposait pas.

J'ai oublié de dire que les ambassadeurs m'avaient parlé avec le secours d'un interprète. Les langues des deux empires sont très-différentes l'une de l'autre; chacune des deux nations vante l'antiquité, la beauté et la force de sa langue, et (naturellement) méprise l'autre. Cependant, l'empereur, fier de l'avantage qu'il avait remporté sur les Blefuscutiens par la prise de leur flotte, obligea les ambassadeurs à présenter leurs lettres de créance et à faire leur harangue en langue lilliputienne. Pour être juste, il faut reconnaître ici qu'à raison du trafic et du commerce qui se fait entre les deux royaumes, de la réception réciproque des exilés, et de l'usage où sont les Lilliputiens d'envoyer leur jeune noblesse dans le Blefuscu, afin de s'y polir et d'y faire leurs caravanes, il y a très-peu de personnes de distinction dans l'empire de Lilliput, encore moins de négociants ou de matelots dans les places maritimes, qui ne parlent pas à la fois le *lilliputien* et le *blefuscutien*. Le lecteur se rappelle à ce propos certains articles du traité qui avait précédé ma délivrance, articles que la nécessité m'avait fait accepter..... Ils me réduisaient, ou peut s'en faut, à la condition d'un esclave. Maintenant ma nouvelle dignité me dispensait de services semblables, et l'empereur, je dois lui rendre cette justice, ne m'en a jamais parlé.

J'eus alors occasion de rendre à Sa Majesté impériale un service très-signalé. Tout dormait : le palais impérial était plongé dans le profond sommeil qu'apportent avec soi la victoire et la sécurité. Soudain je fus réveillé (sur le minuit), par les cris d'une foule de peuple assemblée à la porte de mon hôtel. J'entendis le mot *Burgum!* répété plusieurs fois. Quelques-uns de la cour de l'empereur, s'ouvrant un passage à travers la foule, me prièrent de venir incessamment au palais, où l'appartement des dames, garni de bois précieux et très-inflammable, était en feu, par la faute d'une de ces dames d'honneur, très-spirituelle et connaisseuse en beaux ouvrages, qui s'était endormie en lisant un poëme blefuscutien. Aussitôt je me lève, et, m'habillant en toute hâte, j'arrive au palais avec assez de peine, mais sans fouler personne à mes pieds. Je trouvai qu'on avait déjà appliqué des échelles aux murailles : mais l'eau était assez éloignée, et les seaux à incendie étant à peine de la grosseur d'un dé à coudre, c'était en vain, malgré son désir de tout sauver, que le peuple faisait la chaîne. L'incendie, en ce moment, grandissait d'une façon terrible. Hélas ! que faire et que devenir ? un palais si magnifique aurait été infailliblement réduit en cendre, si, par une présence d'esprit peu ordinaire, je ne me fusse avisé d'un expédient. Le soir précédent, j'avais bu en grande abondance d'un petit vin blanc assez joli, appelé *Glimigrin*, qui vient d'une province de Blefuscu, et qui est très-diurétique. « Allons ! dis-je, aux grands maux les grands remèdes ! » Et j'appliquai l'eau si à propos et si adroitement aux endroits convenables, qu'en trois minutes, le feu fut éteint, et que le reste de ce superbe édifice, ouvrage de tant d'années, qui avait coûté des sommes immenses, fut préservé d'un fatal embrasement.

J'ignorais si l'empereur me saurait gré du service que je venais de lui rendre. Il est expressément défendu, par les lois fondamentales de l'empire, et c'est un crime capital, de souiller ces murailles sacrées ; mais je fus rassuré, lorsque j'appris que Sa Majesté avait donné l'ordre au grand juge de m'expédier des lettres de grâce.

Il est vrai que les dames du palais, moins contentes d'avoir échappé à ces flammes que honteuses de cette ignoble inondation, témoignèrent une profonde horreur pour tant de souillures, et quittèrent ce palais déshonoré, faisant le serment solennel de n'y jamais rentrer.

## CHAPITRE VI

Les mœurs des habitants de Lilliput. — Leur littérature, leurs coutumes, leur façon d'élever les enfants.

Certes, je n'ai pas oublié ma promesse au lecteur de renvoyer la description de cet empire à un traité particulier ; cependant, pour satisfaire à ta juste impatience, ami lecteur, je t'en veux donner une idée approchante. Comme la taille ordinaire des gens de Lilliput est tout au plus de six pouces, il existe une exacte proportion dans les animaux, dans les plantes, dans les arbres. Les chevaux et les bœufs les plus hauts sont de quatre ou cinq pouces ; les moutons d'un pouce et demi, plus ou moins ; les oies, environ de la grosseur d'un moineau ; les insectes étaient presque invisibles pour moi : mais la bonne nature a si bien ajusté les yeux des habitants de Lilliput à tous les objets qui leur sont proportionnés, que les puces mêmes, ils les découvrent ! Pour faire connaître à quel point leur vue est perçante, je dirais que je vis une fois un cuisinier habile plumant une alouette qui n'était pas si grosse qu'un mouche ordinaire, et une jeune fille enfilant une aiguille invisible avec de la soie impalpable.

Ils ont des caractères et des lettres ; mais leur façon d'écrire est remarquable, n'étant ni de la gauche à la droite, comme celle de l'Europe, ni de la droite à la gauche, à la façon des Arabes, ni de haut en bas comme celle des Chinois, ni de bas en haut à la mode des Cascariens ; mais obliquement et d'un angle du papier à l'autre angle ! On dirait les pattes de mouche des dames d'Angleterre, et de leur *zig-zag !*

Ils enterrent les morts la tête en bas, parce qu'ils s'imaginent que dans onze mille lunes, tous les morts ressuscitant, la terre (qu'ils croient plate) se tournera sens dessus dessous. Donc, au jour de leur résurrection, ils seront debout sur leurs pieds. Il est vrai que messieurs les esprits forts de Lilliput, amis du doute et libres penseurs, reconnaissent l'absurdité de cette opinion.

Ils ont des lois et des coutumes très-singulières, que j'entreprendrais peut-être de justifier, si elles n'étaient pas trop contraires à celles de ma chère patrie. La première, dont je ferai mention, regarde les délateurs. Tous les crimes contre l'État sont punis, en Lilliput, avec une rigueur extrême ; mais que l'accusé démontre évidemment son innocence, l'accusateur est aussitôt condamné à une mort ignominieuse, et tous ses biens sont confisqués au profit de l'innocent. Si l'accusateur est un gueux, l'empereur, de ses propres deniers, dédommage l'accusé de sa prison, de ses tortures et de ses interrogatoires.

On regarde la fraude comme un crime plus énorme que le vol ; c'est pourquoi elle est toujours punie de mort. Lilliput a pour principe que le soin et la vigilance, avec un esprit ordinaire, peuvent garantir les biens d'un homme contre les attentats des voleurs ; la probité est sans défense contre la fourberie et la mauvaise foi. Une fois, je suppliai l'empereur de pardonner à un criminel qui s'était emparé d'une somme d'argent que son maître l'avait chargé de recevoir. Je présentai sa faute comme un simple abus de confiance ; mais l'empereur trouva monstrueuse cette justification. Je donnai cette raison banale : « Chaque pays, dis-je, a ses coutumes. » Au fond du cœur, j'éprouvai une grande confusion.

Bien que chez nous autres, Européens, ce soit une habitude assez générale de regarder les châtiments et les récompenses comme les pivots du gouvernement, je reconnais que la maxime de punir et de récompenser n'est pas observée en Europe avec la même sagesse que dans l'empire de Lilliput. Quiconque peut apporter preuves suffisantes qu'il a observé exactement les lois de son pays pendant soixante-treize lunes, a le droit de prétendre à certains priviléges, selon sa naissance et son état, avec une certaine somme d'argent tirée d'un fonds destiné à cet usage. Il gagne le titre de *snilpall* ou de légitime, lequel est ajouté à son nom ; ce titre insigne est personnel à celui qui le porte, et ne saurait passer à sa postérité. Ces peuples regardent comme un crime de législation que toutes nos lois soient menaçantes, et que toute infraction soit suivie de rigoureux châtiments, tandis que la plus stricte obéissance à la loi de l'État n'est suivie d'aucune récompense : c'est pourquoi ils représentent la justice avec six yeux, deux devant, autant derrière, un seul de chaque côté pour représenter la circonspection. Elle tient un sac plein d'or à sa main droite, une épée au fourreau à sa main gauche, afin que pas un ne soit ignorant que la *loi* est plus disposée à récompenser qu'à punir.

Dans le choix des sujets pour remplir les emplois, Lilliput a plus égard à la probité qu'au grand génie. Comme le gouvernement est nécessaire au genre humain, on croit chez ces peuples que la Providence n'eut jamais dessein de faire, de l'administration des affaires publiques, une science difficile et mystérieuse, qui ne puisse être possédée que par un petit nombre d'esprits rares et sublimes, tels qu'il en naît tout au plus deux ou trois dans un siècle ! On juge, au contraire, que la vérité, la justice, la tempérance et les autres vertus sont à la portée de tout le monde ; et que la pratique de ces vertus, accompagnée d'un peu d'expérience et de bonne intention, rend chaque Lilliputien parfaitement propre au service de son pays, pour peu qu'il ait de bon sens et de discernement. Lilliput est persuadé que les talents de l'esprit ne sauraient compenser l'exercice et l'absence des vertus morales ; que le galant homme est contenu dans l'habile homme.

Au compte de ce peuple, éclairé des vraies lumières, les emplois ne pourraient être confiés à de plus dangereuses mains qu'à celles des gens habiles qui n'ont aucune vertu : et les erreurs de l'ignorance, dans un ministre honnête homme, n'auraient jamais de si funestes suites, à l'égard du bien public, que les pratiques ténébreuses d'un corrompu, versé dans toutes sortes de criminelles pratiques. L'honnêteté qui ne croit pas à la Providence divine, parmi les Lilliputiens, est déclarée indigne d'exercer un emploi public. Comme les rois se prétendent à juste titre les députés de la Providence, ils jugent qu'il n'est rien de plus absurde et de plus inconséquent que la conduite d'un prince acceptant les services de gens sans religion et ennemis déclarés de cette autorité suprême dont il se dit le dépositaire et dont il emprunte la sienne.

En rapportant ces lois et les suivantes, je ne parle ici que des lois originales et primitives des Lilliputiens. Je sais que, par des lois récentes et malheureuses, ces peuples sont tombés dans un grand excès de corruption : témoin l'usage honteux d'obtenir les grandes charges en dansant sur la corde, et les marques de distinction en sautant par-dessus un bâton. Le lecteur doit se souvenir que cet indigne usage fut introduit par le père de l'empereur régnant.

L'ingratitude est parmi ces peuples un crime énorme : honni soit, disent les Lilliputiens, qui rend de mauvais offices à son bienfaiteur ; celui-là, nécessairement, est l'ennemi de tous les hommes.

Les Lilliputiens jugent que le père et la mère ont assez fait de mettre au jour un enfant, et qu'ils ne doivent point être chargés de son éducation. C'est affaire au gouvernement de Lilliput. Il entretient, à ses frais, dans chaque ville, des séminaires publics, où les pères et les mères sont obligés d'envoyer leurs enfants de l'un et de l'autre sexe, pour être élevés et formés. Quand ils sont parvenus à l'âge de vingt lunes, on les suppose assez dociles et capables d'apprendre. Les écoles sont de différentes sortes : il y en a pour les deux sexes et pour tous les rangs : écoles d'artisans, écoles de secrétaires d'État, écoles d'officiers ; les écoles de *dandys* n'existent pas. L'oisif et le *beau* se forment tout seuls.

Les séminaires, pour les garçons d'une naissance illustre, sont pourvus de maîtres sérieux et savants. L'habillement et la nourriture des enfants sont des plus simples. On leur inspire des principes d'honneur, de justice, de courage, de modestie et de clémence; la religion, l'amour pour la patrie. Ils sont habillés par des hommes jusqu'à l'âge de quatre ans; passé cet âge, ils s'habillent eux-mêmes, quelle que soit leur origine. Un maître est toujours là, qui préside à leurs récréations mêmes. Ils évitent ainsi ces funestes impressions de folie et de vice, qui commencent, de si bonne heure, à corrompre les mœurs et les inclinations de la jeunesse. On permet à leurs père et mère de les voir deux fois par an; la visite ne peut durer qu'une heure, avec la liberté d'embrasser leur fils à l'entrée, à la sortie, avec cette défense expresse de ne rien dire à leur marmot qui sente la flatterie! Il est défendu de lui donner des bijoux, des dragées et des confitures.

La pension pour la nourriture et l'éducation des enfants est payée par les parents, et les agents du gouvernement en perçoivent le prix. Les séminaires pour les enfants des bourgeois et des artisans sont dirigés dans le même esprit, avec les différences exigées par les divers états; par exemple, les jeunes gens destinés à des professions mécaniques terminent leurs études à onze ans, tandis que les jeunes gens des classes plus élevées continuent leurs exercices jusqu'à quinze ans, ce qui équivaut à l'âge de vingt-cinq ans parmi nous; mais les trois dernières années, ils jouissent d'un peu plus de liberté.

Dans les séminaires à l'usage du *beau sexe*, les jeunes filles de qualité sont élevées à peu près comme les garçons; seulement elles sont habillées par des habilleuses, en présence d'une maîtresse, jusqu'à ce qu'elles aient atteint l'âge de cinq ans, alors elles s'habillent elles-mêmes.

Si, par malheur, nourrices ou femmes de chambre entretenaient ces petites filles d'histoires extravagantes, de contes insipides, ou capables de leur faire peur (ce qui est en Angleterre ordinaire aux gouvernantes), nourrices et gouvernantes seraient fouettées publiquement trois fois par toute la ville, emprisonnées pendant un an, puis exilées le reste de leur vie en quelque désert inaccessible. Ainsi les jeunes filles, parmi ces peuples, sont aussi honteuses que les hommes d'être lâches ; elles n'ont égard qu'à la bienséance, à la propreté. Leurs exercices ne sont pas tout à fait aussi violents que ceux des garçons ; elles étudient un peu moins ; toutefois, on leur enseigne aussi les sciences et les belles-lettres. C'est une maxime, à Lilliput : La femme est une compagne agréable, elle doit s'orner l'esprit, qui ne vieillit point.

Dans les séminaires des filles de la basse classe, elles sont instruites à faire toutes sortes d'ouvrages ; celles qui doivent entrer en apprentissage quittent la maison d'éducation à sept ans ; les autres sont gardées jusqu'à onze ans.

Les fermiers et les laboureurs gardent chez eux leurs enfants, parce que, leur besogne étant de cultiver la terre, il importe peu à l'État qu'ils soient plus ou moins instruits ; mais, devenus vieux, ils sont recueillis dans des hospices ; la mendicité est inconnue à Lilliput.

Je dois parler ici de ma façon de vivre en ce pays pendant un séjour de neuf mois et treize jours. Avec les plus grands arbres du parc royal, je me fis moi-même une table et un fauteuil assez commodes. Deux cents couturières furent chargées de faire mon linge avec la plus forte toile que l'on trouva, mise en plusieurs doubles et piquée. Leurs toiles sont larges de trois pouces et longues de trois pieds. Les ouvrières prirent la mesure de mon pouce, et ce fut assez ;

elles avaient calculé, par un A + B, que deux fois la circonférence de mon pouce formait celle de mon poignet; en doublant encore, on avait le tour de mon cou; en doublant encore, on avait la grosseur de ma taille. Je déployai une de mes vieilles chemises, et elles l'imitèrent parfaitement. Trois cents tailleurs confectionnèrent mes habits, et s'avisèrent d'un autre moyen pour prendre leurs mesures. M'étant mis à genoux, ils dressèrent contre mon corps une échelle; un d'eux y monta jusqu'à la hauteur de mon cou, et laissa tomber un plomb de mon collet à terre, ce qui donna la mesure de mon habit. Ils travaillèrent chez moi, aucune de leurs maisons ne pouvant contenir des pièces de la grandeur de mes vêtements, qui, achevés, ressemblaient à ces couvertures composées de petits morceaux carrés cousus ensemble; heureusement ils étaient tous de la même couleur.

Trois cents cuisiniers préparaient mes repas dans des baraques construites autour de ma maison, où ils logeaient avec leurs familles; ils étaient chargés de me fournir deux plats à chaque service. Une vingtaine de laquais s'empressaient sur ma table; une centaine se tenaient en bas, apportant sur leurs épaules les mets, les vins et les liqueurs; ceux qui étaient sur la table déchargeaient les porteurs de ces objets, à mesure que j'en avais besoin, avec le secours d'une sorte de poulie. Un plat répondait à une bouchée, un baril à une gorgée raisonnable. Leur mouton ne vaut pas le nôtre, mais leur bœuf est parfait. Une fois on me servit un aloyau dont je fis trois bouchées; cet aloyau est une exception. Mes domestiques étaient émerveillés de me voir manger ce rôti, os et viande, comme nous croquons la cuisse d'une mauviette.

Sa Majesté voulut un jour se donner le plaisir de dîner avec moi, ainsi que la reine et les jeunes princes. Ils vinrent donc, et je leur fis prendre place dans des fauteuils sur ma table, en face de moi, avec leurs gardes autour d'eux. Le grand trésorier Flimnap les accompagnait aussi; il me regardait de mauvais œil; j'eus l'air de ne pas m'en apercevoir. Flimnap profita de l'occasion de cette visite pour me desservir auprès de son maître. Ce ministre avait toujours été mon ennemi secret; à tout propos, il me faisait un accueil charmant. Il représenta à l'empereur le mauvais état de ses finances, qui le forçait d'emprunter à très-gros intérêts, les bons du trésor étant tombés à neuf pour cent au-dessous du pair; il représentait que j'avais déjà coûté plus d'un million de leur monnaie, et qu'il serait bon de profiter du premier prétexte pour me renvoyer dans ma patrie.

Flimnap me suscita beaucoup d'autres tracasseries; il fit sur mon compte de faux rapports qui indisposèrent contre moi l'empereur lui-même, sur lequel ce favori exerce un empire absolu.

Les Lilliputiens sont persuadés, beaucoup plus qu'on ne l'est en Europe, que rien ne demande autant de soins et d'application que l'éducation des enfants. Il est aisé, disent-ils, d'en mettre au monde, autant qu'il est aisé de semer et de planter; mais conserver certaines plantes, les défendre et les protéger contre les rigueurs de l'hiver, contre les ardeurs et les orages de l'été, contre les attaques des insectes, et si bien faire enfin qu'elles se couvrent des plus belles fleurs et portent des fruits en abondance, il y faut toute l'attention et les peines d'un habile jardinier.

Ils prennent garde que le maître ait un esprit bien fait et

plus que sublime, et plutôt des mœurs que de la science. Ils ne peuvent souffrir ces tristes pédagogues qui étourdissent sans cesse les oreilles de leurs disciples de combinaisons grammaticales, de discussions frivoles, de remarques puériles ! Pour leur apprendre l'ancienne langue de leur pays (elle a peu de rapports avec celle qu'on parle aujourd'hui), ils accablent les jeunes esprits de règles et d'exceptions, oublieux de l'usage et de l'exercice, pour farcir la mémoire de principes et de préceptes épineux. Donc, les Lilliputiens prévoyants exigent que le maître instituteur de la jeunesse, avant tout, se familiarise avec dignité ; rien n'étant plus contraire à la bonne éducation que le pédantisme et le pédant. Le maître est fait plutôt pour s'abaisser que pour s'élever devant son disciple. Il faut beaucoup plus d'attention sur soi-même pour se faire humble avec les petits que pour se montrer superbe avec les grands.

Ils prétendent que les maîtres doivent bien plus s'appliquer à former l'esprit des jeunes gens pour la conduite de la vie qu'à l'enrichir de connaissances curieuses, mais presque toujours inutiles. On leur enseigne, et de très-bonne heure, à être sages et prudents, afin que, dans la saison même des plaisirs, ils sachent les goûter en philosophes. N'est-il pas ridicule, après tout, de n'apprendre la nature et le vrai usage des passions que si les passions nous abandonnent ; d'apprendre à vivre, à l'heure où la vie est presque passée, et de commencer à être un homme lorsqu'on va cesser de l'être ?

On leur propose (et voilà qui est bien fait) des récompenses pour l'aveu ingénu et sincère de leurs fautes; ceux qui savent raisonner sur leurs propres défauts obtiennent des grâces et des honneurs. On veut qu'ils soient curieux, et qu'ils fassent souvent des questions sur tout ce qu'ils voient et sur tout ce qu'ils entendent; ceux-là sont punis très-sévèrement qui, à la vue d'une chose extraordinaire et remarquable, témoignent peu d'étonnement et de curiosité.

On leur recommande aussi d'être fidèles, très-soumis et très-attachés à leur prince ; mais d'un attachement général et de devoir, et non pas d'aucun attachement particulier, qui blesse assez souvent la conscience, et toujours la liberté.

Les professeurs d'histoire sont moins en peine d'apprendre à leurs élèves la date d'un événement que de leur peindre le caractère, les bonnes et les mauvaises qualités des rois, des généraux d'armée et des ministres. Ils pensent qu'il leur importe assez peu de savoir qu'en telle année, en tel mois, telle bataille était gagnée ou perdue ; il y va de leurs intérêts les plus chers de considérer combien les hommes, dans tous les siècles, sont barbares, injustes, sanguinaires, toujours prêts à prodiguer leur propre vie au premier prémier prétexte, à commettre un attentat sans raison. Apprenons aussi combien les combats déshonorent l'humanité, qu'en bon gouvernement il n'y a que les plus puissants motifs pour justifier cette extrémité funeste. Ils regardent l'histoire de l'esprit humain comme la meilleure de toutes les histoires ; ils apprennent aux jeunes gens à retenir les faits et surtout à les juger.

Ils veulent que l'amour des sciences s'arrête à de certaines limites, et que chacun choisisse le genre d'étude qui convient le plus à son inclination, à son talent. Ils font aussi peu de cas d'un homme qui étudie au delà de ses besoins que d'un glouton qui s'indigère ; ils sont persuadés que l'esprit a ses indigestions comme le corps.

Dans tout l'empire de Lilliput, l'empereur est le seul qui ait une vaste et nombreuse bibliothèque. A l'égard de quelques particuliers qui en ont de trop grandes, on les regarde comme des ânes chargés de livres.

La philosophie à Lilliput est très-gaie, et ne consiste pas en argotisme. Ils ne savent ce que c'est que *Baroco* et *Baralipton*, que catégories, que termes de la première et de la seconde intention, et autres sottises épineuses de la dialectique. A leurs yeux, un maître à raisonner, un maître à danser, sont même chose. Ainsi, toute leur philosophie consiste à établir des principes infaillibles qui conduisent l'esprit à préférer l'état médiocre d'un honnête homme aux richesses, au faste d'un financier ; les victoires remportées sur ses passions aux envahissements des conquérants. Elle leur apprend à vivre de peu, à fuir tout ce qui pousse à la volupté, tout ce qui rend l'âme trop dépendante du corps. On leur représente incessamment la vertu comme une chose aisée, agréable.

On les exhorte à bien choisir la profession qui convient le mieux à leurs diverses aptitudes, à la fortune de leur père, aux facultés de leur âme ; en sorte que le fils d'un laboureur est quelquefois ministre d'État, pendant que le fils d'un seigneur devient un simple marchand.

Ces peuples estiment la physique et les mathématiques comme autant de sciences avantageuses à la vie et au progrès des arts utiles. En général, ils se mettent moins en peine de connaître toutes les parties de l'univers, moins jaloux de raisonner sur l'ordre et le mouvement des corps physiques que de jouir de la nature et d'ignorer ses divines perfections. La métaphysique, ils la regardent comme une source odieuse de chimères et de divisions.

Ils haïssent l'affectation dans le langage, et le style précieux, en prose, en vers ; ils jugent qu'il est aussi impertinent de se distinguer par sa façon de penser que par la façon de ses habits. L'écrivain qui renonce au vrai style élégant et châtié, pour un papotage éloquent, est couru et hué dans les rues comme un masque de carnaval.

On cultive à Lilliput le corps et l'âme tout ensemble ; il s'agit de dresser un homme, et l'on ne doit pas former l'un sans l'autre. Un bel attelage est celui de deux chevaux du même âge, et qui vont le même pas. Si vous ne formez (disent-ils) que l'esprit d'un enfant, son extérieur devient grossier et impoli : si vous ne formez que son corps, la stupidité et l'ignorance aussitôt s'emparent de son esprit.

Il est défendu aux maîtres de châtier les enfants par la douleur : ils le font par le retranchement de quelque douceur, mieux encore par la honte, et surtout par la privation de deux ou trois leçons ; ce qui les mortifie extrêmement, se voyant abandonnés à eux-mêmes, et jugés indignes d'instruction. La douleur nuit aux enfants ; elle ne sert qu'à les rendre timides : un défaut dont on ne guérit jamais.

La férule est une absurde cruauté.

## CHAPITRE VII

Gulliver, ayant reçu l'avis qu'on voulait lui faire son procès, pour crime de lèse-majesté, s'enfuit dans le royaume de Blefuscu.

Avant que je raconte par quel accident je sortis de l'empire de Lilliput, il sera peut-être à propos d'instruire le lecteur d'une intrigue secrète, et des piéges qui me furent tendus.

J'étais peu fait au manége des cours, et la bassesse de mon état m'avait refusé les dispositions nécessaires au rôle d'un habile courtisan. Je n'ignore pas que plus d'un courtisan d'aussi basse extraction que la mienne a souvent réussi à la cour, jusqu'à parvenir aux plus grands emplois. Oui, mais il peut se faire aussi que lui et moi eussions eu peine à nous entendre sur la probité et sur l'honneur. Quoi qu'il en soit, pendant que je me disposais à partir pour me rendre auprès de l'empereur de Blefuscu, un grand personnage à qui j'avais rendu de grands services me vint trouver secrètement pendant la nuit; même il entra chez moi dans sa chaise sans se faire annoncer. Les porteurs furent congédiés; je mis la chaise avec Son Excellence dans la poche de mon justaucorps ; et donnant l'ordre à un mien huissier de tenir ma porte fermée, je posai sur un guéridon le susdit conseiller d'État. Hélas ! le cher seigneur semblait accablé de tristesse, et moi, lui ayant demandé la raison de ce nuage, il me pria de le vouloir bien écouter, sur un sujet qui intéressait mon honneur et ma vie.

« Je vous apprends, me dit-il, que l'on a convoqué depuis peu plusieurs comités secrets à votre sujet ; et que depuis tantôt deux jours Sa gracieuse Majesté a pris une fâcheuse résolution.

« Vous n'ignorez pas que *Skyriesh Bolgolam* (galbet ou grand amiral) a toujours été votre ennemi mortel depuis votre arrivée ici. Je n'en sais pas l'origine, mais sa haine s'est fort augmentée après votre heureuse et glorieuse expédition contre la flotte de Blefuscu. On n'est pas en vain le vice-amiral d'un si grand peuple, et vos lauriers l'empêchent de dormir. Ce seigneur, de concert avec Flimnap, grand trésorier ; Limtoc, le général ; Lalcon, le grand chambellan, et Balmuff, le grand juge, ont dressé un acte d'accusation contre vous, ès crimes de lèse-majesté, et plusieurs grands attentats qu'ils ont longuement énumérés. »

Cet exorde me frappa tellement que j'allais l'interrompre : il me pria de ne rien dire et de l'écouter...

« Pour reconnaître les services que vous m'avez rendus, je me suis fait instruire de tout le procès, et j'ai obtenu une copie exacte des articles : c'est une affaire en laquelle je risque ma tête pour vous servir, et cela vaut bien quelque attention de votre part.

## ARTICLES DE L'ACCUSATION INTENTÉE CONTRE QUINBUS FLESTRIN

(L'HOMME-MONTAGNE.)

« ARTICLE PREMIER. — Considérant que par une loi portée sous le règne de Sa Majesté Impériale Cabin Deffar Plune, il est ordonné que quiconque fera de l'eau dans le vaste espace du palais impérial sera sujet aux peines et châtiments du crime de lèse-majesté ; que ledit Quinbus Flestrin, pour avoir manifestement souillé le texte de ladite loi, sous le prétexte d'éteindre le feu allumé dans une aile du palais de Sa Majesté, aurait malicieusement, traîtreusement et diaboliquement éteint ledit feu, allumé dans ledit appartement, étant alors entré dans l'enceinte dudit palais impérial.

« ART. 2. — Que ledit Quinbus Flestrin ayant amené la flotte royale de Blefuscu dans notre port impérial, et lui ayant été ensuite enjoint par Sa Majesté Impériale de se rendre maître de tous les autres vaisseaux dudit royaume de Blefuscu, et de le réduire à la forme d'une province, qui pût être gouvernée par un vice-roi de notre pays ; et encore de faire périr et mourir non-seulement tous les Gros-Boutiens exilés, mais aussi tout le peuple de cet empire qui ne voudrait incessamment quitter l'hérésie *gros-boutienne*, ledit Flestrin, traître et rebelle à Sa très-heureuse impériale Majesté, aurait présenté requête afin d'être dispensé dudit service sous le prétexte frivole d'une répugnance de se mêler de contraindre les consciences, et d'opprimer la liberté d'un peuple innocent.

« ART. 3. — Que certains ambassadeurs étant venus depuis peu, de la cour de Blefuscu, pour demander la paix à Sa

Majesté, ledit Flestrin, comme un sujet déloyal, aurait secouru, aidé, soulagé et régalé lesdits ambassadeurs, quoiqu'il les connût pour être ministres d'un prince qui venait d'être récemment l'ennemi déclaré de Sa Majesté impériale, et dans une guerre ouverte contre Sadite Majesté.

« Art. 4. — Que ledit Quinbus Flestrin, contre le devoir d'un fidèle sujet, se disposerait actuellement à faire un voyage à la cour de Blefuscu, pour lequel il n'a reçu qu'une permission verbale de Sa Majesté impériale ; et sous prétexte de ladite permission, se proposerait témérairement et perfidement de faire ledit voyage, et secourir, soulager, aider le roi de Blefuscu. »

« Il y a encore d'autres articles, ajouta le conseiller d'État, mon fidèle ami ; mais tels sont les plus importants, dont je viens de vous lire un abrégé.

« Dans les différentes délibérations de son conseil d'État, Sa Majesté a bien usé de sa modération, de sa justice ; elle a parlé de vos rares services ; elle a, de son mieux, atténué l'accusation….. vains efforts ! Vos deux ennemis, Leurs Excellences le trésorier et l'amiral, ont opiné au plus terrible, au plus infamant de nos supplices : on mettra le feu à votre hôtel pendant la nuit ; et le général, si vous sortiez de ce brasier, vous attendra avec vingt mille hommes, armés de flèches empoisonnées. Alors gare à vos yeux ! gare à vos mains ! Je sais aussi de bonne source que des ordres secrets sont donnés à quelques-uns de vos domestiques de répandre un suc vénéneux sur vos linges de corps. Malheureux ! mille feux cachés feront tomber vos chairs en lambeaux !

« Sur ces entrefaites, Reldresal, premier secrétaire d'État pour les affaires secrètes, a donné un avis conforme à celui de Sa Majesté, et certainement il a bien justifié l'estime que vous avez pour lui. Il a reconnu tout d'abord que vos crimes étaient grands; mais qu'ils méritaient quelque indulgence. Il a dit que l'amitié qui était entre vous et lui était si connue, que peut-être on pourrait le croire à l'excès prévenu en votre faveur; que cependant, pour obéir au commandement exprès de Sa Majesté, il dirait franchement son avis : si donc Sa Majesté, en considération de vos services, et suivant la douceur de son esprit, voulait bien vous sauver la vie et se contenter de vous crever les deux yeux, il jugeait avec soumission que, par cet expédient, la justice pourrait être en quelque sorte satisfaite ; et que tout le monde applaudirait à la clémence de l'empereur, aussi bien qu'à la procédure équitable et généreuse de ceux qui avaient l'honneur d'être ses conseillers. Véritablement la perte de vos yeux ne ferait point d'obstacle à votre force corporelle, par laquelle vous pourriez être encore utile à Sa Majesté. Au contraire, une prompte cécité augmente le courage, en nous cachant les périls ; l'esprit en devient plus recueilli, et plus disposé à la découverte de la vérité. Malheureusement, la crainte que vous aviez pour vos yeux était une grande difficulté à surmonter ; mais la difficulté n'était pas insurmontable, en s'y prenant par la violence, ou mieux encore par la douceur. Le grand malheur, après tout, d'y voir par les yeux des autres ?... les plus puissants princes n'y voient pas autrement !

« Cette proposition fut reçue avec un déplaisir extrême par toute l'assemblée : l'amiral Bolgolam, tout en feu, se leva, et, transporté de fureur, il s'écria que le secrétaire était bien hardi d'opiner pour la conservation d'un pareil traître, ajoutant que les services que vous aviez rendus étaient, selon les véritables maximes d'État, des crimes énormes. Ah! disait-il, la plus simple prudence nous fait un devoir d'en finir avec cette espèce de phénomène qui porte en ses chausses un fleuve impétueux, capable, à son gré, d'éteindre un vaste incendie ou d'inonder toute une capitale! Oui, messeigneurs, ce qui nous a sauvé peut nous perdre! Il a pris toute sa flotte à l'ennemi, j'en conviens ; qui donc l'empêche, un autre jour, de la lui rendre, avec quatre ou cinq de nos vaisseaux de haut bord? Ajoutez, messeigneurs, que cet homme est Gros-Boutien au fond du cœur!... et parce que la trahison commence au cœur, avant qu'elle paraisse dans les actions, comme *Gros-Boutien*, il vous déclara formellement traître et rebelle et digne du dernier supplice.

« Entraîné par cet exorde et cette invocation *ab irato*, Son Excellence le trésorier fut du même avis. Il fit voir à quelles extrémités les finances de Sa Majesté étaient réduites par la dépense de votre entretien, qui deviendrait bientôt insoutenable ; que l'expédient proposé par le secrétaire, de vous crever les yeux, loin d'être un remède, augmenterait la disette dont Lilliput était menacé, comme il paraît par l'usage ordinaire d'aveugler certaines volailles, qui redoublent de mangeaille et ne s'engraissent que plus promptement. La péroraison était fondée sur cette base carrée : que Sa Majesté sacrée et le conseil, qui sont vos juges, étaient, dans leurs propres consciences, persuadés de votre crime : et qu'il n'était pas besoin d'autre preuve pour vous condamner à mort, sans avoir recours aux preuves formelles, requises par la lettre exacte de la loi.

« Vains discours! inutile espérance et vains efforts! Sa Majesté impériale, étant absolument déterminée à vous faire grâce de la vie, ajouta que, le conseil jugeant la perte de vos yeux un châtiment trop léger, on pourrait en ajouter un autre... *Omnia citra mortem!* A ces mots sans réplique, votre ami le secrétaire, ayant demandé la parole pour répondre aux objections de Son Excellence le trésorier d'État, touchant la grande dépense que Sa Majesté faisait pour votre entretien, adressa au conseil cette insinuante proposition : Sommes-nous donc forcés, dit-il, de gorger de nos vins et de nos viandes cet avaleur de toutes sortes de biens? Est-il écrit que, nuit et jour, sans en rien retrancher, nous lui donnerons l'empire à dévorer? Non, messeigneurs! Nous nous rappellerons la maxime d'État : *Il faut manger pour vivre,* et peu à peu, graduellement, le mangeur en question se retranchera d'une centaine de poulets par chaque repas : s'il meurt de faim, la faute en est à son gros appétit!

« Ainsi, par la grande amitié du secrétaire, l'affaire est terminée à l'amiable ; les ordres ont été donnés pour tenir secret le dessein, petit à petit, de vous abandonner à votre appétit. L'arrêt pour vous crever les yeux est enregistré dans le greffe du conseil. Personne à ce double projet ne s'est opposé, sinon l'amiral. Dans trois jours, le premier ministre sera chez vous, et vous lira les articles de votre accusation ; en même temps, sans trop vous faire languir, il vous dira la grande clémence et grâce de Sa Majesté et du conseil, en ne vous condamnant qu'à la perte de vos yeux, Sa Majesté ne doutant pas que vous ne vous soumettiez avec la reconnaissance et l'humilité qui conviennent. Au même instant, vingt des chirurgiens de Sa Majesté exécuteront l'opération par la décharge adroite de plusieurs flèches très-aiguës dans vos prunelles, vous étant couché par terre.

7

Maintenant qu'un *bon averti en vaut deux*, vous prendrez les mesures convenables que votre prudence vous suggérera. Pour moi, si je veux prévenir les soupçons, il faut que je m'en retourne aussi secrètement que je suis venu. »

Son Excellence, à ces mots, me quitta, et je restai livré aux inquiétudes. C'était un usage introduit par ce prince et par son ministre (très-différent, on me l'a dit, de l'usage des premiers temps), que, la cour ordonnant un supplice pour satisfaire le ressentiment du souverain ou la malice d'un favori, l'empereur devait faire une harangue à tout son conseil. Dans cette harangue, il était de style et d'étiquette que le prince attestât de sa douceur et de sa clémence, « connues de tout le monde. » La harangue de l'empereur fut bientôt publiée par tout l'empire, et rien n'inspira tant de terreur à cette intelligente nation que ces éloges de la clémence de Sa Majesté, ce bon peuple ayant remarqué que plus ces éloges étaient amplifiés, plus le supplice était injuste et cruel. Mais quoi! j'étais ignorant de tous ces mystères ; par ma naissance et par mon éducation, j'entendais si peu les affaires, que je ne pouvais décider si l'arrêt porté contre moi était doux ou rigoureux, juste ou injuste. Je ne songeai point à demander la permission de me défendre..... Autant valait être condamné sans être entendu ; j'y gagnais, du moins, la peine de me défendre. En ces sortes de procès, où le plus fort est juge et partie, il arrive assez souvent que la nuance est assez délicate entre l'accusation et la condamnation.

J'eus quelque envie, il est vrai, de résister à cette marmaille héroïque. Avec mes deux bras, mes deux pieds, mes deux mains, un vieux chêne à la main, toutes les forces de cet empire ne seraient pas venues à bout de mon courage, et j'aurais pu facilement, à coups de pierres, renverser la capitale. O prince inhospitalier ! Dieu merci, je rejetai ce projet avec horreur, me souvenant du serment que j'avais prêté à Sa Majesté, des grâces que j'avais reçues d'elle, et de la haute dignité de *Nardac*, qu'elle m'avait conférée. D'ailleurs, je n'étais pas assez dans l'esprit de la cour, pour me persuader que les rigueurs de Sa Majesté m'acquittaient de toutes les obligations que j'avais en ses bontés.

A la fin je pris une résolution qui, selon les apparences, sera censurée avec justice de quelques personnes ; et vraiment ce fut de ma part un très-mauvais procédé d'avoir sauvé mes yeux, ma liberté, ma vie, malgré les ordres de la cour. Si j'avais mieux connu le sacré caractère et l'inviolabilité des princes et des ministres d'État, tels que depuis je les ai étudiés chez plusieurs nations considérées, et leur méthode abominable de traiter des accusés moins cruels que moi, je me serais soumis sans difficulté à une peine aussi douce. Mais, emporté par le feu de la jeunesse, et muni que j'étais de la permission de Sa Majesté impériale de me rendre auprès du roi de Blefuscu, je me hâtai, avant l'expiration des trois jours, d'envoyer une lettre à mon ami le secrétaire, par laquelle je lui faisais savoir la résolution que j'avais prise, de partir, ce jour-là même, pour Blefuscu, suivant la permission que j'avais obtenue. Alors, sans attendre la réponse à ma lettre, je m'avançai vers la côte de l'île, où la flotte était à l'ancre. Un navire à trois ponts semblait dormir dans ces eaux paisibles... je m'en empare, et tirant mon navire après moi, tantôt guéant, tantôt nageant, j'arrivai au royal port de Blefuscu, où tout un peuple attendait ma présence. « Il arrive ! il arrive ! Le voilà ! Soyez le bienvenu ! » Telle fut la réception qui m'attendait. On me fournit deux guides pour me conduire à la capitale de Blefuscu. Je les tins dans mes mains, jusqu'à ce que je fusse parvenu à cent toises de la porte de la ville, et les priai de donner avis de mon arrivée à l'un des secrétaires d'État et de lui faire savoir que j'attendais les ordres de Sa Majesté. Je reçus la réponse, au bout d'une heure, que Sa Majesté, avec toute la maison royale, venait pour me recevoir. Je m'avançai à cinquante toises ; le roi et sa suite descendirent de leurs chevaux, et la reine avec les dames sortirent de leurs carrosses ; je n'aperçus pas qu'ils eussent peur de moi le moins du monde. Je me couchai à terre pour baiser les mains du roi et de la reine ; je dis à Sa Majesté que j'étais venu, suivant ma promesse, avec la permission de l'empereur mon maître, pour avoir l'honneur de baiser les pieds d'un si puissant prince, et lui offrir les services qui dépendaient de moi, et qui ne seraient pas contraires à ce que je devais à mon souverain. Tel fut mon discours. Je passai sous silence et ma disgrâce, et mes yeux qu'ils voulaient crever, et le jeûne auquel j'étais condamné par le plus doux des princes et le meilleur de mes amis.

Je ne fatiguerai pas le lecteur du détail de ma réception à la cour, elle fut conforme à la générosité d'une si grande nation, ni des incommodités que j'essuyai, faute d'une maison et d'un lit, étant obligé de me coucher par terre, enveloppé de mon manteau.

# CHAPITRE VIII

Gulliver, par un accident heureux, trouve le moyen de quitter Blefuscu. — Après quelques difficultés, il retourne enfin dans sa patrie.

Trois jours après mon arrivée, en me promenant par curiosité vers la côte de l'île, au nord-nord-est, je découvris, à une demi-lieue de distance en mer, une façon de bateau renversé. Je tirai mes souliers et mes bas ; à cent ou cent cinquante toises, je vis que l'objet s'approchait par la force de la marée, et je reconnus alors que c'était vraiment une chaloupe, qui pouvait avoir été détachée d'un vaisseau par quelque tempête : sur quoi je revins incessamment à la ville, et priai Sa Majesté de me prêter vingt des plus grands vaisseaux qui lui restaient depuis la perte de sa flotte, et trois mille matelots sous les ordres du vice-amiral. Cette flotte mit à la voile aussitôt, faisant le tour, pendant que j'allai, par le chemin le plus court, à la côte, où j'avais découvert la chaloupe. En ce moment, la marée l'avait fort approchée du rivage ; et, quand les vaisseaux m'eurent rejoint, je me dépouillai de mes habits une seconde fois, me mis dans l'eau, et m'avançai jusqu'à cinquante toises de la chaloupe ; après quoi je fus obligé de nager, jusqu'à ce que je l'eusse atteinte. Les matelots me jetèrent un câble ; j'attachai un des bouts à quelque trou sur le devant du bateau, et l'autre bout à un vaisseau de guerre ; et bientôt, dans l'eau profonde, je me mis à nager derrière la chaloupe, en la poussant avec une de mes mains. La nuit venue, à la faveur de la marée (elle montait toujours), je serrai de très-près le rivage, et, m'étant reposé deux ou trois minutes, je poussai le bateau jusqu'à ce que la mer ne fût guère plus haute que mes aisselles. — Bon ! me dis-je ; et la plus grande fatigue étant passée, je pris d'autres câbles, apportés dans un des vaisseaux, et, les attachant d'abord à la chaloupe, et puis à neuf des vaisseaux qui m'attendaient, le vent étant favorable et les matelots m'aidant de toutes leurs forces, je fis en sorte que nous arrivâmes à vingt toises du rivage, et la mer s'étant retirée, je gagnai la chaloupe à pied sec. Ce n'est pas tout encore ! Avec un secours de deux mille hommes seulement, et force cordes et machines, je vins à bout de relever cette étrange épave, et, chose heureuse ! elle n'avait été que très-peu endommagée.

Je fus dix jours à faire entrer ma chaloupe dans le port de Blefuscu, où s'amassa un grand concours de peuple, étonné, Dieu le sait, à l'aspect d'un navire, comparable au navire des Argonautes ! Je dis au roi que ma bonne fortune m'avait fait rencontrer cette barque pour me transporter à quelque autre endroit, d'où je pourrais retourner dans mon pays natal ; et je priai Sa Majesté de vouloir bien donner ses ordres afin qu'elle fût navigable et qu'elle me conduisît sur les terres de mes semblables. Après quelques plaintes obligeantes, il plut au roi de m'accorder ce que je demandais.

J'étais fort surpris que l'empereur de Lilliput, depuis mon départ, n'eût fait aucunes recherches à mon sujet; mais j'appris que Sa Majesté impériale, ignorant que j'avais eu avis de ses desseins, s'imagina que j'avais gagné Blefuscu pour accomplir ma promesse, et que je reviendrais dans peu de jours. A la fin, ma longue absence le mit en peine ; il tint conseil avec le trésorier et le reste de la cabale, et une personne de qualité fut dépêchée avec une copie des articles dressés contre moi. L'envoyé avait ses instructions pour représenter au souverain de Blefuscu la grande humanité de son maître, qui s'était contenté de me punir par la perte de mes deux yeux; que je m'étais soustrait à sa justice ; et que si je ne retournais dans deux jours je serais dépouillé de mon titre de Nardac et déclaré criminel de haute trahison. L'envoyé ajouta que, pour conserver la paix et l'amitié entre les deux empires, son maître espérait que le roi de Blefuscu ordonnerait que je fusse reconduit à Lilliput, pieds et poings liés, pour y subir les peines de ma trahison.

De son côté, Sa Majesté très-prudente, le roi de Blefuscu, ayant pris trois jours pour délibérer sur cette affaire, rendit une réponse honnête et très-sage. Il représenta qu'à l'égard de m'envoyer lié, l'empereur n'ignorait pas que cela n'était guère possible, à moins d'une extrême bonne volonté de ma part. Le roi ajoutait (c'était un roi galant homme) que, s'il était vrai que j'eusse enlevé sa flotte, il m'était redevable de plusieurs bons offices que je lui avais rendus dans son éternel traité de paix avec l'empire de Lilliput. D'ailleurs, ils seraient bientôt l'un et l'autre, délivrés de moi : j'avais trouvé sur le rivage un vaisseau prodigieux sur lequel je voulais partir. Même il avait donné l'ordre d'accommoder, et suivant mes instructions, cette machine, en sorte qu'il espérait que dans peu de semaines les deux empires seraient débarrassés d'un si pénible et humiliant fardeau.

Avec cette réponse, l'envoyé retourna à Lilliput ; et le roi de Blefuscu me raconta tout ce qui s'était passé, m'offrant en même temps, mais en confidence, sa gracieuse protection, si je voulais rester à son service. Bien que je crusse à la sincérité de sa proposition, je résolus de ne me livrer jamais à aucun prince ni ministre, lorsque je me pourrais passer d'eux : c'est pourquoi, après avoir témoigné à Sa Majesté ma juste reconnaissance de ses intentions favorables, je la priai humblement de me donner mon congé. Puisque la fortune, bonne ou mauvaise, m'avait offert un navire européen, j'étais résolu de me livrer à l'Océan, plutôt que d'être l'occasion d'une rupture entre deux monarques si puissants. Le roi ne me parut pas offensé de ce discours, et j'appris même qu'il était bien aise de ma résolution ; la plupart de ses ministres furent tout-à-fait de cet avis.

Ces considérations m'engagèrent à partir un peu plus tôt que je n'avais projeté ; la cour, qui souhaitait mon départ, y contribua avec empressement. Cinq cents ouvriers furent employés à faire deux voiles latines, suivant mes ordres, en doublant treize fois ensemble leur plus grosse toile, et la matelassant. Je fis moi-même cordages et câbles, en joignant ensemble une trentaine de leurs *câbles-monstres*, revenus de la dernière exposition de leur industrie, où le gouvernement les avait fort approuvés, mais *sans garantie du gouvernement*. Une grosse pierre... un rocher, que j'eus le bonheur de trouver, après une longue recherche, assez près du rivage de la mer, me servit d'ancre. Avec le suif de trois cents bœufs, tant bien que mal, je graissai ma chaloupe ; enfin, par des peines infinies, je parvins à couper les plus grands arbres pour en faire des rames et des mâts, en quoi cependant je fus aidé par les charpentiers des navires de Sa Majesté.

Au bout d'environ un mois, quand tout fut prêt, j'allai demander les ordres de Sa Majesté, et prendre enfin congé d'elle. Le roi, accompagné de sa maison royale, sortit du palais. Je me couchai sur le visage, pour avoir l'honneur de lui baiser la main, qu'il me donna très-gracieusement ; ainsi firent la reine et les jeunes princes du sang. Sa Majesté me fit présent de cinquante bourses de deux cents spruggs chacune, avec son portrait en pied, que je mis aussitôt dans un de mes gants, pour le mieux conserver.

Je chargeai sur ma chaloupe cent bœufs et trois cents moutons, avec du pain et de la boisson à proportion, puis une certaine quantité de viande cuite aux fourneaux de quatre cents cuisiniers. Je pris avec moi six vaches et deux taureaux vivants, même nombre de brebis et de béliers ; ayant dessein de les porter dans mon pays pour en multiplier la très-curieuse espèce. En même temps, je me fournis de foin et de blé. J'aurais été bien aise d'emmener six des gens du pays ; mais le roi ne le voulut pas permettre. Après une exacte visite de mes poches, Sa Majesté me fit donner ma parole d'honneur que je n'emporterais aucun de ses sujets, quand même ce serait de leur propre consentement et à leur requête.

Ayant ainsi préparé toutes choses, je mis à la voile le vingt-quatrième jour de septembre 1701, sur les six heures du matin ; et, quand j'eus fait quatre lieues, tirant vers le nord, le vent étant au sud-est, sur les six heures du soir, je découvris une petite île d'environ une demi-lieue au nord-ouest. Je m'avançai et jetai l'ancre vers la côte de l'île, à l'abri du vent : elle me parut inhabitée. Un peu rafraîchi, je m'allai reposer. Je dormis environ six heures ; le jour commençait à paraître deux heures après que je fus éveillé. Je déjeunai, et, par un vent favorable, je levai l'ancre et suivis la même route que le jour précédent, guidé par mon sextant de poche. C'était mon dessein de me rendre à quelques-unes de ces îles, que je croyais avec raison situées au nord-est de la terre de Van-Diemen. Je ne découvris rien tout ce jour-là ; mais le lendemain, sur les trois heures de l'après-midi, quand j'eus fait, selon mon calcul, environ vingt-quatre lieues, je découvris un navire allant au sud-est. Je déployai toutes mes voiles ; au bout d'une demi-heure, le navire, m'ayant aperçu, arbora son pavillon et tira un coup de canon. Il n'est pas facile de représenter la joie que je ressentis à l'espérance de revoir encore une fois mon aimable pays et les chers gages que j'y avais laissés. Le navire relâcha ses voiles, et je le joignis à cinq ou six heures du soir, le 26 septembre. J'étais transporté de joie en retrouvant le pavillon d'Angleterre. Je mis mes vaches et mes moutons dans les poches de mon justaucorps, et me rendis à bord avec toute ma cargaison de vivres. C'était un vaisseau marchand anglais revenant du Japon, par les mers du nord et du sud, commandé par le capitaine Jean Bidell, de Deptford, fort honnête homme, excellent marin. Il y avait environ cinquante hommes sur le vaisseau, parmi lesquels je rencontrai justement un de mes anciens camarades, nommé Pierre Williams, qui répondit de son ami Gulliver au capitaine. Ainsi je trou-

Les savants de Lordbruldrud.

vai bon visage d'hôtes, et mon sauveur, avisant que je venais d'un étrange pays, me demanda le : *où ? quand ? et comment ?* du navigateur ; à quoi je répondis simplement et en peu de mots. Il s'imagina que la fatigue et les périls que j'avais courus m'avaient tourné la tête ; sur quoi je tirai mes vaches et mes moutons de ma poche, et mon troupeau le jeta dans un grand étonnement. Cependant il hésitait encore à me croire, et je lui montrai les pièces d'or que m'avait données le roi de Blefuscu ; je lui mis sous les yeux le portrait de Sa Majesté, avec plusieurs autres raretés de ce pays. Je lui donnai deux bourses de deux cents spruggs chacune, et promis, à notre arrivée en Angleterre, de lui faire présent d'une vache et d'une brebis pleines, pour en amuser ses enfants.

Et, seul sur le tillac, je disais tout bas adieu à ces misérables petits pays ; adieu à ces bouts d'hommes ; adieu à ces terres misérables ; adieu à ces armées qui passaient, avec armes et bagages, et toute enseigne au vent, dans les jambes de Gulliver. Petits philosophes ! Petits poëtes ! Petits savants ! Petits princes ! Petites Majestés ! Lilliput !

Je n'entretiendrai point le lecteur du détail de ma route ; nous arrivâmes aux Dunes le 13 du mois d'avril 1702. Malheureusement, les rats du vaisseau emportèrent une de mes brebis. Je débarquai le reste de mon bétail en santé, et le mis paître en un parterre de jeu de boule à Greenwich.

Pendant le peu de temps que je restai en Angleterre, je fis un profit considérable en montrant mes petits animaux à plusieurs gens de qualité et même au peuple ; un montreur de curiosités finit par les acheter six cents livres sterling. Depuis mon dernier retour, j'en ai, mais en vain, cherché la race, que je croyais fort augmentée. J'avais toute espérance aux moutons de Lilliput : quel parti nos manufactures de laine auraient tiré de la finesse des toisons !

Je ne restai que deux mois avec ma femme et ma famille ; une insatiable passion de voir les pays étrangers ne me permit guère un plus long séjour. Je laissai quinze cents livres sterling à ma femme, et l'établis dans une bonne maison à Redriff. Et, comme à la passion de tout voir s'ajoutait la passion de tout gagner, je fis une intelligente pacotille du restant de ma fortune. Au reste, ma position était bonne. Notre oncle Jean m'avait laissé des terres proches d'Epping, de trente livres sterling de rente ; et j'avais un long bail des taureaux noirs en Ferterlane qui me fournissait le même revenu : ainsi je ne courais pas risque de laisser ma famille à la charité de la paroisse. Mon fils Jean, ainsi nommé du nom de son oncle, apprenait le latin au collége ; et ma fille Élisabeth (qui est à présent mariée et mère de famille) s'appliquait au travail de l'aiguille. Je dis adieu à ma femme, à mon fils et à ma fille, et, malgré beaucoup de larmes qu'on versa de part et d'autre, je m'embarquai sur l'*Aventure,* un navire marchand de trois cents tonneaux, commandé par le capitaine John Nicolas, de Liverpool.

Le récit de ce deuxième voyage formera, s'il vous plaît, la deuxième partie, et non pas, je l'espère, la moins intéressante et la moins curieuse des *Voyages de Gulliver.*

## DEUXIÈME PARTIE

LE

# VOYAGE A BROBDINGNAC

# CHAPITRE PREMIER

Gulliver, après avoir essuyé une grande tempête, se jette dans une chaloupe et descend à terre. — Il est saisi par un des habitants du pays. — Comment il est traité. — Idée du pays et du peuple de Brobdingnac.

Hélas! malheureux que je suis! la nature et la fortune ont disposé de moi d'une étrange façon! A peine échappé aux Lilliputiens, deux mois après mon retour, j'abandonnai de nouveau mon pays natal, et m'embarquai dans les Dunes le 20 juin 1702, sur l'*Aventure*, dont le capitaine Nicolas, de la province de Cornuailles, partait pour Surate. Nous eûmes le vent très-favorable jusqu'à la hauteur du cap de Bonne-Espérance, où nous mouillâmes pour l'aiguade. Notre capitaine alors, se trouvant incommodé d'une fièvre intermittente, à peine si l'on quitta le Cap à la fin du mois de mars. Donc nous livrons la voile aux vents favorables, et notre voyage fut heureux jusqu'au détroit de Madagascar; mais, arrivés au nord de l'île, et les vents, qui dans ces mers soufflent toujours également entre le nord et l'ouest, des premiers jours de décembre aux premiers rayons du mois de mai, soufflant très-violemment du côté de l'ouest, l'*Aven*-

*ture*, errant au hasard, fut poussée à l'orient des îles Moluques, à trois degrés au nord de la ligne équinoxiale.

En ce moment, le pilote était loin de son estime et les passagers étaient loin de leur compte ; le capitaine, après avoir bien interrogé le ciel et les étoiles : « Enfants ! nous dit-il, c'est maintenant qu'il faut montrer du courage, opposer un front calme à la tempête, et se sauver par le sang-froid. Pour demain, pas plus tard, je vous annonce un terrible orage, et malheur aux poltrons ! » Il parlait encore... Un vent du sud, appelé *mousson*, s'élève. En vain, nous serrons la voile du beaupré et mettons à la cape en serrant la misaine ; l'orage augmente : il faut attacher les canons. Mais quoi ! le vaisseau était au large, et nous crûmes que le meilleur parti était d'aller vent derrière. Alors de border les écoutes ; le timon était contre le vent, et le navire ne se gouvernait plus. A la fin, nous essayons de la grande voile... elle est déchirée par la violence du temps ! Nous amenons la grand vergue, nous coupons tous les cordages... Hélas ! la mer était très-haute, et les vagues se brisaient les unes contre les autres. Encore un effort : nous tirons les bras du timon, nous aidons au timonier, qui ne pouvait gouverner seul... Amener le mât du grand hunier, c'était dangereux, c'était mettre le malheureux navire à la dérive, et nous étions persuadés qu'il ferait mieux son chemin le mât gréé. Vanité de nos périls, de nos efforts, de nos espoirs ! le vent et la tempête grondaient. Nous trouvant, grâce à Dieu, loin de l'écueil, nous mettons hors la grande voile, et gouvernons près du vent. Bientôt ce fut le tour de l'artimon, du grand hunier, du petit hunier ! Notre route était nord-est ; le vent, sud-ouest. Amarrés à tribord, démarrés, le bras devers le

« Il était haut comme un clocher... effrayé, je courus me cacher dans un champ de blé.

vent. — Oh! brassez les boulines, et toutes voiles dehors!
Pendant cet orage, qui fut suivi d'un vent impétueux d'ouest-
sud-ouest, nous fûmes poussés, selon mon calcul, environ
cinq cents lieues vers l'orient ; le plus vieux et le plus expérimenté des mariniers ignorait en quelle partie du monde
nous étions. Cependant les vivres ne manquaient pas ; solide
était le navire, et notre équipage en bonne santé ; mais nous
étions réduits à une très-grande disette d'eau. Que faire?
Après un moment d'hésitation, le vaisseau suivit son chemin ; plus au nord, nous courions risque d'être emportés sur
les côtes de la Grande-Tartarie, au nord-ouest, et dans la
mer Glaciale.

Le 16 juin 1703, un mousse découvrit terre, du haut du
perroquet ; le 17, nous vîmes clairement une grande île ou
peut-être un continent (encore aujourd'hui c'est un doute).
L'île, à droite, s'avançait par langues de sable au milieu de
l'Océan, en formant une baie étroite : à peine elle eût abrité
un navire de cent tonneaux. Nous jetâmes l'ancre à une
demi-lieue de cette baie, et notre capitaine envoya douze
hommes bien armés, dans la chaloupe, avec des vases à contenir cette eau salutaire, que nous appelions de tous nos vœux.
Je demande au capitaine la permission de monter dans la chaloupe, et je m'embarque avec une magnifique ardeur de tout
voir, de tout découvrir. A peine à terre, il nous apparut que
cette terre inhospitalière ne contenait ni rivière, ni fontaine,
aucuns vestiges d'habitants ; et voilà nos gens côtoyant le
rivage afin d'y chercher de l'eau fraîche à la portée de leur
navire. Pour moi, l'aventurier de l'*Aventure*, je m'avançai
environ un mille dans les terres... et toujours le même pays
stérile et plein de rochers ! Je commençais à me lasser, et,

8

ne voyant rien qui pût satisfaire ma curiosité, je m'en retournais vers notre embarcation, lorsque je vis nos hommes sur la chaloupe, qui s'efforçaient, à grand renfort de rames, de sauver leur vie ; je remarquai en même temps qu'ils étaient poursuivis par un homme d'une grandeur prodigieuse. Quoiqu'il fût entré dans la mer, à peine s'il avait de l'eau jusqu'aux genoux ; il faisait des enjambées étonnantes ; mais nos gens avaient pris le devant d'une lieue, et, la mer étant dans cet endroit pleine de rochers, le géant ne put atteindre la chaloupe. Alors moi, de mon côté, je me mis à fuir et je grimpai jusqu'au sommet d'une montagne escarpée.

Ah! quelle épouvante! ah! quelle détresse et quel abandon! Il y avait si peu de temps que j'étais l'*homme-montagne*, et me voilà devenu si vite l'*homme-fourmi!* Que j'étais loin de Lilliput! loin de ses petits herbages, de ses petites montagnes, de ses champs de blé, de ses jardins, de ses forêts! En ce lieu sans nom, tout était vaste, immense, gigantesque et fabuleux!

A la fin, ne voyant rien venir, je descendis la colline, et par un grand chemin, qui n'était qu'un étroit sentier pour les habitants de ces campagnes, je gagnai un vaste espace où s'agitaient, avec un bruit formidable, des épis d'orge et de blé de soixante pieds de hauteur. Si grande et si touffue était la moisson, qu'il m'était impossible de rien voir au delà.

Je marchai pendant une heure avant d'arriver à l'extrémité de ce champ, qui était enclos d'une haie haute au moins de cent vingt pieds ; les arbres étaient si grands, qu'il me fut impossible absolument d'en supputer la hauteur.

Je tâchais de trouver quelque ouverture dans la haie; malheureux que j'étais! En ce moment, j'aperçus un des habitants dans le champ voisin, de la même taille que le géant qui tantôt poursuivait notre chaloupe. Il me parut aussi haut qu'un clocher ordinaire, il faisait environ cinq toises à chaque enjambée; et je ne crois pas que les plus beaux hommes de Lilliput aient jamais été frappés, en ma présence, d'une épouvante égale à la mienne en ce moment. Que faire et que devenir? Par quel miracle échapper au monstre?... Et je courus me cacher dans le blé. Je le vis arrêté à une ouverture de la haie, appelant d'une voix plus retentissante que si elle fût sortie d'un porte-voix! Figurez-vous, dans un clocher catholique, un bourdon qui sonne, appelant les peuples à la révolte! Ainsi criait le géant. A ces cris à me rendre sourd, six géants, leur faucille en main (chaque faucille étant de la hauteur de six faux), arrivèrent pour faucher ce blé géant. Ces gens n'étaient pas si bien vêtus que le premier, dont ils semblaient être les domestiques. Les voilà donc, avec ces grandes mains, armés de ces grandes faux, qui se mettent à scier ce grandissime blé dans le champ où j'étais couché. Je m'éloignai d'eux autant que je pus, mais je n'allais qu'avec une extrême difficulté : les tuyaux du blé n'étaient pas distants de plus d'un pied l'un de l'autre, en sorte que je ne pouvais guère marcher dans cette espèce de forêt. Toutefois je m'avançai vers un endroit du champ où la pluie et le vent avaient couché le blé... En ce moment l'obstacle devint insurmontable; et il me fut impossible d'aller plus loin, car ces pailles géantes étaient entremêlées à ce point, qu'il n'y avait pas moyen de ramper à travers; en même temps, les barbes des épis tombés étaient si fortes et si pointues, qu'elles me perçaient au travers de mon habit et m'entraient dans la chair. Cependant j'entendais ces grands moissonneurs qui n'étaient qu'à cinquante toises de ma misérable personne. Hélas! j'étais au bout de mes forces; la sueur coulait de mon visage. A la fin, n'en pouvant plus, je me couchai entre deux sillons, déjà prêt à mourir. Ici je me représentai ma veuve désolée, avec mes enfants orphelins, et je déplorais la folie qui m'avait fait entreprendre ce second voyage, contre l'avis de tous mes parents.

Dans cette terrible agitation, je ne pouvais m'empêcher de songer au doux pays de Lilliput, à ses frêles habitants que je tenais dans le creux de ma main, qui sans doute à cette heure, parlaient de moi dans leurs histoires, comme du plus grand prodige qui eût jamais paru dans le monde. Et je me rappelais le palais sauvé par moi, l'incendie éteint, les ennemis en fuite, la flotte entièrement accaparée, et tant d'autres actions merveilleuses dont la mémoire sera éternellement conservée dans les chroniques de cet empire, la postérité ayant peine à les croire, et les neveux tout disposés à traiter de menteurs les Hérodotes et les Tites Lives de Lilliput! « O mes braves gens! que diriez-vous si vous appreniez que votre Alcide est un insecte, et votre Jupiter tonnant un pauvre Lilliputien dans les mains de ces fils du limon! » Mais, fi de mon orgueil! c'était bien le cadet de mes soucis.

On remarque, en effet, que les créatures humaines sont ordinairement plus sauvages et plus cruelles à raison de leur taille; en faisant cette réflexion, que pouvais-je attendre? sinon d'être un morceau dans la bouche du premier de ces barbares énormes qui me saisirait? En vérité, les philosophes ont raison, quand ils nous disent qu'il n'y a rien de grand ou de petit que par comparaison. Peut-être un jour les Lilliputiens trouveront quelque nation plus petite à leur égard; et qui sait si cette race prodigieuse de mortels ne serait pas une nation lilliputienne, par rapport à celle de quelque pays que nous n'avons pas encore découvert? Effrayé et confus comme je l'étais, je ne fis pas alors toutes ces réflexions philosophiques.

Cependant un des moissonneurs s'approchant à cinq toises du sillon où j'étais couché, j'eus grand'peur qu'en faisant encore un pas, je ne fusse écrasé sous son pied, ou coupé en deux par sa faucille; c'est pourquoi le voyant près de lever le pied et d'avancer, je me mis à jeter des cris pitoyables, et aussi forts que la frayeur dont j'étais saisi put le permettre. A ce cri de sauterelle dans les blés, le géant s'arrête, il s'étonne... il se baisse... il cherche... il regarde... il avance avec mille précautions, et tant et tant, qu'à la fin il m'aperçut. Il me considéra quelque temps avec la circonspection d'un homme essayant d'attraper un petit animal inconnu. « Ça doit mordre ou ça doit piquer : prenons garde! » Ainsi, moi-même, autrefois, j'avais pris une belette. Il eut pourtant la hardiesse, à tout hasard, de me saisir par le milieu du corps et de me soulever à une grande toise de ses yeux, afin d'observer ma figure exactement. Je devinai son intention et résolus de ne faire aucune résistance. A quoi bon la résistance? Il me tenait en l'air, à plus de soixante pieds du sol; d'ailleurs, il me serrait cruellement, par la crainte qu'il avait que je ne lui glissasse entre les doigts. Tout ce que j'osai faire, ce fut de lever mes yeux vers le ciel, de mettre mes mains dans la posture d'un suppliant, de dire quelques mots d'un accent très-humble et triste, conformément à l'état où je me trouvais alors, tant je craignais, à chaque instant, qu'il ne voulût m'écraser, comme nous écrasons certains insectes entre deux ongles. O bonheur! le monstre était tout à fait rassuré. Même il parut content de ma voix et de mes gestes, et il commença à me regarder comme quelque chose de curieux, étant bien surpris de m'entendre articuler des mots... qu'il ne comprenait pas.

Cependant je ne pouvais m'empêcher de gémir et de verser des larmes ; et, tournant la tête, je lui faisais entendre, autant que je pouvais, combien il me faisait de mal. Il me parut qu'il comprenait la douleur que je ressentais ; ses doigts (c'étaient bel et bien le pouce et l'index) se relâchèrent, et levant un pan de son justaucorps, il me posa doucement dans un pli de la rude étoffe et courut du même pas vers son maître qui était un riche laboureur, et le même que j'avais vu d'abord dans le champ de blé.

Le laboureur, très-surpris à son tour de cette petite bête sans nom, prit un petit brin de paille, environ de la grosseur d'une canne, et leva délicatement les pans de mon justaucorps, qu'il prenait sans doute pour une espèce de couverture que la nature m'avait donnée. Il souffla dans mes cheveux pour mieux voir mon visage, et son souffle avait la violence d'un soufflet de forge. Il appelle en même temps ses valets, et leur demande (autant que j'en pus juger) s'ils avaient vu dans les champs un animal qui me ressemblât. Ensuite, il me pose à terre sur les quatre pattes ; je me lève aussitôt, et, d'un pas solennel, je vais, je viens, je m'arrête, afin de montrer *à mes frères* que je n'avais pas envie de m'enfuir. Ils s'assirent tous en rond autour de moi pour mieux observer mes mouvements ; j'ôtai mon chapeau et leur fis une belle révérence... Ils ne pouvaient revenir de leur étonnement ; ils me regardaient sans mot dire, attendant l'opinion de leur maître. Et moi (tant on est lâche quand on est petit), voyant que ce gros fermier était l'arbitre de mon sort, je me jetai à genoux, je levai les mains et la tête, et je prononçai plusieurs mots en criant à m'égosiller. Puis je tirai ma bourse, pleine d'or, de ma poche, et la lui présentai humblement. Il la reçut dans la paume de sa main, et la porta bien près de son œil, pour voir ce que c'était ; ensuite il la tourna plusieurs fois avec la pointe d'une épingle qu'il tira de sa manche... Il n'y comprit rien. Je lui fis signe qu'il mît sa main à terre, et, prenant la bourse, je l'ouvris et répandis toutes les pièces d'or dans sa main. Il y avait six pièces espagnoles de quatre pistoles chacune, sans compter vingt ou trente pièces plus petites. Je le vis mouiller son petit doigt sur sa langue et lever une de mes pièces les plus grosses, et ensuite une autre ; mais il me sembla tout à fait ignorer ce que c'était. A la fin, il me fit signe de les remettre dans ma bourse et la bourse dans ma poche ; et il se mit à rire avec le rire d'un ignorant.

Je lui fis tant et tant de génuflexions, de bassesses, de lâchetés, qu'il fut convaincu tout à fait que j'étais une créature raisonnable. Il me parla très-souvent, mais le son de sa voix m'étourdissait les oreilles comme le tic-tac d'un moulin ; cependant ces mots étaient bien articulés. Je répondis aussi fortement que je pus en plusieurs langues, et souvent il appliqua son oreille à une toise de moi : tout fut inutile.

Ensuite il renvoya ses gens à leur travail, et, tirant son mouchoir de sa poche, il le plia en deux et l'étendit sur la main gauche qu'il avait mise à terre, me faisant signe d'entrer là dedans, ce que je pus faire aisément : elle n'avait pas plus d'un pied d'épaisseur. J'obéis donc, et de peur de tomber, je me couchai tout de mon long sur le mouchoir, dont il m'enveloppa. De cette façon il m'apporta dans son logis, et tout de suite il appela sa femme en lui montrant sa trouvaille. Et la dame, avec des cris effroyables, recula d'horreur ou de dégoût. Ainsi font les petites maîtresses d'Angleterre, à la vue d'un crapaud ou d'une araignée. Cependant, lorsqu'au bout de quelque temps elle eut remarqué mes belles manières, mon intelligence, et comment j'observais les signes que faisait son mari, elle se prit à m'aimer très-tendrement.

Il était environ midi ; un domestique servit le dîner. Ce n'était (suivant l'état simple d'un laboureur) que de la viande grossière, un plat d'environ vingt-quatre pieds de diamètre. Le laboureur, sa femme, trois enfants, une vieille grand'-mère, composaient la compagnie. Lorsqu'ils furent assis, le fermier me plaça à quelque distance de lui sur la table, qui était à peu près haute de trente pieds ; je me tins aussi loin que je pus du bord, de crainte de tomber. La femme, alors, coupa un morceau de viande, ensuite elle émietta du pain sur une assiette de bois qu'elle plaça devant moi. Je lui fis la révérence, et, tirant mon couteau et ma fourchette, je me mis à manger, ce qui leur fit grand plaisir. La maîtresse envoya sa servante chercher une petite tasse qui servait à boire des liqueurs ; elle pouvait contenir douze pintes, et, pleine, elle me la présenta. Je levai le vase avec une grande difficulté, et, d'une façon respectueuse, je bus à la santé de madame, exprimant les mots aussi fortement que je pouvais, en anglais : ce qui fit rire la compagnie, et la mit de si belle humeur, que peu s'en fallut que je n'en devinsse sourd. Cette boisson aigrelette avait à peu près le goût du petit cidre, et n'était pas désagréable. Le maître me fit signe de venir à côté de son assiette ; en marchant trop vite sur la table, une croûte de pain me fit broncher et tomber sur le visage, et j'en fus quitte pour la peur. Aussitôt je me relève, et, remarquant que ces bonnes gens étaient fort touchés, je pris mon chapeau, et, le faisant tourner sur ma tête, je fis trois *Hurrah!* pour marquer que je n'avais point reçu de mal. Voyez cependant le guignon, et comme on a très-bien dit que l'enfance est *sans pitié!* J'allais sans méfiance à mon *maître* (eh! oui, le *petit* est un *grand esclave!*), lorsqu'un rustre, un enfant de vingt pieds, le plus jeune, assis près de son père, un drôle ingénieux, me prit par les jambes et me tint si haut dans l'air, que je me trémoussai de tout mon corps. Son père indigné, m'arracha d'entre ses mains, en même temps qu'il lui donna sur l'oreille gauche une tape à renverser une troupe de cavalerie européenne. « Ah! drôle! ah! bandit! va-t-en d'ici! » tels étaient sans doute les discours de ce bon père. Mais moi, homme avisé, et qui redoutais fort les rancunes de ce petit garçon, me souvenant que tous les enfants, chez nous, sont naturellement lâches, méchants et sans pitié à l'égard des oiseaux, des lapins, des petits chats et des petits chiens, je me mis à genoux, désignant ce garnement qui était le Benjamin de la maison, je me fis entendre à mon maître et le priai de pardonner à son fils. Le père y consentit, le garçon reprit sa chaise ; alors je m'avançai jusqu'à lui, et lui baisai la main.

Au milieu du dîner, le chat favori de ma maîtresse arriva, d'un bond, dans son giron. J'entendis un bruit semblable aux battements de douze faiseurs de bas au métier, et tournant la tête, je trouvai que ce chat était un tigre qui faisait le gros dos. Il me parut une fois plus grand qu'un tigre, au seul aspect de sa tête et de ses pattes, pendant que sa maîtresse lui donnait à manger et lui faisait mille caresses. La férocité de cet animal me déconcerta tout à fait, bien que je me tinsse au bout le plus éloigné de la table, à la distance de cinquante pieds. Notez que notre maîtresse, au chat et à moi, le tenait par son collier, de peur qu'il ne me prît pour une souris... Il méprisa cette espèce de gibier, et ne me fit pas même l'honneur d'un coup d'œil.

Vous avez vu parfois de mauvais plaisants mettre en présence un bouledogue et un matou ; puis on les pousse, on les excite, et bientôt ils se déchirent, à la grande joie des spectateurs. Ainsi mon maître eut la curiosité de savoir si le chat et moi nous avions bec et ongles, et il nous plaça à une toise l'un de l'autre, en faisant : *ticks! ticks!*... J'étais perdu ; mais, comme j'ai toujours éprouvé que si l'on fuit devant un animal féroce, ou s'il voit que vous tremblez devant lui, c'est alors qu'on est infailliblement dévoré, je résolus de faire *à bon chat, bon rat !* Je marchai hardiment à la bête et je m'avançai jusqu'à dix-huit pouces ; elle recula, comme si elle avait peur. J'eus beaucoup moins d'appréhension pour les chiens de la maison, et pourtant, parmi ces roquets de la grosseur d'un bœuf, il y avait un mâtin d'une grosseur égale à celle d'un éléphant, et un lévrier un peu plus haut que le mâtin, mais moins gros.

Sur la fin du dîner, la nourrice entra, portant entre ses

« modeste et recueilli, je disparus entre deux feuilles d'oseille.

bras un enfant de l'âge d'un an. Ce marmot, à mon aspect, poussa des cris si violents, qu'on aurait pu, je crois, les entendre facilement du pont de Londres jusqu'à Chelsea. L'enfant, me regardant comme une poupée ou une babiole, criait afin de m'avoir, pour lui servir de jouet. La mère, heureuse, m'éleva et me donna à l'enfant, qui se saisit de moi, et me mit ma tête dans sa bouche, où je commençai à hurler si horriblement, que l'enfant, effrayé, me laissa tomber. Je me serais infailliblement cassé la tête, si la mère n'avait pas tenu son tablier étendu sous le petit animal. De son côté, la nourrice, pour apaiser son poupon, se servit d'un hochet, qui était un gros pilier creux, rempli de grosses pierres, et rattaché, par un câble, au corps de l'enfant; mais rien n'y fit, et elle se trouva réduite à lui donner le sein. Bonté divine! de toutes les monstruosités celle-ci était la plus horrible! Une montagne! un flot de lait! des vallons et des plaines de chair humaine! Une dame anglaise, un bel enfant dans ses bras... il n'y a rien de plus charmant! Peut-être est-ce en effet que ce doux spectacle apparaît à nos yeux désarmés, et qu'une loupe aurait bientôt dissipé le charme. — Oui, et ce fut ainsi qu'étant à Lilliput, une dame à la mode me disait que je lui paraissais très-laid ; elle découvrait de grands trous dans ma peau, les poils de ma barbe étaient dix fois plus forts que les soies d'un sanglier ; mon teint, composé de différentes couleurs, était tout à fait désagréable aux yeux de la dame... et pourtant je suis blond, et passe pour avoir le teint assez beau.

Après le dîner, mon maître alla retrouver ses ouvriers ; autant que je le pus comprendre, il chargea sa femme de prendre un grand soin de son jouet. J'étais bien las, et j'avais une grande envie de dormir : ce que ma maîtresse apercevant, elle me mit dans son lit, et me couvrit d'un mouchoir blanc, mais plus large que la grande voile d'un vaisseau de guerre.

Je dormis deux grandes heures, et songeai que j'étais chez moi, avec ma femme et mes enfants, ce qui augmenta mon affliction quand je m'éveillai et que je me trouvai seul dans une chambre immense, et couché dans un lit de dix toises. Ma maîtresse était sortie et m'avait enfermé au verrou. Le lit était élevé de quatre toises; cependant quelques nécessités naturelles me pressaient de descendre, et je n'osais appeler : quand je l'eusse essayé, avec ma voix de galoubet, pas un ne fût venu à mon appel, et puis, j'étais à deux lieues de la cuisine où la famille se tenait. Sur ces entrefaites, deux rats grimpèrent le long des rideaux, et se mirent à courir sur le lit. L'un approcha de mon visage ; et moi, me levant tout effrayé, je mis le sabre à la main pour me défendre. Ces animaux horribles eurent l'insolence de m'attaquer des deux côtés ; mais je fendis le ventre à l'un, et l'autre eut peur de moi ! Cet exploit accompli, je me couchai pour me reposer et reprendre mes esprits. Ces animaux étaient de la grosseur d'un mâtin, mais plus agiles et plus féroces, en sorte que, si j'eusse ôté mon ceinturon et mis bas mon sabre avant que de me coucher, j'aurais été dévoré par ces deux misérables rats ! Je mesurai la queue de mon rat mort, elle avait quatre pieds environ ; mais je n'eus pas le courage de traîner son cadavre hors du lit, et, comme il donnait encore signe de vie, je l'achevai, en lui coupant la gorge.

Bientôt après ma maîtresse entrait dans la chambre, et,

me voyant tout couvert de sang, elle accourut, et me prit dans sa main. Je lui montrai du doigt le rat mort, en souriant et en faisant d'autres signes, pour lui faire entendre que je n'étais pas blessé ; ce qui lui donna de la joie. Or, plus que jamais, certain besoin me pressait, et je m'efforçai de faire entendre à la dame que je souhaitais fort qu'elle me mît à terre, ce qu'elle fit. Foin de ma modestie ! Elle ne me permit pas de m'expliquer autrement qu'en montrant du doigt la porte et en faisant plusieurs révérences. La bonne femme à la fin m'entendit, mais avec quelque difficulté ; et, me reprenant dans sa main, elle alla dans le jardin et me déposa par terre.

La bonne dame était curieuse ; elle eût donné beaucoup pour savoir comment je m'y prendrais pour accomplir ces petites nécessités qui la faisaient rire. Elle avait une idée étrange de notre pudeur ; elle ne comprenait guère qu'un si petit animal eût des hontes de cette qualité. Bref, je la vis toute disposée à me suivre ; il fallut tout le feu de mon regard, toute l'énergie et toute l'autorité de mon geste pour l'empêcher d'aller plus loin.

Pendant qu'elle était là, immobile et semblable au clocher de notre village, au milieu du champ de blé, je m'éloignai environ à cent toises, en lui renouvelant l'ordre absolu de me laisser en paix. Modeste et recueilli, je disparus entre deux feuilles d'oseille..... Faisons-nous grâce, ami lecteur, d'un plus long détail.

# CHAPITRE II

Portrait de la fille du laboureur. — Gulliver est conduit à la ville, un jour de marché. — Plus tard on le porte dans la capitale du royaume, et récit de ce qu'il a vu et souffert.

Ma maîtresse avait une fille de l'âge de neuf ans, belle enfant de beaucoup d'intelligence et d'esprit pour son âge. Sa mère, de concert avec elle, s'avisa d'accommoder pour moi le berceau de sa poupée, avant qu'il fût nuit. Le berceau fut enfermé dans un petit tiroir de cabinet, et le tiroir posé sur une tablette suspendue, hors de l'invasion des rats : ce fut mon lit, pendant tout le temps que je demeurai avec ces bonnes gens. Cette jeune fille était adroite à ce point que, m'étant déshabillé une ou deux fois en sa présence, elle sut m'habiller et me déshabiller comme un vrai valet de chambre ; elle y trouvait son amusement, et moi, pour ne pas la contrarier, je la laissai faire... Elle me fit six chemises, et d'autres sortes de linge, de la toile la plus fine qu'on put trouver (à la vérité, c'était une toile plus grossière que des toiles de navire), et les blanchit toujours elle-même. Elle voulut aussi m'apprendre la langue du pays ; elle répondait à toutes mes

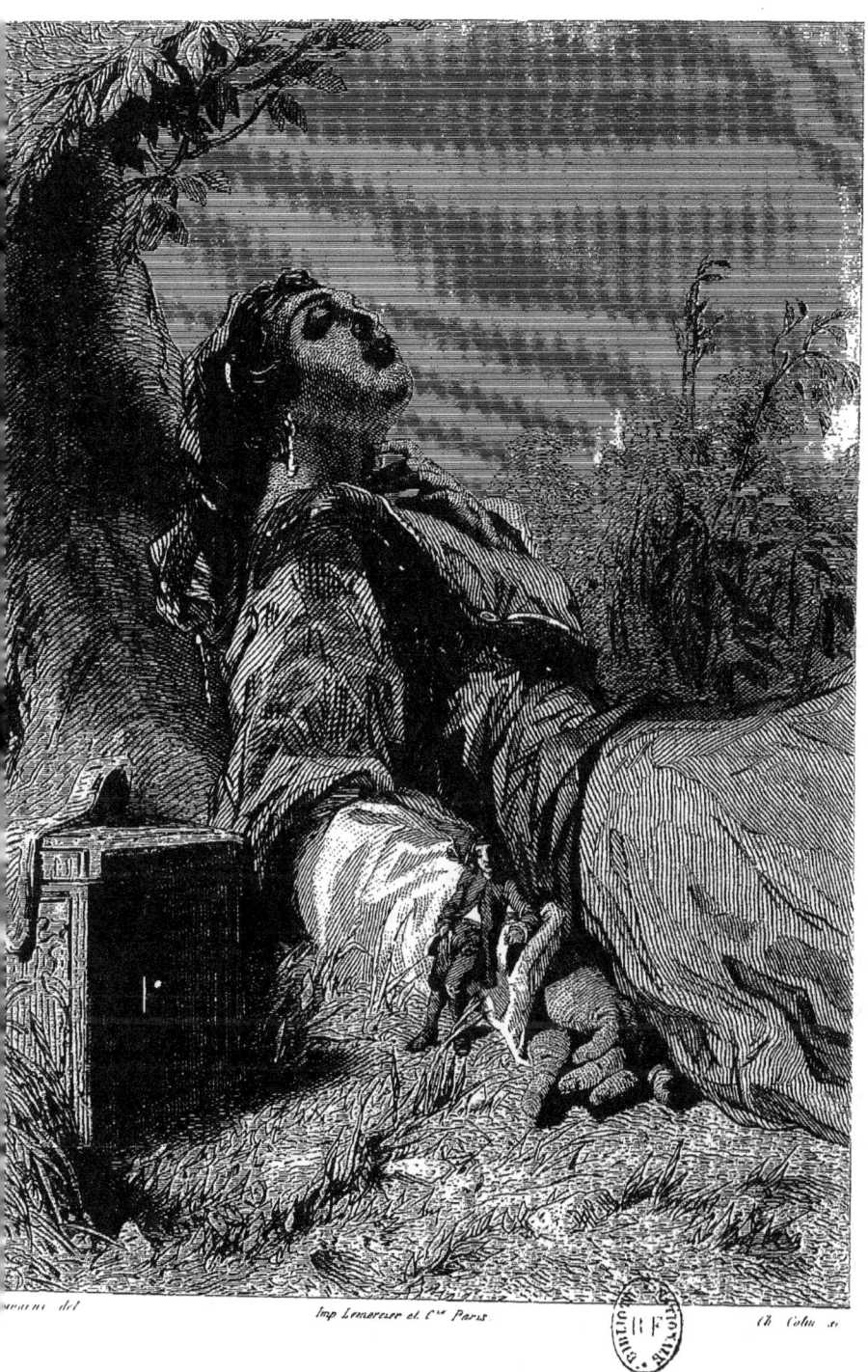

Gulliver et Glumdalclitch.

questions, une *table* ? une *chaise* ? une *armoire* ? Elle m'en disait aussi le nom aussitôt ; si bien qu'en peu de temps je fus en état de demander presque tout ce que je souhaitais. Elle me donna le nom de *Grildrig*, mot qui signifie ce que les Latins appellent *homunculus*, les Italiens *uomicciuolo*, et les Anglais *mannikin*. C'est à ma bonne et bienveillante institutrice que je fus redevable de ma conservation : nous étions toujours ensemble et je l'appelais *Glumdalclitch*, ou la « petite nourrice. » O ciel, je serais un ingrat, si j'oubliais jamais tant de grâce et de bonté ! Elle avait, ma petite géante, un noble cœur, une grande âme, et si mon malheur a voulu que sa pitié pour moi ait été pour elle une disgrâce, un jour peut-être il me sera permis de lui prouver qu'un freluquet de mon espèce est capable, après tout, d'un bon souvenir.

Il se répandit alors dans tout le pays que mon maître avait trouvé un petit animal dans les champs, environ de la grosseur d'un *splack-nock* (animal de ce pays, d'environ six pieds), et de la même figure qu'une créature humaine ; il imitait (disait la renommée aux cent mille voix) la créature humaine en toutes ses actions, et semblait parler une espèce de langue qui lui était propre ; même il savait déjà plusieurs mots de leur langue ; il marchait droit sur ses deux pattes de derrière; il était doux et traitable, il venait quand il était appelé, faisait tout ce qu'on lui ordonnait de faire, avait les membres délicats, un teint plus blanc et plus fin que celui de la fille d'un seigneur à l'âge de trois ans. Un laboureur, l'intime ami de mon maître, lui rendit visite exprès pour s'assurer si la renommée avait dit vrai. « Rien n'est plus vrai, reprit mon maître, il n'y a rien de plus joli que ce petit animal ; ma fille en fait tout ce qu'elle veut ; c'est mignon, rangé, obéissant, fidèle, attaché, reconnaissant ; ça vit de rien, un chiffon de pain ; un doigt de vin ! Ça s'habille avec une loque ; et toujours gai, facile à vivre, et de bonne humeur. Il n'y a pas d'oiseau sur nos arbres, pas de lapin dans nos bois, qui se puisse comparer à cette infiniment petite bête ! On dirait que ça raisonne, et parfois même on dirait que ça vous a une âme, et de la religion. Mais vous en jugerez, compère, et justement le joli animal vient de sortir de son petit réveil et d'achever son petit lever. » Au même instant on me posait sur une table, et je marchai. Je tirai mon sabre et le remis au fourreau. Je fis la révérence à l'ami de mon maître, en lui demandant en sa propre langue « comment il se portait, » et lui dis *qu'il était le bienvenu ;* le tout, suivant les instructions de ma petite maîtresse. Cet homme, à qui le grand âge avait affaibli la vue, eut besoin de ses lunettes pour me mieux regarder, sur quoi je ne pus m'empêcher d'éclater de rire. Les gens de la famille, qui découvrirent la cause de ma gaieté, se prirent à rire aussi ; de quoi ce rustique fut assez bête pour se fâcher. Il m'avait tout l'air d'un avare, et le fit bien paraître par le conseil détestable qu'il donna à mon maître de me montrer pour de l'argent, à quelque jour de marché, dans la ville prochaine, qui était éloignée de notre maison d'environ vingt-deux milles. Je devinai qu'il y avait quelque dessein sur le tapis, lorsque je remarquai mon maître et son ami se parlant ensemble à l'oreille, pendant un assez long temps, et quelquefois me regardant et me montrant du doigt.

Le lendemain, Glumdalclitch, ma petite maîtresse, me confirma dans cette pensée en me racontant toute l'affaire, qu'elle avait apprise de sa mère. La pauvre fille, en pleurant beaucoup, me cacha dans son sein, comme une petite miss son serin favori. « Hélas ! disait-elle, ils vont me l'estropier en chemin ! Ces gens-là sont des brutes, ils ne sauraient manier une créature si délicate... » Et les sanglots de redoubler. On eût dit la fontaine Aréthuse ! Comme elle me savait modeste de mon naturel et très-délicat en tout ce qui regardait mon honneur, elle gémissait de me voir exposé, pour de l'argent, à la curiosité du plus bas peuple. Elle disait que son papa et sa maman lui avaient donné *Grildrig*..... Elle voyait bien qu'on la voulait tromper, comme on avait fait l'année dernière, quand on feignit de lui donner un agneau, qui fut vendu au boucher ! Quant à moi, je puis dire en vérité qu'au fond de l'âme j'eus moins de chagrin que ma chère maîtresse. J'avais conçu de grandes espérances, qui ne m'abandonnèrent jamais, que je recouvrerais ma liberté un jour ou l'autre ; or c'est en faisant beaucoup de chemin que les occasions se présentent. Quant à la honte de me voir exposé en public, et d'y jouer une façon de comédie..... à coup sûr la chose était triste ; mais comment faire ? Et puis quel homme assez lâche, après tout, pour me reprocher cette nécessité cruelle, à mon retour en Angleterre ? Le roi de la Grande-Bretagne, s'il se trouvait en pareille occurrence... aurait un pareil sort !

Cependant mon cher maître, obéissant aux conseils de son compère, enferma son phénomène dans une caisse, et, le jour de marché suivant, il me mena à la ville avec sa petite fille. La caisse était fermée de tous côtés, et l'on avait ménagé quelques trous en guise de fenêtre. Minette avait pris le soin de mettre sous moi le matelas du lit de sa poupée ;

cependant je fus horriblement agité et rudement secoué dans ce voyage, un voyage d'une demi-heure : le cheval faisait à chaque pas environ quarante pieds, et trottait si haut, que l'agitation était égale à celle d'un vaisseau, dans une tempête furieuse ! Enfin, le chemin était un peu plus long que de Londres à Saint-Albans. Mon maître descendit de cheval à une auberge où il avait coutume d'aller; et, après avoir pris conseil avec l'hôte et fait quelques préparatifs nécessaires, il loua le *Glultrud*, ou crieur public, pour donner avis à toute la ville d'un petit animal étranger, qu'on ferait voir à l'enseigne de l'Aigle-Vert, qui était moins gros qu'un *splack-nock*, et ressemblait, dans toutes les parties de son corps, à une créature humaine. « Il savait prononcer plusieurs mots, et faire une infinité de tours d'adresse, à la volonté de messieurs les amateurs. »

Je fus posé sur une table, dans la salle haute de l'auberge, et, se tenant près de moi, pour me rassurer et me servir de chaperon, ma chère protectrice. Elle avait une voix si douce, une main si délicate, comparée à toutes les autres ! Même de son silence, elle m'encourageait et plus que moi elle semblait mal à l'aise. On procédait cependant avec un certain ordre en cette exhibition de mes petits mérites, et nous ne recevions pas plus de trente personnes à la fois. Selon l'ordre entre nous tacitement convenu, à l'œil, à la voix, et parfois à la baguette de ma *générale*, eh bien, j'allais, je venais, je saluais, je me couchais par terre et me relevais. Je montais à cheval sur une des allumettes de l'auberge, et j'ôtais ma veste, et je la remettais ; aux hommes je donnais des poignées de main ; aux dames j'envoyais des baisers. Je répondais aux questions proportionnées à la connaissance que j'avais de la langue, et du mieux que je pouvais. Je me retournai plusieurs fois vers toute la compagnie, et fis mille révérences. Je pris un dé plein de vin que Glumdalclitch m'avait donné pour gobelet, et je bus à leur santé. Je tirai mon sabre, et fis le moulinet à la façon des maîtres d'armes d'Angleterre. Avec un bout de paille, je fis l'exercice de la pique, ayant appris cela dans ma jeunesse. Je fus montré ce jour-là douze fois de suite, à l'admiration générale, et répétant toujours les mêmes choses, jusqu'à ce qu'enfin je fusse à demi-mort de lassitude et d'humiliation.

Les premiers qui m'avaient admiré firent de tous côtés des rapports si merveilleux, que le peuple menaçait d'enfoncer les portes. Quand il vit tout l'argent que je lui rapportais, mon doux maître eut peur des envieux de sa fortune, et les tint, désormais, à distance. Un petit écolier qui voulait rire me jeta une noisette à la tête, et peu s'en fallut qu'il ne m'attrapât. Elle fut jetée avec tant de force, qu'elle m'eût infailliblement fait sauter la cervelle. Elle était presque aussi grosse qu'un melon! J'eus l'intime satisfaction de voir le petit écolier chassé de la salle honteusement.

Mon maître annonça une nouvelle *exhibition* de ma personne au prochain jour de marché; cependant il me fit faire une voiture plus commode. Ah! que j'étais fatigué de mon premier voyage et du spectacle que j'avais donné pendant huit heures de suite! On n'eût pas reconnu, certes, que j'étais un animal intelligent. Je me traînais à peine, il m'était impossible de me servir même de la paille, et des allumettes, et de porter à mes lèvres le dé à boire de ma chère institutrice. Pour m'achever, les gentilshommes du voisinage, ayant entendu parler de moi, se rendirent à la maison de mon maître. Il y en eut, un jour, plus de trente à la ferme, avec leurs femmes et leurs enfants. Ce malheureux pays, non moins que l'Angleterre, est peuplé de gentilshommes chasseurs.

Mais mon doux maître, âpre au gain, considérant le profit que je pouvais lui rapporter, résolut de me montrer dans les villes du royaume les plus considérables. S'étant donc fourni de toutes choses nécessaires à un long voyage, après avoir réglé ses affaires domestiques et pris congé de sa femme, le 17 août 1703, environ deux mois après mon arrivée, nous partîmes pour la capitale, située au beau milieu de cet empire, à quinze cents lieues de notre demeure. Il allait à cheval, il portait sa fille en croupe : elle me portait dans une boîte attachée autour de son corps, doublée du drap le plus fin qu'elle avait pu trouver.

Le dessein de mon maître était de *m'exhiber*, chemin faisant, dans toutes les villes, bourgs et villages, où la recette était assurée, et même de parcourir les châteaux qui l'éloigneraient peu de son chemin. Nous faisions ainsi de petites journées de quatre-vingts ou cent lieues; car Glumdalclitch, exprès pour m'épargner de la fatigue, se plaignit d'être bien incommodée du trot du cheval. Souvent elle me tirait de la caisse pour me donner de l'air et me faire voir le pays. Nous passâmes cinq ou six rivières plus profondes que le Nil et le Gange; il n'y avait guère de ruisseau qui ne fût plus large que n'est la Tamise, au pont de Londres. Nous fûmes trois semaines en voyage, et je fus montré dans dix-huit grandes villes, sans compter plusieurs villages et châteaux des environs.

Le 26 octobre, nous arrivâmes enfin à la capitale, appelée

en leur langue : *Lorbruldrud,* ou l'*Orgueil de l'Univers.* Le rustre à qui j'appartenais, et qui disposait de moi comme de sa chose, fit garnir un appartement dans la rue principale, et non loin du palais royal. En même temps il fit distribuer, selon sa coutume, des affiches contenant (avec l'image) une description merveilleuse de ma personne et de mes talents. Dans une très-grande salle de trois ou quatre cents pieds de large, il plaça une table de soixante pieds de diamètre, un vrai théâtre, où je devais jouer tous mes rôles, et, toujours prudent, il la fit entourer de palissades, pour me mettre à l'abri des brutalités, voire des gentillesses de la foule. Et, cette fois encore, je fus exhibé, dix fois par jour, au grand étonnement, à la satisfaction de tout le peuple. Je savais alors passablement parler la langue, et j'entendais parfaitement tout ce qu'on disait de moi : d'ailleurs, j'avais appris leur alphabet, et je pouvais, quoique avec peine, expliquer leurs livres classiques ; la bonne Glumdalclitch m'avait donné des leçons chez son père, et aux heures de loisir pendant notre voyage. Elle portait dans sa pochette un petit livre un peu plus gros qu'un *atlas* de géographie ; on eût écrit volontiers sur les marges toutes les œuvres de MM. Pope, Addison, Swift, Dryden, toute la *Clarisse Harlowe* de M. Robertson, l'inépuisable ; le poëme de Milton, et le *Voyage du Pèlerin,* par Jean Bunyan. De ce bluet elle se servait pour m'enseigner les lettres de l'alphabet.

## CHAPITRE III

Gulliver mandé à la cour. — La reine l'achète et le présente au roi. — Il dispute avec les savants de Sa Majesté. — On lui prépare un appartement. — Il devient favori de la reine. — Il soutient l'honneur de son pays. — Ses querelles avec le nain de Sa Majesté.

Les peines et les fatigues qu'il me fallait essuyer apportèrent un changement considérable à ma santé. Plus d'argent gagnait mon maître, et plus il devenait insatiable. J'avais perdu l'appétit, et j'étais presque un squelette. Mon maître, à la fin, s'en aperçut, et, jugeant que je mourrais bientôt, résolut de me faire valoir autant qu'il le pourrait. Pendant qu'il raisonnait de cette façon, un *slardral* (écuyer du roi) apporta l'ordre que je fusse incessamment dirigé sur le Wite-Hall de ce pays, pour le divertissement de la reine et de ses dames. Quelques-unes de ces belles dames m'avaient déjà vu; elles avaient rapporté des choses merveilleuses de ma figure mignonne, de mon maintien gracieux et de mon esprit délicat.

A cet ordre il fallut obéir : ce pays des géants n'est rien moins qu'un pays constitutionnel; la loi du plus fort est la Loi; quand le maître exprime un désir, son désir est un ordre. A peine arrivé, la reine me voulut voir, et Dieu sait si Sa

Majesté et sa suite furent extrêmement diverties de mes manières ! Je me mis à genoux, et demandai l'honneur de baiser le pied royal. Mais la gracieuse princesse me présenta son petit doigt, que j'embrassai de mes deux bras, et dont j'appliquai le bout avec respect à mes lèvres. Elle me fit des questions générales touchant mon pays, mes voyages, auxquelles je répondis aussi distinctement et en aussi peu de mots que faire se pouvait. Elle me demanda si je serais bien aise de vivre à la cour. Je fis la révérence jusqu'au bas de la table sur laquelle j'étais huché, et je répondis humblement que j'appartenais à mon maître. *Ah! reine! Ah! Majesté, si j'étais libre! il n'y a pas de service qui me semblât préférable à votre service.* Un chambellan n'eût pas mieux dit. On m'eût pris, à mon attitude humble et fière à la fois, pour le lord-maire ouvrant la porte de la cité de Londres à la reine Élisabeth.

La reine, à ces mots, daigna sourire, et d'un petit geste assez dédaigneux elle fit comprendre à mon propriétaire qu'elle désirait m'acheter. Comme il était pris de la crainte de me perdre, et que à son compte, à peine avais-je encore un mois à vivre, il fut ravi de la proposition, et fixa le prix de ma vente à mille pièces d'or, plus un chien savant que la reine avait acheté naguère, et dont elle s'était déjà dégoûtée. Je dis alors à la reine que, puisque j'étais devenu un humble esclave de Sa Majesté, je lui demandais la grâce que Glumdalclitch, qui avait toujours eu pour moi tant d'attentions et d'amitié, fut admise à l'honneur de son service, et continuât d'être ma gouvernante. Sa Majesté y consentit ; elle y fit consentir aussi le laboureur, qui était bien aise de voir sa fille à la cour. Quant à Glumdalclitch, elle ne pouvait cacher sa joie. Enfin mon cornac se retira, et me dit, en partant, qu'il me laissait dans un bon endroit : à quoi je répliquai en lui tournant le dos.

La reine remarqua la froideur avec laquelle j'avais reçu le compliment et l'adieu du laboureur, et m'en demanda la raison. « Plaise à Votre Majesté, lui dis-je, de ne point porter un mauvais jugement des qualités de mon cœur. Si ce croquant avait été bon pour moi, s'il m'avait été seulement hospitalier, je lui aurais fait les adieux que l'on doit à son hôte, à son ami, à son frère... Il m'a traité plus mal qu'une bête de somme, et quelle autre obligation puis-je avoir à ce manant que celle de n'avoir pas écrasé un innocent animal trouvé par hasard dans son blé? Du reste, ce bienfait avait été assez payé par le profit qu'il avait fait en me montrant pour de l'argent, et par le prix qu'il venait de recevoir en me vendant. Oui, madame ! En même temps, considérez que ma santé était très-altérée par mon esclavage et par l'obligation continuelle d'entretenir et d'amuser le menu peuple à toutes les heures du jour; et comptez que si cet homme injuste n'avait pas cru ma vie en danger, Sa Majesté ne m'aurait pas eu à si bon marché ! Et maintenant soyez la bien remerciée, ô reine ! pour tant de grâces et de bienfaits. Grâce à vous, je touche au port de toutes mes infortunes; eh ! le moyen de ne pas être un mortel fortuné, sous la protection d'une princesse et si grande et si bonne, ornement de la nature, admiration du monde, et les délices de ses sujets, le phénix de la création? » Ainsi, désormais, je voulais vivre et mourir au service de ma reine; et déjà, voyez le miracle ! il me semblait que mes esprits étaient ranimés par l'influence de sa présence auguste.

Tel fut le sommaire de mon discours, prononcé avec plusieurs barbarismes et bon nombre de balbutiements.

La reine, excusant avec bonté les défauts de ma harangue, fut surprise de trouver tant d'esprit et de bon sens dans un si chétif animal : elle me prit dans ses mains, et sur-le-champ me porta au roi, qui était alors retiré dans son cabinet. Sa Majesté, prince assez sérieux et d'un visage austère, ne remarquant pas bien ma figure à la première vue, demanda froidement à la reine depuis quand elle était devenue amoureuse d'un *splack-nock* (car il m'avait pris pour cet insecte). Mais la reine, qui avait infiniment d'esprit, me mit doucement debout sur l'encrier royal... il était profond comme un puits ; si j'y fusse tombé, je me serais noyé infailliblement... et m'ordonna de dire à Sa Majesté qui j'étais. Je le fis en très peu de mots : Glumdalclitch, qui était restée à la porte du cabinet, ne pouvant souffrir que je fusse longtemps hors de sa présence, entra, et raconta à Sa Majesté comment j'avais été trouvé dans un champ de blé, à la dernière moisson.

Le roi, aussi savant qu'homme du monde en ses États, avait été élevé dans l'étude de la philosophie, et surtout des mathématiques ; cependant, quand il vit de près ma figure et ma démarche, avant que j'eusse commencé à parler, il s'imagina que je pouvais être une machine artificielle, un tourne-broche, ou tout au plus quelque horloge inventée et exécutée par un habile artiste. A peine il eut entendu ma voix, et trouvé du raisonnement dans les petits sons que je rendais, il ne put cacher son étonnement et son admiration.

Il n'était guère satisfait de la relation que je lui avais donnée de mon arrivée en ce royaume ; il supposait même que c'était un conte inventé par le père de Glumdalclitch, que l'on m'avait fait apprendre par cœur. Dans cette pensée, il m'adressa d'autres questions, et je répondis à toutes avec justesse, mais avec un léger accent villageois et quelques locutions rustiques que j'avais apprises chez le fermier, lesquelles étaient assez déplacées à la cour.

Il envoya sur-le-champ (il était de l'Académie des sciences) pour convoquer trois fameux savants, ses confrères, qui alors étaient de quartier à la cour. Ces messieurs, dans leur semaine de service (selon la coutume admirable de ce pays), après avoir examiné ma figure avec beaucoup d'exactitude, discutèrent à perte de vue... et de bon sens. Ils convenaient tous que je ne pouvais pas être un produit légitime des lois ordinaires de la nature, attendu que j'étais dépourvu de la faculté naturelle de conserver ma vie. Un si petit animal, disaient-ils, ne saurait grimper sur un arbre, ou creuser la terre et s'y faire un trou pour s'y blottir comme les lapins. Mes dents, qu'ils étudièrent longtemps à la loupe, les firent conjecturer que j'étais un animal carnassier.

Un de ces philosophes avança que j'étais un embryon, un pur avorton, bon tout au plus à conserver dans l'esprit-de-vin, et que je serais l'ornement de leur cabinet d'histoire naturelle, entre un veau à deux têtes et le mouton à six pattes. Mais cet avis fut rejeté par les deux autres, attendu que mes membres étaient parfaits et parachevés dans leur espèce, et que j'avais vécu plusieurs années, ce qui parut évident par ma barbe, dont les poils se découvraient avec un microscope. On ne voulut pas avouer que j'étais un *nain*, parce que ma petitesse était hors de comparaison : le nain favori de la reine, le plus petit qu'on eût jamais vu dans ce royaume, avait près de trente pieds de haut. Après un grand

Le nain de la reine.

débat, on conclut unanimement que je n'étais qu'un *relplum scalcath*, autrement dit : « Un jeu de la nature, » un *lusus naturæ*; rien de plus. Décision très-conforme à la philosophie moderne de l'Europe ! En effet, nos modernes professeurs, dédaignant le vieux subterfuge des causes occultes, à la faveur duquel les sectateurs d'Aristote tâchent de masquer leur ignorance, ont inventé récemment cette solution merveilleuse de toutes les difficultés de la physique. Admirable progrès de la science humaine !

Après cette conclusion décisive, et naturellement sans réplique, il me sembla que peut-être avais-je la liberté de dire quelques mots d'explication. C'est pourquoi je répondis non pas à nos trois savants, mais au roi lui-même. Avec la dignité d'un citoyen libre de la joyeuse Angleterre, je protestai à Sa Majesté que je venais d'un pays où mon espèce était répandue en plusieurs millions d'individus des deux sexes, où les animaux, les arbres, les maisons, étaient proportionnés à la taille que j'avais moi-même, où, par conséquent, je pouvais être aussi bien en état de me défendre et de trouver toutes les conditions d'une vie heureuse qu'aucun des sujets de Sa Majesté. Cette réponse fit sourire dédaigneusement les trois susdits philosophes, et (parlant à Sa Majesté) ils répliquèrent que le laboureur m'avait bien instruit et que je savais ma leçon. Le roi, qui avait un esprit vraiment éclairé, renvoya les savants à leur académie, et manda le laboureur, qui n'était pas encore sorti de la ville. Il commença par interroger mon rustique, il le confronta avec sa fille, avec moi-même, et de toutes ces réponses, qui portaient le cachet même de la vérité, sa très-souveraine Majesté tira cette conclusion que je lui disais la vérité. Il pria la reine de donner l'ordre que l'on prît un soin tout particulier du phénomène, et fut d'avis qu'on me laissât sous la conduite de Glumdalclitch, *attendu* la grande affection que nous avions l'un pour l'autre.

La reine ordonna donc à son ébéniste de faire une boîte qui me pût servir de chambre à coucher, suivant le modèle que Glumdalclitch et moi lui donnerions. Cet homme, qui était un ouvrier très-adroit, me fit en trois semaines, une chambre de bois de seize pieds carrés sur douze de hauteur, avec fenêtres, portes et cabinets.

Un ouvrier excellent, qui était célèbre pour les petits bijoux curieux, entreprit de me construire deux chaises d'une matière semblable à l'ivoire, et deux tables, plus une armoire pour serrer mes hardes. En même temps la reine faisait chercher chez les marchands les étoffes de soie et les dentelles les plus fines, pour me faire des habits.

Cette princesse avait en tel gré le plaisir de ma conversation, qu'elle ne pouvait dîner sans moi ; j'avais une table à part, sur la table même où mangeait Sa Majesté, avec une chaise sur laquelle je me pouvais asseoir. Glumdalclitch était debout sur un tabouret, près de la table, elle me servait et souriait, et me choisissait mes morceaux.

J'avais un service complet, qui aurait tenu dans une boîte de ménage d'enfant, et Glumdalclitch la portait dans sa poche. La reine dînait seule avec les princesses ses filles ; l'une avait seize ans, l'autre en avait treize. Sa Majesté plaçait un morceau de l'un des plats de sa table sur mon assiette, et je le découpais avec mon couteau, ce qui paraissait divertir ces aimables princesses. De mon côté, les énormes bouchées que prenait la reine (dont l'estomac était cependant très-délicat) me causaient un dégoût involontaire; une douzaine de nos fermiers auraient dîné d'une de ces bouchées. Elle croquait l'aile d'une mauviette, os et chair, bien qu'elle fût neuf fois aussi grande qu'une aile de dindon; et le morceau de pain qui l'accompagnait était de la grosseur de deux pains de quatre livres. Les cuillers, les fourchettes et autres instruments étaient dans les mêmes proportions. Une fois, la fille du fermier me fit voir une des tables des gens du palais, et j'avoue que la vue de dix à douze de ces grands couteaux et fourchettes en mouvement me parut un spectacle effrayant.

Tous les mercredis (le mercredi leur sert de dimanche) le roi, la reine et la famille royale dînent ensemble dans les appartements de Sa Majesté, laquelle, m'ayant pris en grande amitié, faisait placer en ces occasions ma petite chaise et ma table à sa gauche et devant la salière... un rempart.

Un jour, le prince, en dînant, prit plaisir à s'entretenir avec moi, me faisant des questions touchant les mœurs, la religion, les lois, le gouvernement et la littérature de l'Europe; et je lui en rendis compte, en bel esprit du club des littérateurs. Son esprit était si pénétrant, et son jugement solide à ce point, qu'il fit des réflexions et des observations très-sages sur toutes les nouveautés dont j'eus l'honneur de l'entretenir. Lui ayant parlé des deux partis qui divisent l'Angleterre, il me demanda si j'étais un *Wight* ou un *Tory ?* Puis, se tournant vers son premier ministre, qui se tenait derrière Sa Majesté, un bâton blanc à la main, aussi haut que le grand mât du *Souverain-Royal :* « Hélas, dit-il, que la grandeur humaine est peu de chose, puisque de vils insectes ont aussi de l'ambition, avec des rangs et des distinctions honorifiques ! Quelle apparence ! Une race de mirmidons qui s'enflent à crever... Ils ont des petits lambeaux dont ils se parent ; des trous, des cages, des boîtes, qu'ils appellent des palais et des hôtels ; des équipages, des livrées, des titres, des charges, des occupations, des passions, comme nous ! Sotte espèce ! Et songer que chez ces fourmis, dans leurs fourmilières, on aime, on hait, on trompe, on trahit, comme ici ! Que dis-je ? Ils ont des passions, des haines, des vengeances, de petits supplices, de petites chicanes, de petits échafauds. » C'est ainsi que Sa Majesté philosophait, à l'occasion de ce que je lui avais dit de l'Angleterre ; et moi, j'étais confus, indigné de te voir, ô patrie ! ô maîtresse des arts, souveraine des mers, arbitre de l'Europe et gloire de l'univers, traitée avec tant de mépris !

Il n'y avait rien qui m'offensât et me chagrinât plus que le nain de la reine, qui, étant de la taille la plus petite qu'on eût jamais vue en ce pays, devint d'une insolence extrême à l'aspect d'une taille infiniment supérieure, par sa petitesse, à toutes les distinctions que lui, le *nain* de la reine, il eût jamais rêvées. Mais il faisait, comme on dit, *contre fortune bon cœur*. Sous un apparent mépris, il cachait son envie ; il me regardait d'un air fier et dédaigneux, raillant sans cesse ma petite figure. Je ne m'en vengeai qu'en l'appelant *Frère !* Un jour, pendant le dîner, le malicieux nain, prenant le temps que je ne pensais à rien, me prit par le milieu du corps, m'enleva, me laissa tomber dans un plat de lait froid et s'enfuit... J'en eus par-dessus les oreilles. Si je n'avais été un nageur excellent, j'étais noyé. Glumdalclitch se tenait, par hasard, à l'autre extrémité de la chambre, et me crut perdu. La reine fut si consternée de cet accident, qu'elle manqua de présence d'esprit pour m'assister ; mais ma petite gouvernante accourut à mon aide, et me tira hors du plat, comme j'étais en train d'avaler ma dernière pinte de lait. On me mit au lit, et grâce à Dieu, il n'y eut pas d'autre mal que la perte d'un habit qui fut tout à fait gâté. Mon frère le nain fut fouetté à outrance, et je pris quelque plaisir à cette exécution.

De ce moment, il fut disgracié ; la reine le donna à l'une de ses dames, à ma grande joie ; il se serait vengé tôt ou tard... Au reste, il m'avait joué déjà plus d'un tour. Un os à moelle avait tenté la reine, et Sa Majesté, l'ayant vidé tout d'une haleine, avait posé l'os vide sur un plat... Crac ! le nain me plonge, en riant, dans cet abîme, et pensez si je criai à perdre haleine !... Heureusement les princes ne mangent pas leurs mets très-chauds, j'aurais été brûlé comme dans un four ! On rit beaucoup quand on me retira sain et sauf de cette singulière prison ; comme c'était sa première *niche*, je demandai grâce pour le nain.

La reine me raillait souvent de ma poltronnerie, et me demandait si les gens de mon pays étaient aussi braves que moi. La cause de ces railleries était l'importune agression des mouches, qui ne me laissaient pas un instant de repos. Ces odieux insectes (de la grosseur de nos alouettes) m'étourdissaient de leur bourdonnement, s'abattaient sur ma nourriture et la souillaient. Parfois elles se posaient sur mon nez, et me piquaient au vif, exhalant, en même temps, une odeur détestable ; et je pouvais alors distinguer la trace de cette matière visqueuse qui, selon nos savants, donne à ces animalcules la faculté de marcher sur un plafond. Malgré moi, je tressaillais à l'approche de ces mouches ; le nain prenait plaisir à en rassembler plusieurs dans sa main, puis à les lâcher, pour m'effrayer et divertir les princesses. Mon unique ressource était de tirer mon couteau et de tailler en pièces mes ennemis ailés. Et je criais : *Victoire!* et l'on m'applaudissait. J'étais l'égal, après ces batailles sanglantes, d'Alexandre et de César ! J'étais un héros !

Un matin, ma gouvernante avait posé ma boîte sur une fenêtre entr'ouverte, en me disant : « Respirez un peu d'air frais, mon petit ami, et soyez sage ! » Elle m'avait donc quitté pour un instant, et moi, resté seul sur le bord de l'abîme (en effet, par respect humain, je puis le dire, je ne voulus jamais que l'on accrochât ma boîte à un clou, comme on fait d'une cage), il me sembla que je devais profiter de ce moment de libre arbitre. Alors me voilà, levant un de mes châssis et m'asseyant auprès devant ma table, en me disant : « *Que c'est bon, la solitude! et que c'est charmant d'être un peu son maître!* » Ainsi songeant, je commençais à déjeuner avec une tartine sucrée, lorsque des guêpes entrèrent dans ma chambre avec un bourdonnement aussi fort que le son d'une douzaine de cornemuses. Les unes se jetèrent sur la tartine et l'enlevèrent par morceaux, les autres voletaient autour de ma tête.

Malheureux que j'étais ! J'appelle à l'aide, au secours ! Je crie au meurtre ! *au feu!* Ces guêpes maudites faisaient de moi, pauvret, leur proie et leur jouet !

A la fin, hors de moi, désespéré, je me lève, et, tirant mon grand sabre, à droite, à gauche, et d'estoc et de taille... en voici deux qui tombent éventrées ; trois ou quatre autres se sauvent à tire-d'aile, et je reste, essoufflé, triomphant et presque enseveli dans ma victoire ! Une guêpe, en ce pays, est plus grosse qu'une perdrix du Yorkshire, et son dard est plus dangereux que la langue d'un attorney.

Gulliver à Lorbruldrud.

## CHAPITRE IV

Description du pays. — Gulliver indique une correction pour les cartes modernes. — Palais du roi; sa capitale. — Manière de voyager de Gulliver. — La tempête.

Je vais maintenant donner au lecteur une légère description de ce pays, autant que je l'ai pu connaître à vol d'oiseau. Ce vaste royaume, en son étendue, occupe environ trois mille lieues de long, sur deux mille-cinq cents lieues de large ; à ce compte, nos géographes se trompent lorsqu'ils nous disent qu'il n'y a que la mer entre le Japon et la Californie. Quant à moi, je me suis toujours imaginé qu'il devait y avoir de ce côté-là un grand continent, pour servir de contre-poids au grand continent de Tartarie. En conséquence, il faudrait corriger cette lacune de nos cartes marines, et joindre cette vaste étendue de pays aux parties nord-ouest de l'Amérique, sur quoi je suis prêt à éclairer les géographes de mes humbles lumières. Ce royaume est une presqu'île terminée au nord par une chaîne de montagnes ; elles ont bien trente milles de hauteur : de ces pics élevés, les volcans nous défendent d'approcher.

Les plus savants ignorent quelle espèce de mortels habite au delà de ces montagnes, à peine ils affirmeraient qu'elles soient habitées. Le royaume est privé de toute espèce de port ; les endroits de la côte où les rivières se jettent dans la profonde mer sont remplis d'écueils ; une mer violente est un empêchement éternel, à ces peuples, de tout commerce avec le reste du monde. Les grandes rivières sont pleines de poissons excellents ; rarement l'on pêche dans l'Océan : les poissons de nos mers méritent si peu l'honneur d'être pêchés par ces géants ! tout au plus le cachalot et le souffleur trouvent grâce à leurs yeux. Il est évident, pour moi, que la nature, dans la production des plantes et des animaux de cette grosseur énorme, se borne à ce continent. J'ai vu prendre un jour, par des pêcheurs de la côte, une baleine si grosse, qu'un homme du pays avait grand'peine à la porter sur ses épaules. Le pêcheur imagina de l'offrir à Sa Majesté, qui se la fit servir sur un plat.

Le pays est très-peuplé ; il contient cinquante-et-une villes, près de cent bourgs entourés de murailles, un bien plus grand nombre de villages et de hameaux. Pour satisfaire le lecteur, il suffira peut-être de donner la description de Lorbrulgrud. Cette ville est bâtie aux bords d'une rivière qui la traverse et la divise en deux parties égales. Elle contient plus de quatre-vingt mille maisons, et six cent mille habitants, elle a en longueur trois *glonglungs* (qui font cinquante-quatre milles d'Angleterre) et deux et demi en largeur, selon la mesure que j'en ai prise sur la carte qui fut dressée par les ordres du roi. Cette carte, déployée exprès pour moi, était longue au moins de cent cinquante pieds.

Le palais du roi est un bâtiment qui manque un peu de

régularité. Figurez-vous un amas d'édifices de sept milles de circuit ; les chambres principales sont hautes de deux cent quarante pieds, et larges à proportion.

On donna un carrosse à ma chère Glumdalclitch, qui me prit sur ses genoux, pour voir la ville, ses places et ses hôtels. Je supputai que notre carrosse était environ, en carré, comme la salle de Westminster, mais pas tout à fait de pareille hauteur. Un jour, nous fîmes arrêter le carrosse à plusieurs boutiques, où les mendiants, profitant de l'occasion, se rendirent en foule aux portières, et me fournirent le plus affreux spectacle qu'un œil anglais ait jamais vu. Comme ils étaient difformes, estropiés, sales, malpropres, couverts de plaies, de tumeurs et de vermine, et que tout cela me paraissait d'une grosseur énorme, je prie le lecteur de juger de l'impression que ces objets firent sur moi, et de m'en épargner la description.

Outre la grande boîte dans laquelle j'étais ordinairement transporté, la reine en commanda une seconde de douze pieds carrés sur dix de haut, afin que ma gouvernante la pût mettre sur ses genoux quand nous allions en voiture. L'habile ouvrier qui l'avait faite, sous notre direction, avait percé une fenêtre de trois côtés (on les avait grillées crainte d'accident), et sur le quatrième côté étaient attachées deux boucles en cuir. On passait une ceinture en ces boucles, s'il me plaisait d'aller à cheval ; un domestique fixait la ceinture autour de son corps, et me tenait devant lui. C'est ainsi que j'accompagnais souvent le roi et les princes, que je prenais l'air dans les jardins ou que je rendais des visites, quand ma petite bonne se trouvait indisposée ; on me traitait à la cour comme un des courtisans les plus considérables, sans doute grâce à la faveur dont le roi voulait bien m'honorer. En voyage (et je préférais de beaucoup cette façon d'aller, qui était plus commode et qui me permettait de voir le pays) ma personne était confiée à un chambellan ; la reine lui confiait ce qu'elle appelait *son trésor*, et ma boîte était posée sur un coussin.

J'avais dans ce cabinet un hamac suspendu au plafond, une table et deux fauteuils vissés au plancher. Ma vieille habitude de la mer faisait que les mouvements du cheval ou de la voiture ne me causaient pas d'incommodité, bien qu'ils fussent souvent très-violents.

Toutes les fois que je désirais visiter la ville, c'était dans cette boîte qu'on me portait. Glumdalclitch la posait sur ses genoux, après être montée dans une chaise ouverte et portée par quatre hommes à la livrée de la reine. Le peuple, qui avait souvent ouï parler de moi, se rassemblait en foule autour de la chaise, et la jeune fille avait la complaisance de faire arrêter les porteurs et de me prendre dans sa main, afin que l'on pût tout à l'aise me contempler.

J'étais fort curieux de voir le temple métropolitain, avec la tour qui en fait partie et qui passe, à bon droit, comme la plus haute du royaume. Ma gouvernante m'y conduisit ; mais, vanité des *Guides* et des *Itinéraires!* cette illustre tour n'a pas plus de trois mille pieds du sol au point culminant, ce qui n'a rien de très-merveilleux, vu la différence de proportion qui existe entre ces peuples et nous : autant vaudrait se récrier, chez nous, sur la hauteur du clocher de Salisbury. Toutefois je ferai observer que ce qui manque à cette tour en élévation est compensé par la beauté et la solidité. Les murs ont cent pieds d'épaisseur, et sont en pierres de taille de quarante pieds cubes ; ils sont ornés de statues colossales de dieux et d'empereurs, en marbre, et dans leurs niches. Je mesurai le petit doigt de l'une de ces statues qui était tombée et gisait parmi les décombres, et je trouvai qu'il avait juste quatre pieds un pouce de long. Glumdalclitch l'enveloppa dans son mouchoir, et l'emporta, pour le conserver avec d'autres jouets.

La cuisine royale était un superbe édifice voûté, d'environ six cents pieds de haut. Le grand four a dix pas de moins que la coupole de Saint-Paul : je m'en suis assuré en mesurant celle-ci à mon retour. Mais, si je décrivais les grilles à feu, les énormes pots et marmites, et les pièces de viande qui tournaient sur les broches, on aurait peine à me croire ; du moins de sévères critiques pourraient m'accuser d'exagération. Pour éviter ces censures, je crains d'être tombé dans l'excès opposé : si le présent livre était jamais traduit dans la langue de Brobdingnac et qu'il fût transmis en ce royaume, le roi et le peuple auraient bien raison de se plaindre du tort que je leur avais fait en réduisant leurs proportions.

Ce monarque est assez bon prince et peu dépensier. Il n'a jamais plus de six cents chevaux dans ses écuries, chevaux de carrosses et chevaux de main, de cinquante-quatre à soixante pieds de haut. Dans les grandes solennités, il est suivi d'une garde de cinq cents cavaliers. Au premier abord, je m'étais écrié : « *Ah! quelle armée!* » Eh bien, rangée en bataille, il n'y eut jamais rien de plus imposant sous le soleil !

# CHAPITRE V

Aventures diverses. — Gulliver montre ses connaissances en navigation.

J'aurais passé ma vie assez doucement dans ce pays, si ma petite taille ne m'eût exposé à mille accidents. Ma gouvernante me portait quelquefois dans les jardins, et là me tirait de ma boîte ou me laissait me promener librement. Un jour, le nain de la reine (avant sa disgrâce) nous avait suivis dans les jardins, et, Glumdalclitch m'ayant posé à terre, nous nous trouvâmes, lui et moi, à côté d'un pommier *nain*. Je fus tenté de montrer mon esprit par une comparaison assez sotte entre mon compagnon et l'arbre. Le drôle, pour se venger de ma plaisanterie, se mit à secouer une branche chargée de fruits, et voici qu'une douzaine de pommes, plus grosses que des tonneaux de Bristol, tombèrent dru comme grêle. Une seule m'atteignit à l'instant où je me baissais, et me fit choir à me briser. Mais quoi! j'étais le provocateur, et j'aurais eu mauvaise grâce à me plaindre de cette méchanceté.

Un autre jour, ma bonne me laissa sur un gazon bien uni, tandis qu'elle causait à quelque distance avec sa gouvernante. Tout à coup l'orage et la grêle... et je fus à l'instant renversé et meurtri par les grêlons. Je me traînai jusqu'à une bordure de thym, sous laquelle j'étais à moitié abrité ; mais ces grêlons m'avaient moulu des pieds à la tête, et je gardai la chambre pendant huit jours. Quoi d'étonnant ? toutes choses ayant, en ce pays surnaturel, la même proportion gigantesque par rapport aux habitants, les grêlons ordinaires étaient dix-huit cents fois plus gros que les nôtres.

Un plus dangereux accident m'arriva dans ces jardins. Un jour que ma petite gouvernante, croyant m'avoir mis en lieu sûr, me laissa seul, comme je la priais souvent de le faire, pour me livrer à mes pensées, elle oublia mon refuge ordinaire, à savoir ma boîte, et, m'ayant posé à terre, elle s'éloigna avec quelques dames de sa connaissance. Elle absente, un petit épagneul, qui appartenait à l'un des jardiniers, vint par hasard près de l'endroit où j'étais, courut à moi, flairant et jappant, me prit dans sa gueule, et, me portant à son maître, il me posa devant lui en remuant la queue. Heureusement, il m'avait saisi d'une dent si légère, que je n'eus pas le moindre mal ; mais le jardinier, qui me connaissait et m'aimait beaucoup, eut là plus grande frayeur. « Tout beau ! tout beau ! » disait-il à l'épagneul, qui finit par me lâcher. Puis, se tournant vers moi : « Comment vous trouvez-vous ?... » Hélas ! j'avais grand'peine à lui répondre, tant j'avais été suffoqué par la frayeur et par la rapidité de la course. Il me reporta où l'épagneul m'avait pris. Glumdalclitch était là, désespérée et m'appelant de tous côtés. Elle gronda le jardinier à cause de son chien. Cependant nous convînmes de taire cette aventure, qui ne pouvait que jeter un ridicule de plus sur ma personne.

Ce dernier accident décida ma gouvernante à ne plus me perdre de vue ; et, comme je craignais depuis longtemps cette résolution, je lui avais caché plusieurs petits incidents fâcheux qui m'étaient arrivés. Un cerf-volant avait failli m'emporter, si je n'avais pas eu la présence d'esprit de me mettre à l'abri d'un espalier. Un jour, je m'enfonçai jusqu'au cou dans une taupinière, et je manquai peu de temps après de me casser l'épaule contre une coquille de limaçon, sur laquelle je trébuchai en rêvant à ma chère Angleterre.

J'avais remarqué, dans mes promenades solitaires, que les oiseaux n'avaient aucune frayeur de moi. Une grive eut même l'effronterie de me voler un morceau de biscuit que je tenais à la main. Quand j'essayais de prendre un de ces oiseaux, il se retournait hardiment, me menaçait de son bec, puis recommençait à chercher des vers ou des grains.

Il advint que je lançai un gros bâton de toute ma force sur un linot, et si adroitement, que l'oiseau fut terrassé..... je le saisis par le cou pour le traîner jusqu'à l'endroit où ma gouvernante m'attendait. Mais le linot, qui n'avait été qu'étourdi, me donna des coups d'aile si violents, que j'aurais été forcé de le lâcher, si un domestique n'était venu à mon secours.

La reine (elle m'entretenait souvent de mes voyages sur mer) cherchait toutes les occasions de me divertir, sitôt qu'elle me voyait retombé dans mes tristesses. Elle voulut savoir comment donc je m'y prenais pour carguer une voile, et si la rame et le bateau n'auraient pas tout au moins quelque heureuse influence sur ma santé. Je répondis à sa très-gracieuse Majesté que j'entendais assez bien la rame et la voile. Il est vrai que je n'étais pas plus marin que matelot ;

mais ma qualité de chirurgien de marine et de première classe ne m'avait pas empêché très-souvent d'aider à la manœuvre. Toutefois j'ignorais comment cela se pratiquait dans ce pays, où la plus petite barque représentait un vaisseau de guerre de premier rang. Un navire proportionné à mes forces n'aurait pu flotter longtemps sur leurs rivières, et je n'aurais pu le gouverner. A quoi Sa Majesté répondit que son menuisier me ferait une petite barque, et que l'on trouverait une crique où le bateau pourrait naviguer. Le menuisier, suivant mes instructions, en peu de jours, construisit un petit navire avec tous ses cordages, capable de tenir commodément huit Européens. A peine achevé, la reine ordonna que l'on fît une auge de bois, longue de trois cents pieds, large de cinquante, et profonde de huit; laquelle, étant bien goudronnée pour empêcher l'eau de s'échapper, fut posée sur le plancher, le long de la muraille, dans une salle extérieure du palais. Elle avait un robinet bien près du fond, pour que l'eau s'échappât à volonté; deux domestiques la pouvaient remplir en moins d'une heure. Voilà dans quel océan d'eau douce on me donna la fête de ce navire à ma taille; les rames et la voile, et mon adresse, accomplirent aisément cette navigation peu dangereuse. Il y eut, cette fois encore, grande rumeur au palais, les uns criant à la magie, et les autres au miracle ! Ici, j'étais un être surnaturel; à vingt pas de là, j'étais un sorcier. La reine et ses dames prirent grand plaisir à mon adresse : tantôt je haussais ma voile, et tantôt je tenais le gouvernail, pendant que les dames me donnaient un coup de vent avec leurs éventails; sitôt qu'elles se trouvaient fatiguées, quelques-uns des pages poussaient et faisaient avancer le navire avec leur souffle, et moi, comme un loup de mer, je signalais mon adresse à tribord et à bâbord, selon qu'il me plaisait. Quand j'avais quitté ma galère, Glumdalclitch la reportait dans son cabinet, et la suspendait à un clou.

Dans cet exercice amusant pour tout le monde, il s'en fallut de très-peu que je ne fusse un homme noyé. Un des pages ayant mis mon navire dans l'auge, une femme de la suite de Glumdalclitch me leva très-officieusement pour me mettre dans le navire ; mais il arriva que je glissai d'entre ses doigts, et je serais infailliblement tombé de la hauteur de quarante pieds sur le plancher, si, par le plus heureux hasard du monde, je n'eusse pas été arrêté par une grosse épingle qui était fichée au tablier de cette femme : la tête de l'épingle passa entre ma chemise et ma ceinture, et je restai suspendu en l'air jusqu'à ce que Glumdalclitch accourût.

Dans la même semaine, un des domestiques, dont la fonction était de remplir mon auge d'une eau fraîche tous les trois jours, fut si négligent, qu'il laissa échapper de son seau une grenouille. Or, la grenouille se tint cachée au fond de cet océan jusqu'à ce que je fusse dans mon navire ; alors, voyant un endroit pour se reposer, elle grimpe sur le tillac et le fait pencher de telle sorte, que je me trouvai forcé de faire le contre-poids de l'autre côté ; sinon tout était perdu, le navire coulait et disparaissait dans le gouffre. A la fin, je l'emportai sur cette horrible bête, et je l'obligeai à coups de rames à déguerpir.

Voici le plus grand péril que je courus dans ce royaume. Glumdalclitch m'avait enfermé au verrou, dans son cabinet, étant sortie pour rendre une visite à la première dame d'honneur, madame de l'Étiquette ! Le temps était très-chaud, et la fenêtre était ouverte ; ouvertes, les fenêtres et la porte de ma maison portative. Pendant que j'étais assis, paisible et rêveur, songeant à ma femme, à mes enfants, j'entendis quelque chose entrer dans le cabinet et sauter çà et là. Quoique je fusse alarmé, j'eus pourtant le courage de regarder dehors, mais sans abandonner mon siége, et... Dieu du ciel ! je vis un animal capricieux bondissant et sautant de tous côtés. De gambade en gambade il s'approcha de ma boîte et la regarda avec une apparence de plaisir et de curiosité, mettant sa tête à la porte, à chaque fenêtre. En vain, je me blottis dans le coin le plus reculé de mon logis ; cet animal... un singe, allait çà et là, regardant d'un côté, regardant de l'autre, et, quand il posa sa tête énorme à ma fenêtre, oh ! j'en conviens, son horrible aspect me causa une telle frayeur, que je n'eus pas la présence d'esprit de me cacher sous mon lit, comme je pouvais le faire assez facilement. Après bien des grimaces et des gambades, il me découvrit, et, fourrant une de ses pattes par l'ouverture de la porte, comme fait un chat qui joue avec une souris, quoique je changeasse souvent de lieu pour me mettre à couvert de son atteinte, il me saisit par les pans de mon justaucorps (du drap de ce pays, épais et très-fort), et d'une irrésistible impulsion, il me tira hors de ma demeure. Hélas ! j'appartenais au singe.

Il me prit dans sa patte droite, et me tint comme une nourrice un enfant qu'elle allaite, et de la même façon que j'ai vu la même espèce d'animal faire avec un jeune chat, en Europe. Si je me débattais, il me pressait à m'étouffer... Bon gré, mal gré, je me résignai à passer par tout ce qu'il lui plairait. J'ai quelque raison de penser qu'il me traitait comme un petit singe ; avec son autre patte il flattait doucement mon visage.

Il fut tout à coup interrompu par un bruit à la porte du cabinet, comme si quelqu'un eût tâché de l'ouvrir. Soudain il saute à la fenêtre par laquelle il était entré, et de là sur les gouttières, marchant sur trois pattes et me tenant dans la quatrième, il alla jusqu'à ce qu'il eût grimpé à un toit attenant au nôtre. En ce moment j'entendis jeter des cris pitoyables à la triste Glumdalclitch. La pauvre fille était au désespoir, et ce quartier du palais se trouva tout en tumulte : on se hâte, on s'empresse, on appelle, et de tous côtés les domestiques ahuris, cherchent des échelles. Mais mon singe, à l'abri de l'escalade, était bien tranquillement assis sur le faîte du palais ; il me tenait comme une poupée, et me donnant à manger, fourrait dans ma bouche quelques viandes qu'il avait attrapées, et me tapait si je résistais à ses bombances. Certes, je ne riais pas ; mais la canaille qui me regardait d'en bas riait à se tordre, en quoi elle n'avait pas tort : excepté pour moi, la chose était plaisante. Quelques-uns jetèrent des pierres, dans l'espérance de rebuter ce maudit animal, mais bien vite on défendit de jeter les plus petits cailloux... un de leurs grains de sable m'eût brisé la tête sans rémission.

A la fin, des échelles furent appliquées, et plusieurs hommes montèrent jusqu'au mur. Aussitôt le singe effrayé décampa, me laissant tomber sur une gouttière. Un des laquais de ma petite maîtresse, honnête garçon, grimpa jusque-là au risque de se casser le cou, et, me mettant dans la poche de sa veste, il me fit descendre en sûreté.

J'étais presque suffoqué des ordures que le singe avait fourrées dans mon gosier ; mais ma chère petite maîtresse me les fit rendre et me soulagea. J'étais si faible et si froissé des embrassades de cet animal, que je fus obligé de garder le lit quinze jours. Le roi et toute la cour envoyèrent pour demander des nouvelles de ma santé ; la reine me fit plusieurs visites, pendant ma maladie, et du singe on fit un exemple : un décret fut porté, faisant défense d'entretenir désormais aucun animal de cette espèce aux alentours du palais. La première fois que je me rendis auprès du roi, ma santé rétablie, pour le remercier de ses bontés, il me fit l'honneur de me railler sur cette aventure. Il riait du grand singe et du petit homme. Il me demanda quels étaient mes sentiments et mes réflexions entre les pattes de ce bandit ; de quel goût étaient les viandes qu'il me donnait, et si l'air frais que j'avais respiré sur le toit n'avait pas aiguisé mon appétit. « Mais, dit-il, vous autres, puisque vous êtes des hommes, vous avez des singes qui se moquent de vous. Comment donc agissez-vous les uns vis-à-vis des autres ? Quel animal est le plus fort, le plus intelligent, le plus hardi ? Même à taille égale, il me semble que le pari serait mauvais de parier pour vous, mon petit ami ! » En souriant de ces belles paroles, je répondis à Sa Majesté qu'en Europe nous n'avions point de singes, excepté ceux qu'on apportait des pays étrangers, et qui n'étaient point à craindre. A l'égard de cet animal énorme auquel je venais d'avoir affaire (il était sans rien exagérer, aussi gros qu'un éléphant), si la peur m'avait permis d'user de mon sabre (à ces mots je pris un air superbe et portai la main sur la poignée de mon sabre) quand il a fourré sa patte dans ma chambre, peut-être aurais-je occasionné à cette bête une telle blessure, qu'elle eût été bien aise de la retirer plus promptement qu'elle ne l'avait avancée. Je prononçai ces mots avec un accent martial, en véritable Anglais digne d'appartenir à un peuple de philosophes, de héros et de chercheurs de nouveaux mondes. Voyez cependant quelle bravoure en pure perte ! Un si beau discours ne produisit rien qu'un éclat de rire, et tout le respect dû à Sa Majesté ne put arrêter les rieurs ; ce qui me donna à penser sur la vanité du point d'honneur, et la maladresse de faire, comme on dit en France, *blanc de son épée*, et de se vanter devant les géants, quand on est soi-même un pygmée. Or, ce qui m'arriva, je l'ai vu souvent en Angleterre, où tel croquant va trancher du petit seigneur et prendre un air d'importance avec les plus grands du royaume, parce qu'il saura jouer du clavecin.

Ainsi je fournissais tous les jours le sujet de quelque conte ridicule ; elle-même, Glumdalclitch, ma meilleure amie, assez volontiers se donnait la peine d'instruire la reine quand je faisais quelque sottise qu'elle croyait de force à réjouir Sa Majesté. Par exemple, étant descendu de carrosse à la promenade, où j'étais avec Glumdalclitch, porté par elle dans ma boîte de voyage, je me mis à marcher : il y avait dans la rue une bouse de vache, et je voulus, pour montrer mon agilité, sauter par-dessus l'obstacle, à pieds joints. Patatras ! je tombai au milieu, et j'en eus jusqu'aux genoux ! Je me tirai de là avec peine, et l'un des laquais me nettoya comme il put, avec son mouchoir. La reine, instruite de cette aventure fâcheuse, en fit des gorges chaudes, et jusqu'à l'antichambre, tout s'en divertit dans le palais.

# CHAPITRE VI

Différentes inventions de Gulliver pour plaire au roi et à la reine. — Le roi daigne s'informer de l'état de l'Europe. — Observations du roi sur la politique des peuples civilisés.

C'était ma coutume : une ou deux fois la semaine, j'assistais au petit lever ; je voyais raser le roi, non pas certes sans pâlir et sans trembler, le rasoir du barbier étant près de deux fois plus long qu'une faux. Sa Majesté, selon l'usage du pays, n'était rasé que deux fois par semaine. Je demandai au barbier quelques poils de la barbe royale : il me les accorda très-volontiers.

Sur un petit morceau de bois, je fis plusieurs trous à distance égale, et j'attachai les poils si adroitement, que je m'en fis un peigne, et j'en fus bien heureux : le mien s'était perdu dans la bagarre avec le singe, et pas un ébéniste du pays n'avait osé entreprendre un ouvrage à ce point impossible et délicat.

Je me souviens aussi d'un amusement que je me procurai vers le même temps. Je priai une des femmes de chambre de la reine de recueillir les cheveux fins qui tombaient de la tête de Sa Majesté quand on la peignait et de me les donner. J'en amassai une quantité considérable ; alors, prenant conseil de l'ouvrier qui avait reçu ordre de faire tous les petits ouvrages que je lui commanderais, je lui donnai des instructions pour me disposer deux fauteuils de la grandeur de ceux qui se trouvaient dans ma boîte, et les percer de plusieurs petits trous avec une alène imperceptible. Aussi bien, sitôt que les pieds, les bras, les barres et les dossiers des fauteuils furent prêts, je composai le fond avec les cheveux de la reine, et j'en fis des fauteuils pour l'été, semblables aux fauteuils de canne dont nous nous servons en Angleterre. J'eus l'honneur d'offrir ces bagatelles à Sa Majesté, qui les posa sur une étagère comme un objet de curiosité.

Elle voulut un jour me faire asseoir dans un de ces fauteuils ; mais je m'en excusai, protestant que je n'étais pas assez téméraire pour appliquer ma personne sur de respectables cheveux qui avaient orné une tête royale. Comme j'avais du génie pour la mécanique, et que la Nécessité, institutrice de tous les arts, avait fait de Gulliver un inventeur, je tressai de ces cheveux une petite bourse admirable et longue environ de deux aunes, avec le nom de Sa Majesté tissu en lettres d'or, que je donnai à Glumdalclitch, du consentement de la reine.

Le roi, qui aimait fort la musique, avait très-souvent des petits concerts de chambre auxquels j'assistais, placé dans ma boîte. Mais le bruit même des violons et des flûtes (on avait supprimé trompettes et tambours) était si grand, que je ne pouvais guère distinguer les accords. Tenez pour certain que tous les tambours et trompettes de notre armée, battant et sonnant à la fois, ne produiraient guère plus de bruit qu'une de leurs musettes. Ma coutume était de faire placer ma maison loin de l'endroit où chantaient les basses, de fermer les portes et les fenêtres, et de tirer les rideaux. Grâce à ces précautions, en bouchant mes oreilles de mes deux mains, je ne trouvais pas leur musique désagréable.

J'avais appris pendant ma jeunesse à jouer du clavecin. Glumdalclitch en avait un dans sa chambre, et deux fois par semaine elle prenait une leçon de musique. La fantaisie me prit de régaler le roi et la reine d'un air anglais sur cet instrument. Mais le moyen? Le plus modeste instrument était long de soixante pieds, et les touches larges d'un pied, de telle sorte qu'avec mes deux bras bien étendus je ne pouvais atteindre à plus de cinq touches. Enfin, pour tirer un son, il me fallait toucher à grands coups de poing! Pourtant voici le moyen dont je m'avisai. J'accommodai deux bâtons de la grosseur d'une canne ordinaire, et je couvris le bout de ces bâtons d'une peau de souris, afin de ménager les touches et le son de l'instrument. Ceci fait, je plaçai un banc vis-à-vis, sur lequel je montai, et par le moyen de cet escabeau, me voilà sur le champ de musique, et marchant en *mi bémol*, et courant en *fa dièze*, et frappant le clavier de mes deux bâtons en *ut*, je vins à bout de jouer une gigue anglaise, à la satisfaction de Leurs Majestés. Mais il faut convenir que je ne fis jamais d'exercice plus violent.

Le roi (je l'ai déjà dit) était un prince intelligent et curieux de toute chose; il ordonnait souvent que l'on m'apportât au palais et que l'on me posât sur son bureau. Alors il me commandait de tirer une de mes chaises hors de la boîte et de m'asseoir de sorte que je fusse au niveau de son visage. Or, dans ce tête-à-tête incroyable, j'eus plusieurs conférences avec ce grand prince. Un jour je pris la liberté de lui dire que le mépris qu'il avait conçu pour l'Europe et pour le reste du monde ne me semblait pas répondre aux rares qualités d'esprit dont il était orné ; que la raison était indépendante de la grandeur du corps. Au contraire, nous avions observé dans notre pays, nous autres, les philosophes, que les personnes de haute taille n'étaient pas toujours les plus ingénieuses ; que parmi les animaux, les abeilles et les fourmis avaient la réputation d'avoir le plus d'industrie et de sagacité ; enfin, quelque peu de cas qu'elle fît de ma figure, j'espérais rendre à Sa Majesté de grands services. Le roi m'écoutait avec attention, et commençait à me regarder d'un autre œil.

« Ouais ! disait-il à part soi, ce petit être a vraiment plus d'intelligence qu'il n'est gros. »

C'est pourquoi, par les progrès que chaque jour je faisais dans son esprit, ce prince excellent m'ordonna de lui faire une exacte relation du gouvernement d'Angleterre. « Au fait, me dit-il, peut-être as-tu raison ; il ne faut pas mépriser les tout petits peuples, ils peuvent être d'un bon exemple et d'un bon conseil ! Moi-même, imbu de nos maximes d'État et tout persuadé que je suis de commander à une nation parfaite et d'être en même temps le chef d'un gouvernement sans rival, je ne serais pas fâché de savoir les belles parties (s'il en est) du gouvernement anglais. Parle hardiment, et t'explique à ton bon plaisir ; je t'écoute. »

A ce discours plein d'une bonhomie et d'une modestie ineffables, imaginez-vous, mon cher lecteur, combien je désirai d'avoir le génie et la langue de Démosthène et de Cicéron, pour parler dignement de l'Angleterre, ma patrie, et pour donner une idée de sa grandeur !

Je commençai par dire à Sa Majesté que nos États se composaient de deux îles, qui formaient trois puissants royaumes, sous un seul souverain, sans compter nos colonies en Amérique. Je m'étendis fort sur la fertilité de notre terrain et la température de notre climat. Je décrivis ensuite la constitution du Parlement anglais, composé en partie d'un corps illustre appelé la *Chambre des Pairs*, personnages du sang le plus noble, anciens possesseurs des plus belles terres du royaume. En même temps, je racontais de quels soins minutieux leur éducation était entourée, en tout ce qui se rapporte aux sciences, aux armes, à l'éloquence, à la politique ; et que de peines et d'études pour les rendre capables d'être conseillers-nés du roi et du royaume, d'avoir une part dans l'administration, d'être un jour membres de la plus haute Cour de justice, dont les arrêts sont sans appel. Tels étaient les défenseurs zélés de la couronne et de la commune patrie, et de très-bonne heure ils se distinguaient par leur valeur, par leur fidélité, par leur connaissance approfondie des lois les plus anciennes du Royaume-Uni, qui remontent à la conquête de Guillaume le Bâtard. Ainsi je signalais nos seigneurs, l'ornement et la sûreté du royaume, les dignes successeurs de leurs ancêtres, dont les honneurs avaient été la récompense d'une vertu insigne. « Oui, sire, ils sont éternellement courageux, dévoués, prudents, magnanimes ; on n'a jamais vu leur postérité dégénérer. A ces seigneurs se sont joints plusieurs saints hommes, un peuple d'évêques, dont la charge particulière est de veiller sur la religion et sur ceux qui la prêchent au peuple. On cherche et l'on choisit dans le clergé les plus saints et les plus savants hommes, pour les revêtir de cette éminente dignité. »

Peu à peu, m'animant par degrés au spectacle enchanteur de ce gouvernement modèle, et plus jaloux d'imposer une admiration sincère à mon auguste auditeur que de me maintenir dans la limite étroite de la vérité : « Admirez, sire ! admirez qu'après les seigneurs, le peuple arrive aux affaires. C'est très-beau, la Chambre des Lords ; mais il ne faut guère moins admirer la *Chambre des Communes*, composée d'hommes habiles, choisis librement, et députés par le peuple même, uniquement pour leurs lumières, leurs talents et leur amour de la patrie, afin de représenter la sagesse de toute la nation. Le monde entier, si Votre Majesté le pouvait interroger, lui répondrait que la réunion de ces deux sénats représente, en tous lieux, la plus auguste assemblée de l'univers ; de concert avec le prince, elle dispose et règle en quelque sorte la destinée de tous les peuples européens. »

Ce n'est pas tout (car je voulais que le susdit prince restât écrasé sous la plus écrasante admiration), après avoir expliqué le mécanisme et l'équilibre de nos Chambres, combinées avec nos pairies, j'en vins à parler des Cours de justice, où se tenaient de vénérables interprètes de la loi, arbitres souverains entre les différentes contestations des particuliers, châtiant le crime et protégeant l'innocence. Je ne manquai pas de parler de la sage et économique administration de nos finances, et de m'étendre sur la valeur et les exploits de nos guerriers de mer et de terre. Je supputai le nombre infini du peuple, en comptant combien il y avait de millions d'hommes de différentes religions et de différents partis politiques. Je finis par raconter ce que je savais de nos plaisirs, de nos fêtes, de nos élégances. Je lui parlai de Shakspeare, un demi-dieu dont la voix puissante évoquait les morts, brisait les sceptres : « Il ôte, il rend à son gré la couronne. Il est Dieu ! » Et je finis par un récit très-historique des dernières révolutions d'Angleterre, depuis environ cent ans.

Cette conversation dura cinq audiences, fut de trois heures chaque audience ; le roi m'écoutait avec grande attention, écrivant l'extrait de toute chose, et marquant en même temps les questions à m'adresser.

Quand j'eus achevé mes longs discours, Sa Majesté, dans une sixième audience, examinant ses extraits, me proposa plusieurs doutes et de fortes objections sur chaque article. Elle me demanda quels étaient les moyens ordinaires de cultiver l'esprit de notre jeune noblesse ; quelles mesures l'on prenait quand une maison noble venait à s'éteindre, ce qui devait arriver de temps en temps ; quelles si rares qualités étaient nécessaires à ceux qui devaient rentrer dans les pairies ? Qui les donne ? A qui sont-elles données ? Suffit-il d'un caprice de Son Altesse ou d'une somme d'argent donnée à propos à quelque dame de la cour, voire à un favori, ou même le dessein de fortifier un parti opposé au bien public ? Le roi trouvait, dans son bon sens, que la pairie anglaise était une grosse affaire. En même temps, il s'informait si vraiment, pour tant de priviléges accordés aux nouveaux seigneurs, l'État exigeait de plus grandes études, plus de science avec plus de vertus que n'en avaient les autres hommes ? Il voulait savoir si ces élus de la fortune et de la nature étaient plus que les simples mortels purgés d'ambition, de vanité, d'avarice et de toutes mauvaises passions. Il eût voulu savoir, en même temps, si les saints évêques dont j'avais parlé parvenaient toujours à ce haut rang par leur science théologique et par la sainteté de leur vie, et s'ils n'avaient jamais eu de faiblesses ; s'ils n'avaient jamais intrigué, lorsqu'ils n'étaient que de simples prêtres ; s'ils n'avaient pas été au préalable aumôniers d'un seigneur qui les avait bombardés au banc épiscopal, avec cette espérance que cet évêque servile obéirait, de toute son âme, aux moindres désirs de son maître et seigneur.

Même, en sa prévoyance, avec tous les instincts d'un chef de l'opposition, le bon roi voulut savoir comment on s'y prenait pour l'élection de ceux que j'avais appelés les *Communes* : si jamais, au grand jamais, un courtier d'élections, un marchand de fumée et de popularité, un harangueur de place publique, à force de prodiguer sa viande et son vin, les flatteries et l'argent, n'avait gagné le suffrage intéressé de la plèbe électorale, et poussé au gouvernement de ce pays libre un traître, un coquin, un prêteur de serments, un marchand de sa conscience et de son propre honneur qui, par toutes ses manigances, prenait le pas sur les hommes les plus riches, les plus honnêtes et les plus qualifiés.

« D'où vient, disait-il encore, une si violente passion d'être élu pour l'assemblée du Parlement, puisque cette élection était l'occasion d'une très-grande dépense et ne rendait rien ? » Il fallait donc que ces élus fussent des hommes d'un désintéressement parfait et d'une éminente vertu ; ou bien ils comptaient être indemnisés et remboursés avec usure par le prince et par ses ministres, en leur sacrifiant le bien public. Sa Majesté me proposa sur cet article des difficultés insurmontables, que la prudence, ici, ne me permet pas de répéter.

Sur ce que je lui disais de nos cours de justice, Sa Majesté voulut être éclairée sur plusieurs articles. J'étais assez en état de la satisfaire, ayant été presque ruiné à suivre un long procès à la chancellerie. Et pourtant, par un suprême arrêt, j'avais gagné mon procès de point en point !

« J'aime assez, me dit le roi, les apparences de votre justice, encore faudrait-il savoir combien de temps on emploie ordinairement à mettre une affaire en état d'être jugée. Il importe aussi de s'informer s'il en coûte beaucoup pour plaider ; s'il est permis à vos avocats de défendre des causes évidemment injustes ; si l'on a jamais remarqué que l'esprit de parti et de religion ait fait pencher la balance du côté du plaideur le plus recommandé. Là, voyons, mon ami, ta petite main sur ta petite conscience, oserais-tu jurer que tes avocats soient animés du pur sentiment de la justice, qu'ils aient pâli sur l'étude et les commentaires de leurs lois fondamentales, et qu'ils n'aient jamais donné une seule entorse au bon droit ? Ça doit être assez beau, j'en conviens, ce spectacle d'une justice éclairée et constante, et la même pour tous ! »

Ensuite, il s'attachait à me questionner sur l'administration des finances ; il me dit qu'il croyait que je m'étais mépris sur cet article, parce que je n'avais fait monter les impôts qu'à cinq ou six millions par an ; que cependant la dépense de l'État allait beaucoup plus loin, et que, sans nul doute, elle excédait la recette, et de beaucoup.

« Non, non, me disait-il, je ne saurais accepter vos explications financières, et jamais vous ne me ferez comprendre qu'il soit permis à un royaume d'empiéter sur l'avenir comme un simple particulier. La dette est une dette, après tout ; non payée, elle augmente, elle double ; elle amène une suite incalculable de désastres. Vous devez ! mais à qui ? Comment payez-vous ? dans quels délais ? avec quel argent ? »

Il n'était pas moins étonné du détail que je lui avais fait

de nos guerres et des énormes dépenses qu'elles entraînaient. Il fallait, disait-il, que nous fussions un peuple inquiet et querelleur, ou que nous eussions de bien mauvais voisins. « Qu'avez-vous à démêler hors vos îles ? Devez-vous avoir d'autres affaires que celles de votre commerce ? Eh ! de quel droit songer à des conquêtes inutiles ? Enfin, quelle tâche est meilleure que de bien garder vos ports et vos côtes ? » Ce qui l'étonna fort, ce fut d'apprendre aussi que nous entretenions une armée, une flotte, en pleine paix, au milieu d'un peuple libre ! Il disait que si nous étions vraiment gouvernés de notre propre consentement, il ne pouvait s'imaginer de qui nous avions peur et quel intime ennemi nous avions à combattre. Il demandait si la maison d'un particulier ne serait pas mieux défendue par lui-même, par ses enfants et les serviteurs nés sous son toit, que par une troupe de fripons et de coquins, tirés au hasard de la lie du peuple, avec un salaire aussi misérable que leur fortune, et qui pourraient gagner cent fois plus en coupant la gorge aux citoyens qu'en se faisant tuer pour des gens qui les payaient si mal.

Il rit beaucoup de ma bizarre arithmétique à supputer le nombre de notre peuple, en calculant les différentes sectes qui sont parmi nous, en politique, en religion.

Il avait été frappé de mon discours à propos des cartes, dés, paris, et autres jeux de commerce ou de hasard par lesquels bourgeois et seigneurs *tuaient* le temps. Il voulut savoir à quel âge ce divertissement était pratiqué, à quel âge on le quittait, combien d'heures on y consacrait, s'il n'altérait pas quelquefois la fortune des particuliers, et ne faisait pas commettre une foule de coquineries. Il cherchait à s'expliquer par quel funeste compromis le jeu associait des coquins aux honnêtes gens, des fourbes à des joueurs de bonne foi ? « Ça, disait-il, vos gouvernements ne voient-ils pas que jouer, c'est s'accoutumer à voir mauvaise compagnie, et se détourner de la culture de l'esprit et du soin des affaires domestiques ? Enfin, j'ai bien peur que, par tant de pertes successives, le plus honnête homme en arrive à pratiquer cette adresse infâme, à tendre pour son compte les piéges mêmes dans lesquels il est tombé ! »

Il était extrêmement étonné du récit que je lui avais fait de notre histoire du dernier siècle. Il y voyait un enchaînement horrible de conjurations, de rébellions, de meurtres, massacres, révolutions, exils, et des plus tristes résultats que l'avarice, l'esprit de faction, l'hypocrisie, la perfidie, la cruauté, la rage, la folie, la haine, l'envie, la malice et l'ambition aient jamais enfantés dans un monde oublieux des plus sages principes. « Ce que vous me dites là, reprenait le roi, n'appartient qu'à des brigands dans leur caverne, et je me demande où donc vous prenez cette urbanité, cette civilisation, ces merveilles dont vous êtes si fier. »

Sa Majesté, dans une autre audience, eut la bonté de récapituler la substance de tout ce que j'avais dit ; elle compara les questions qu'elle m'avait faites avec les réponses que j'avais données ; puis, me prenant dans ses mains et me flattant doucement, elle s'exprima en ces mots, que je n'oublierai jamais, non plus que la manière dont elle les prononça : « Mon petit ami Grildrig, vous avez fait un panégyrique extraordinaire de votre pays : vous avez fort bien prouvé que l'ignorance et le vice étaient, trop souvent, les qualités d'un homme d'État ; que vos lois sont éclaircies, interprétées et appliquées le mieux du monde par des gens que l'avarice et des alliances coupables poussent à la corruption des lois les plus saintes ! Je remarque enfin parmi vous une constitution de gouvernement qui, dans son origine, a peut-être été supportable ; mais le vice et l'ambition l'ont tout à fait défigurée. Il ne m'apparaît même pas, après toutes les preuves que vous m'avez données d'un gouvernement excellent, qu'une seule vertu soit requise pour parvenir à vos distinctions les plus honorables, à vos dignités les plus sérieuses. Comment donc ! vos hommes d'État se passent de probité, vos prêtres se passent de charité, vos juges de science, et vos soldats de courage ! Ah ! quel égoïsme en vos sénats ! quels nuages autour du trône, et partout que de mensonges ! Civilisés, tant que vous voudrez ; mais, à mes yeux, vous n'êtes que des barbares. Quant à toi, mon Poucet, tu as passé ta vie à voyager, et je crois bien que tu es innocent de tous ces crimes ; mais, par tout ce que tu m'as raconté sans y prendre garde, et par les réponses que je t'ai obligé de faire à mes objections, j'estime que la plupart de tes compatriotes sont la plus pernicieuse et la pire espèce et la plus abjecte de toutes les races d'insectes que la nature ait jamais fait ramper sur la surface de la terre ! »

# CHAPITRE VII

Zèle de Gulliver pour l'honneur de sa patrie. — Il fait une proposition avantageuse au roi. — Sa proposition est rejetée. — La littérature de ce peuple imparfaite et bornée. Leurs lois, leurs affaires militaires et les divers partis dans l'État.

Mon profond respect pour la vérité me défendait de rien adoucir de mes entretiens avec Sa Majesté. Ce même respect ne me permit pas de me taire, à ces paroles royales, dans lesquelles mon cher pays était indignement traité. J'éludais adroitement la plupart de ces questions, je donnais à toute chose le tour le plus favorable. Il me pressait des arguments d'une logique invincible ! Il était plein de ressources dans la discussion, retors à la réplique ; il voyait bien, il comprenait tout. Il ne me passait aucune divagation ; bref, comme on dit, il me serrait le bouton, chaque fois que je m'efforçais de cacher les infirmités, les difformités de ma patrie, et de poser sa vertu, sa beauté, dans leur jour le plus favorable. Or, voilà ce que je m'efforçai de faire en les différents entretiens que j'eus avec ce judicieux monarque. Il avait une certaine façon de vous empêtrer dans le tissu très-délié de ses raisonnements, à laquelle un maître raisonneur, appelé

Socrate, habile au degré suprême, eût infailliblement succombé.

Soyons juste ! on n'en saurait vouloir de ses méfiances à un chef d'État séparé du reste du monde, et parfaitement ignorant des mœurs et des coutumes des autres nations. Ce défaut de connaissance est... et sera toujours la cause de plusieurs préjugés. En vain, ce roi des grands hommes nous semble encore aujourd'hui un grand politique, un bon logicien. Il serait, j'en conviens, tout à fait ridicule que les idées de vice et de vertu d'un prince isolé fussent proposées pour règles et pour maximes infaillibles à des nations civilisées qui marchent au premier rang de la civilisation.

Pour confirmer ce que je viens de dire, et pour bien montrer les effets malheureux d'une éducation bornée, on rapporte ici une chose assez difficile à croire. Avec mon envie absurde, à tout prix, de gagner les bonnes grâces de Sa Majesté, je lui donnai avis d'une découverte faite depuis trois ou quatre cents ans, de certaine poudre ainsi faite et triturée, qu'une seule étincelle l'allumait de telle façon, qu'elle était capable de faire sauter en l'air des montagnes, avec un bruit et un fracas plus grands, certes, que le bruit du tonnerre. « Oui, sire, une quantité de cette poudre étant mise en un tube de bronze ou de fer, selon sa grosseur, pousse une balle de plomb, un boulet de fer, avec une si grande violence et tant de vitesse, que rien n'est capable de soutenir sa violence ! » En ce moment, je crois bien que le roi ne me crut guère. « Eh bien, sire, un seul boulet, poussé et chassé d'un tube de fonte par l'inflammation de cette poudre, aussitôt brise et renverse escadrons, bataillons, remparts, tours et tourelles ! Oui, sire, et cette poudre est un globe de fer lancé avec une machine qui brûle, écrase et ruine, en un clin d'œil, une ville, une armée. Éclair, foudre et tonnerre, et débris, tout cède et tout succombe.., un grain de poudre ! Or je sais les ingrédients de ce tonnerre, et s'il plaît à Votre Majesté, je lui donnerai ce secret terrible. Ainsi le rendant invincible, alors malheur à qui l'offense, à qui l'attaque et résiste à sa volonté ! Et pour conclure : avec les plus vils ingrédients, on arrive à fabriquer cette flamme obéissante, irrésistible ! Oui, sire !... un ordre, un mot de Votre Majesté : fusils, canons, obus, fusées, sapes, serpents et serpenteaux... tout un arsenal, avec les forces dont elle dispose, elle l'aura dans huit jours. »

Le roi, frappé de la description que je lui faisais, des effets terribles de ma poudre, en vain cherchait à comprendre comment un insecte, impuissant, tel que nous autres, les Européens de rien du tout, avait imaginé cette chose effroyable. « Ah ! disait-il en levant ses grandes mains jusqu'aux cieux, bête féroce, oses-tu donc parler à la légère de ces machines de carnage et de désolation ? » Il fallait, disait-il encore, que ce fût un mauvais génie, ennemi de Dieu et de ses ouvrages, qui en eût été l'auteur. Donc il protesta que si les nouvelles découvertes, dans la nature ou dans les arts, lui semblaient avantageuses, il aimerait mieux perdre à jamais la couronne que de faire usage d'un si funeste secret, et il me défendit, sous peine de mort, d'en faire part à aucun de ses sujets. Effet pitoyable des préjugés d'un prince ignorant !

Ce monarque, orné de toutes les qualités qui gagnent la vénération, l'amour et l'estime des peuples, d'un esprit juste et pénétrant, d'une sagesse active, d'une profonde science, et doué de talents admirables pour le gouvernement, ce prince adoré de son peuple, ô scrupule inconcevable ! un rien l'arrête ! un doute excessif et bizarre, dont nous n'avons jamais eu la moindre idée en Europe ! et il laisse échapper une occasion qu'on lui met entre les mains de se rendre le maître absolu de la vie et de la liberté et des biens de tous ses sujets ! Certains moralistes se rencontreront, j'en suis sûr, qui feront à ce prince ingrat une louange de sa modération ! A Dieu ne plaise cependant que je veuille abaisser les mérites de ce roi désintéressé ! Toutefois nous ne saurions justifier tant d'ignorance, en démontrant que ces malheureux peuples, privés de canons et de poudre à canon, étaient privés même de la politique, un grand art qui depuis si longtemps fait le bonheur du genre humain. Même, il me souvient, dans un entretien que j'eus un jour avec le roi, sur ce que je lui avais dit, par hasard, qu'il y avait parmi nous un grand nombre de volumes écrits sur l'art du gouvernement, Sa Majesté en conçut une opinion très-médiocre de notre esprit, ajoutant qu'il méprisait et détestait tout mystère ou raffinement, et toute intrigue dans les procédés d'un prince ou d'un ministre d'État. Il ne pouvait comprendre ce que je voulais dire par les *secrets du cabinet*. Il renfermait la science de gouverner dans les bornes les plus étroites, la réduisant au sens commun, à la raison de la justice, à la douceur, à la prompte décision des affaires civiles et criminelles, et d'autres semblables pratiques à la portée de tout le monde... une suite naïve de niaiseries qui ne méritent pas qu'on en parle. Enfin, il avança ce paradoxe étrange (il était chez lui, sur son trône, plus haut que la tour de Babel), que si, par une faveur nouvelle, un homme était assez habile, assez heureux pour augmenter de deux épis de blé ou d'un brin d'herbe la moisson prochaine, il aurait mérité beaucoup plus du genre humain, et rendrait un service plus essentiel à son pays, que toute la race de nos sublimes politiques.

La littérature, en ce pays, privé du grand art de la rhétorique, est assez peu honorée. On s'y contente de la morale, de l'histoire, de la poésie et des mathématiques ; c'est bien peu, pour des gens qui savent, comme nous, la théologie et le droit civil, les coutumes, le droit canon. Mais le peu qu'ils savent, il faut convenir qu'ils le savent bien. Moralistes austères, historiens judicieux, mathématiciens exacts, poëtes excellents... Mais quoi ! ils sont mauvais coiffeurs, mauvais danseurs et médiocres cuisiniers.

Ils ne sont pas même algébristes ! Ils n'entendent rien aux entités métaphysiques, aux abstractions, aux catégories ! Il me fut impossible absolument de les leur faire concevoir.

Dans ce pays, ignorant, ignoré, le croirez-vous, races futures ? il n'est pas permis de dresser une loi en plus de mots qu'il n'y a de lettres dans leur alphabet, qui n'est composé que de vingt-deux lettres : il y a même très-peu de lois qui s'étendent jusque-là. Elles sont toutes exprimées dans les termes les plus simples ; ces peuples ne sont ni assez vifs ni assez ingénieux pour y trouver plusieurs sens : c'est d'ailleurs un crime capital de chercher l'*esprit des lois*.

Ils possèdent de temps immémorial l'art de l'imprimerie, et l'on pense assez généralement qu'ils l'ont enseigné aux Chinois. Mais leurs bibliothèques ne sont pas volumineuses. La Bibliothèque Royale, qui est la plus nombreuse, est composée de mille volumes, rangés dans une galerie de douze cents pieds de longueur, où j'eus la liberté de lire à ma fantaisie. On posait le tome indiqué par moi sur la table, où j'étais porté. Je commençais par le haut de la page, et me promenais sur le livre même, à droite, à gauche, environ huit ou dix pas, selon la longueur des lignes, je reculais à mesure que j'avançais dans ma lecture. Et d'une page à l'autre ainsi, j'allais d'un pas ferme, et je tournais hardiment le feuillet à deux mains ; il était aussi épais, aussi roide qu'un gros carton.

Leur style est clair, mâle et doux, peu imagé. Ils ignorent la redondance et la période éloquentes, et les synonymes, tout ce qui sert à l'enflure, à l'emphase, à l'inutile ornement du discours. Je parcourus plusieurs de leurs livres, surtout les livres d'histoire et de morale. Entre autres, je lus avec plaisir un vieux petit traité qui était dans la chambre de Glumdalclitch. Ce livre était intitulé : *Traité de la faiblesse du genre humain* et n'était estimé que des femmes et du menu peuple. Cependant je fus curieux de voir ce qu'un auteur de ce pays pouvait dire en pareil sujet. Vraiment, il démontrait tout au long combien l'homme est peu en état de se mettre à couvert des injures de l'air ou de la fureur des bêtes sauvages ; combien il était surpassé par d'autres animaux en force, en vitesse, en prévoyance, en industrie. Il démontrait que la nature avait dégénéré dans ces derniers siècles, et qu'elle était incontestablement sur son déclin.

Il enseignait que les lois mêmes de la nature exigeaient que nous eussions été d'une taille plus grande et d'une complexion moins délicate. « Ah ! disait-il, nos pères étaient des géants, comparés à nous autres ! Nous avons donné le jour à des enfants qui n'ont déjà plus notre taille ; ils auront des fils plus petits qu'eux-mêmes ! »

Pauvre espèce ! un rien la tue ! Une tuile, une pierre, un coup de vent, un ruisseau à franchir ! De ces raisonnements, l'auteur tirait plusieurs applications utiles à la conduite de la vie, et moi, je ne pouvais m'empêcher de faire des réflexions morales sur cette morale même, et sur le penchant universel des hommes à se plaindre incessamment de la nature, à exagérer ses défauts. Ces géants se trouvaient petits et faibles ! Que sommes-nous donc, nous autres Européens ? Ce même auteur disait que l'homme était un ver de terre, et sa petitesse un sujet d'humiliation éternelle. Hélas ! que suis-je ? (ainsi me disais-je) un atome, en comparaison de ces hommes qui se disent si petits et si peu de chose !

Dans ce même livre, on démontrait la vanité du titre d'*Altesse* et de *Grandeur*. On riait de la *Majesté*, et combien il était ridicule qu'un homme, au plus de cent cinquante pieds de hauteur, osât se dire : haut et puissant seigneur des X*** et autres lieux. Que penseraient les princes et les grands seigneurs de l'Europe, s'ils lisaient ce livre, eux qui, avec cinq pieds et quelques pouces, prétendent, sans façon, qu'on leur donne à tour de bras de l'*Altesse* et de la *Grandesse* ? Pourquoi n'ont-ils pas exigé les titres de *Grosseur*, de *Largeur*, d'*Épaisseur* ? Au moins auraient-ils pu inventer un terme général pour comprendre au besoin toutes les dimensions, et se faire appeler *Votre Étendue !* On me répondra peut-être que ces mots *Altesse* et *Grandeur* se rapportent à l'âme, et non au corps. Mais pourquoi ne pas prendre aussi des titres plus marqués et plus déterminés à un sens spirituel ? Pourquoi pas, s'il vous plaît, *Votre Sagesse !* *Votre*

*Pénétration! Votre Prévoyance! Votre Libéralité! Votre Bonté! Votre Bon Sens! Votre Bel Esprit?* Ces belles et bonnes qualifications, bienséantes avec le véritable orgueil, eussent ajouté une ineffable aménité dans les rapports du prince et du sujet, dans les compliments du subalterne à son chef d'emploi, rien n'étant plus divertissant qu'un discours tout rempli de contre-vérités.

La médecine, la chirurgie et la pharmacie sont très-cultivées en ce pays-là. On me fit visiter un vaste édifice, assez semblable à l'arsenal de Greenwitch. C'était, bel et bien, une pharmacie! Et tant de boulets étaient... des pilules, et tant de canons étaient... des seringues! En comparaison, nos gros canons sont, en vérité, de petites coulevrines.

A l'égard de leur milice, on dit que l'armée du roi est composée de cent soixante-seize mille hommes de pied et trente-deux mille de cavalerie! Au fait, cette armée est composée de marchands et de laboureurs ; ils ont pour les commander les *pairs* et les *nobles*, sans aucune paye ou récompense. Ils sont à la vérité assez parfaits dans leurs exercices, et la discipline est très-bonne ; et quoi d'étonnant? Chaque laboureur est commandé par son propre seigneur, et chaque bourgeois par les principaux de sa propre ville, élus à la façon du conseil des Dix à Venise.

Je fus curieux de savoir pourquoi donc ce prince, dont les États sont inaccessibles, s'avisait de faire apprendre à son peuple la pratique de la discipline militaire. Et je l'appris bientôt par la tradition et par la lecture de leurs histoires. Voici la chose : pendant plusieurs siècles ils furent affligés de la maladie à laquelle tant d'autres gouvernements sont sujets, ces étranges maladies de la pairie et de la noblesse qui se disputent pour le pouvoir ; les maladies du peuple se disputant pour la liberté ; les fréquents accès du roi, pris soudain de cette espèce de fièvre maligne, appelée : le pouvoir absolu. Ces ambitions, l'une à l'autre si contraires, quoique sagement tempérées par les lois du royaume, ont parfois allumé des passions et causé des guerres civiles dont la dernière fut heureusement terminée par l'aïeul du prince régnant. Souvent aussi ces luttes étranges pour la domination ont perdu le peuple en le dépravant, perdu la royauté en l'isolant, perdu les seigneurs en les déshonorant.

Émeutes, révolutions, régicides, confiscations, échafauds, prisons, exils, telle était ta menue monnaie, ô politique !

C'était à qui sèmerait le plus de ruines et verserait le plus de sang dans ces sentiers traversés par le char des révolutions !

Donc il fallut un contrepoids à ces misères, une balance où seraient balancées toutes ces forces diverses... On inventa la milice ! La milice, en ce pays, est semblable aux armes de l'Angleterre... Des roses en peinture et des lions en action !

Et la milice aveugle et sourde... a remis tout en ordre, a tout sauvé.

## CHAPITRE VIII

Le roi et la reine font un voyage vers la frontière. — Comment Gulliver sort de ce pays, pour retourner en Angleterre.

J'avais toujours dans l'esprit que je recouvrerais quelque jour ma liberté. Par quel moyen? Je l'ignorais. Je comptais sur ma fortune et sur ma bonne étoile. Hélas! le vaisseau qui m'avait porté et qui avait échoué sur ces côtes était le premier navire européen qui eût approché de ces rocs formidables, les Acérauniens, et le roi avait donné des ordres très-précis, que si jamais il arrivait qu'un autre apparût, il fût envoyé, en toute hâte, avec tout l'équipage et les passagers, sur un tombereau, à Lorbrulgrud.

J'étais, il est vrai, traité d'une façon courtoise, et, favori de la reine, on m'appelait les *délices de la cour*. Mais cette faveur n'était guère bienséante avec la dignité de la nature humaine. Je ne pouvais d'ailleurs oublier tout à fait ces précieux gages que j'avais laissés chez moi. Enfin j'étais pris du vif désir de me retrouver parmi des peuples avec lesquels je me pusse entretenir d'égal à égal, et retrouver l'inappréciable liberté de me promener par les rues et par les champs, sans redouter d'être écrasé comme une grenouille, ou d'être le jouet d'un jeune chien. Ma délivrance arriva, grâce à Dieu, plus tôt que je ne m'y attendais, et d'une manière extraordinaire, ainsi que je vais le raconter avec toutes les circonstances de cet admirable événement.

Il y avait deux ans déjà que j'étais dans ce pays des fables. Au commencement de la troisième année, Glumdalclitch et moi étions à la suite du roi et de la reine, dans un voyage qu'ils faisaient vers la côte méridionale du royaume. On me portait à l'ordinaire dans ma maison de voyage, qui était un cabinet très-commode, à peu près large de douze pieds. On avait, par mon ordre, attaché le brancard à des cordons de soie aux quatre coins du haut de la boîte, afin que je sentisse moins les secousses un peu violentes du cheval sur lequel un domestique me portait devant lui. J'avais ordonné au menuisier de faire au toit de ma boîte une ouverture d'un pied carré ; le vasistas s'ouvrait et se fermait à ma volonté.

Arrivés au terme de notre voyage, le roi voulut passer quelques jours à sa maison de plaisance, proche de Flanflasnic, ville située à dix-huit milles anglais du bord de la mer. Glumdalclitch et moi nous étions bien fatigués, moi d'un rhume, et ma bonne Glumdal... (par abréviation, car les noms mêmes n'en finissaient pas) avait une fièvre ardente et gardait le lit. Si près de l'Océan, quel Anglais résiste à la tentation de tâter de l'eau salée ? Au fait, je fis semblant d'être un peu plus malade que je n'étais, et je voulus prendre l'air de la mer, avec un page, assez bon homme, à qui j'avais été confié quelquefois. Je n'oublierai jamais avec quelle répugnance Glumdalclitch y consentit, ni l'ordre qu'elle donna au page d'avoir soin de moi, ni les larmes qu'elle répandit. Le page obéissant me porta dans ma boîte, à une demi-lieue du palais, vers les rochers, sur le rivage de la mer. Je le priai de me mettre à terre, et, levant le châssis d'une de mes fenêtres, je contemplai tout à mon aise le vaste Océan. Que mon âme était triste ! Et quel tumulte, en ce moment, dans mon âme et dans mon cœur ! « Mon ami, dis-je au page, un peu de sommeil me ferait tant de bien ! » Il ferma la fenêtre, et bientôt je m'endormis. Tout ce que je puis conjecturer, c'est que, pendant que je dormais, ce page, oublieux des dangers que je pouvais courir, grimpa sur les rochers pour chercher des œufs d'oiseaux. Il était jeune, et folâtre aux jeux de son âge ; et puis j'avais cessé d'être une nouveauté pour tout ce monde, et je n'étais plus guère qu'un embarras. Mais voici que soudain je me réveille en sursaut. O terreur ! par une secousse violente donnée à ma boîte, je sentis qu'elle était portée en avant avec une vitesse prodigieuse. La première secousse m'avait presque jeté hors de mon brancard, mais le mouvement fut assez doux. Je criai de toute ma force... inutilement. Je regardai à travers ma fenêtre, et ne vis que des nuages. J'entendais un bruit formidable au-dessus de ma tête, assez semblable au battement de grandes ailes. Alors je commençai à comprendre le dangereux état où je me trouvais. Un aigle avait pris le cordon de ma boîte dans son bec, et sans doute il la laissera tomber sur quelque rocher, comme une tortue en sa carapace. Ils sont terribles, ces oiseaux de proie ! Odorat, courage et sagacité, rien ne manque à ces tyrans des airs ! Cette fois, j'étais perdu, bien perdu, et je remettais mon âme entre les mains de Dieu.

Bientôt, le bruit et le battement de ces grandes ailes aug-

Les tailleurs de Lilliput.

mentant beaucoup, ma boîte allait agitée çà et là, comme une enseigne de boutique par un grand vent. J'entendis plusieurs coups violents qu'on donnait à l'aigle, et puis... je me sentis tomber perpendiculairement pendant plus d'une minute, avec une vitesse incroyable. Ma chute amena une secousse terrible, qui retentit plus haut, à mes oreilles, que notre cataracte de Niagara. Puis le silence et l'abandon des ténèbres ! Et lentement ma carapace en bois se releva, et s'éleva si bien, que je voyais le jour par le haut de ma fenêtre.

Alors je reconnus que j'étais tombé dans la mer; et que ma boîte était flottante. Il n'y eut plus de doute, en ce moment, que l'aigle emportant mon humble logis avait été poursuivi de deux ou trois brigands de son espèce et contraint de lâcher sa proie. Il avait laissé l'empreinte ardente de ses terribles serres, sur l'enveloppe en fer de ma maison.

Ah ! comme, en ces terreurs, je regrettai l'aide et l'appui de ma chère Glumdalclitch, dont cet accident m'avait tant éloigné ! Au milieu de mes malheurs, je plaignais et regrettais ma chère petite maîtresse, et je pensais au chagrin qu'elle aurait de ma perte, au déplaisir de la reine. Je suis sûr qu'il y a très-peu de voyageurs qui se soient trouvés dans une situation aussi désespérée que celle où je me trouvais alors, attendant à chaque instant de voir ma boîte brisée, ou tout au moins renversée au premier coup de vent et submergée. Si un carreau de vitre se fût brisé dans la chute, c'en était fait de moi.

Ma fenêtre, heureusement, fut préservée par des fils de fer d'assez grosse dimension, destinés à me protéger contre les accidents du voyage... En peu d'instants, je vis l'eau pénétrer dans ma boîte par quelques petites fentes, que je bouchai de mon mieux. Hélas ! je n'avais pas la force de lever le toit de ma maison ; il résistait à tous mes efforts. Je me serais si bien assis sur mon toit, comme, au pont de sa frégate, un bon capitaine armé de son porte-voix !

Dans cette déplorable situation, j'entendis ou je crus entendre un bruit à côté de ma boîte, et bientôt après je commençai à m'imaginer qu'elle était tirée, et en quelque façon remorquée. En effet, l'onde amère atteignait ma fenêtre... en même temps qu'un secours inespéré m'arrivait... De l'une et de l'autre aventure j'avais peine à me rendre compte. A la fin, je montai sur mes chaises, et, m'approchant d'une fente qui s'était faite aux solives de ma maison flottante : *A l'aide ! au secours ! Pitié pour moi !* m'écriai-je en toutes les langues que je savais. Pour aider à ma plainte, j'attachai mon mouchoir à un bâton, et, le haussant par l'ouverture, je l'agitai plusieurs fois, afin que, si quelque barque était proche, les matelots fussent avertis qu'il y avait un malheureux mortel renfermé dans cet appareil.

Que mon appel fût entendu, que mon signal fût aperçu, c'était un doute. En revanche, il m'apparut évidemment que ma boîte était tirée en avant. Au bout d'une heure, je sentis qu'elle heurtait quelque chose de très-dur. Je craignis d'abord que ce fût un rocher, et j'en fus très-alarmé. J'entendis alors distinctement du bruit sur le toit de l'arche, un bruit de cordages, et pour le coup je me trouvai haussé peu à peu, au moins de trois pieds plus haut que je n'étais auparavant ; sur quoi je levai encore mon bâton et mon mouchoir, criant : A l'aide ! au secours ! à m'enrouer. A mes cris répondirent de grandes acclamations qui me donnèrent des transports de joie. En même temps j'entendis marcher sur mon toit, et quelqu'un appelant par l'ouverture : *Y a-t-il quelqu'un là-dedans ?* je répondis : « *Hélas, oui !* Je suis un pauvre Anglais réduit par la fortune à la plus grande calamité qu'aucune créature ait jamais soufferte ; au nom de Dieu, délivrez-moi de ce cachot. » La voix me répondit : « Rassurez-vous, vous n'avez rien à craindre, votre boîte est attachée au vaisseau, et le charpentier va venir pour faire un trou dans le toit, et vous tirer dehors. » Je répondis que cela demanderait trop de temps ; qu'il suffisait que quelqu'un de l'équipage mît son doigt dans le cordon, afin d'emporter la boîte hors de la mer dans le navire, et dans la chambre du capitaine. Quelques-uns d'entre eux, m'entendant parler ainsi, pensèrent que j'étais un pauvre insensé ; d'autres en rirent de tout leur cœur. Je ne pensais pas que j'étais redevenu un vulgaire citoyen parmi des hommes de ma taille et de ma force. En peu d'instants, le charpentier, poussé par la curiosité non moins que par la sympathie, eut vite fait un trou au sommet de ma boîte, et me présenta une petite échelle, sur laquelle je montai. Or c'était tout ce que je pouvais faire, à bout que j'étais de mes forces, en touchant ce navire hospistalier.

Les matelots, le capitaine, et même le subrécargue, un esprit fort, ne revenaient pas de leur surprise, et me firent mille questions auxquelles je ne savais que répondre. En ce moment (tant l'habitude est une seconde nature), il me semblait que j'étais tombé au milieu de pygmées, mes yeux étant accoutumés aux objets monstrueux que je venais de quitter. Mais le capitaine, M. Thomas Wiletcks, honnête homme, homme d'honneur, originaire du Shropshire, remarquant que j'étais près de me trouver mal, me fit entrer dans sa chambre ; il me donna un cordial et me fit coucher sur son lit, me conseillant de prendre quelques heures de repos, dont j'avais grand besoin. Avant que je m'endormisse, je lui fis entendre que j'avais des meubles précieux dans ma boîte, un brancard superbe, un lit de campagne, une table, une armoire ; que ma chambre était tapissée, ou, pour mieux dire, matelassée d'étoffes de soie et de coton ; que, s'il voulait ordonner à quelqu'un de son équipage d'apporter ma maison dans sa cabine, je lui montrerais mes meubles. Le capitaine, entendant ces absurdités, jugea que j'étais fou. Toutefois, pour me complaire, il promit que l'on ferait ce que je souhaitais, et, montant sur le tillac, il envoya, en effet, quelques-uns de ses gens pour visiter cette étrange épave.

Je dormis quelques heures d'un sommeil troublé par l'idée du pays que j'avais quitté et du péril que j'avais couru. A mon réveil, je me retrouvai calme et reposé. Il était huit heures du soir, le capitaine ordonna qu'on me servît à souper, et me régala avec beaucoup d'honnêteté, remarquant néanmoins que j'avais les yeux égarés. Quand on nous eut laissés seuls, il me pria de lui faire un récit abrégé de mes voyages, et de lui apprendre par quel accident j'avais été abandonné au gré des flots, dans cette arche de Noé. « Il pouvait être midi et quelques minutes, me dit-il, et nous allions bon vent, quand j'aperçus au bout de ma lunette une espèce d'embarcation qui semblait venir à nous. Bon, me dis-je, elle aura peut-être à nous vendre une ou deux caisses de biscuit ; et je fais stopper... A la fin, j'ai bien reconnu que la chaloupe était une espèce de citadelle flottante, et j'ai envoyé, non sans peine, mes matelots, afin de la prendre à la remorque. Ils ont eu peur, ils ont poussé de grands cris... et je suis venu à leur aide. »

Voilà comme, après avoir ramé autour de la grande caisse et en avoir fait le tour plusieurs fois, il avait remarqué ma fenêtre ; alors il avait commandé d'approcher de ce côté-là, puis, attachant un câble à l'une des gâches de la fenêtre, il avait vu mon bâton et mon mouchoir hors de l'ouverture. « Hâtons-nous, dit-il à ses gens, un homme est là-dedans, qui nous appelle et nous implore ! — Et, repris-je, a-t-il échappé à votre observation que des oiseaux prodigieux volaient dans les airs, juste au moment où vous m'avez découvert ? » A quoi il répondit que, tout à l'heure, interpellant ses matelots au sujet de ces oiseaux prodigieux, un d'entre eux lui avait dit qu'il avait observé trois aigles volant vers le nord ; mais il n'avait point remarqué qu'ils fussent plus gros qu'à l'ordinaire, ce qu'il faut imputer, sans doute, à la grande hauteur où ils se trouvaient ; et aussi ne put-il deviner pourquoi je faisais cette question. Après quoi je demandai au capitaine de combien il croyait que nous fussions éloignés de terre... Il répondit que par le meilleur calcul qu'il eût pu faire, nous en étions éloignés de cent lieues. Je l'assurai qu'il s'était certainement trompé de la moitié, parce que je n'avais pas quitté le pays d'où je venais plus de deux heures avant que je tombasse dans la mer. Sur quoi il en revint à son idée fixe, que mon cerveau était troublé, et me conseilla de me remettre au lit, dans la cabine qu'il avait fait préparer pour moi. Je l'assurai que j'étais bien rafraîchi de son bon repas et de sa gracieuse compagnie, et que j'avais l'usage de mes sens et de ma raison aussi parfaitement qu'homme du monde. « Là, voyons, me dit-il, ayez confiance, et dites-moi si, par malheur, votre conscience est bourrelée de quelque horrible crime, pour lequel vous auriez été, par l'ordre exprès de quelque prince, claquemuré dans cette caisse, comme autrefois les criminels, en certains pays, étaient abandonnés à la merci des flots, dans un vaisseau sans voiles et sans vivres ? Allons, un peu de franchise ! et, nonobstant le mauvais présage et le chagrin d'avoir souillé ma goëlette de la présence d'un scélérat, comme, après tout, la misère est sacrée, eh bien, je vous jure ici, sur ma parole d'honneur, de vous mettre à terre au premier port où nous arriverons. » Il ajouta que ses soupçons s'étaient augmentés par les discours absurdes que j'avais tenus d'abord aux matelots, ensuite à lui-même, en leur proposant de hisser sur le tillac toute une maison. Mon attitude effarée, et mes grands yeux étonnés, avaient confirmé le bon capitaine dans la mauvaise opinion qu'il avait de moi. Étais-je un criminel ? étais-je un insensé ? J'étais l'un ou l'autre, assurément.

Je le priai d'avoir la patience d'entendre le récit de mon histoire, et je lui fis un récit très-fidèle de mes étranges aventures, depuis mon funeste départ de l'Angleterre jusqu'au moment où il m'avait découvert. Et, comme la vérité s'ouvre un passage dans les esprits raisonnables, cet honnête gentilhomme (il avait un très-bon sens et n'était pas tout à fait dépourvu de lettres) fut satisfait de ma sincérité. D'ailleurs, pour confirmer tout ce que j'avais dit, je le priai de donner l'ordre de m'apporter l'armoire dont j'avais la clef ; je l'ouvris en sa présence, et lui fis voir toutes les choses curieuses, travaillées dans le pays même d'où j'avais été tiré par un miracle... Il y avait, entre autres merveilles, le peigne que j'avais formé des poils de la barbe du roi, et l'autre peigne, hardiment taillé par moi, dans une élégante et transparente rognure de l'ongle du pouce de Sa Majesté. Il y avait un paquet d'aiguilles et d'épingles longues d'un pied et demi ; la bague d'or que la reine m'avait donnée, et d'une façon très-obligeante, l'ôtant de son petit doigt et me la mettant au cou comme un collier. Je priai le capitaine de vouloir bien accepter cette bague en reconnaissance de ses honnêtetés, ce qu'il refusa absolument. Enfin, je le priai de considérer l'*inexpressible* que je portais alors, qui était faite de peau de souris.

Le capitaine, édifié complétement sur tout ce que je lui racontais, me dit qu'il espérait fort qu'après notre retour en Angleterre je voudrais bien écrire la relation de mes voyages, servitude et délivrance, et la donner au public. « Mais, capitaine, y pensez-vous ? L'Angleterre, en ce moment, est débordée par les livres de voyages : mes aventures passeront pour un roman et pour une fiction ridicules ; ma relation ne contiendra que des descriptions de plantes et d'animaux extraordinaires, de lois, de mœurs et d'usages bizarres ; je prendrai rang (tout au plus) parmi les faiseurs de *voyages imaginaires*, les faiseurs de romans, les bouffons dont on se moque et qu'on désigne en disant : *Voyez les menteurs !* Non, non, mon maître, à quoi bon parler pour ne pas être écouté, écrire pour ne pas être lu ? Pourquoi donc m'exposer à l'immédiate application du proverbe : *A beau mentir qui vient de loin ?* »

Je lui dis cela en criant *comme un sourd*. Sur quoi il me demanda si, des pays que je quittais, la reine était sourde et le roi était sourd.

A quoi je répondis en baissant le ton : « Mon Dieu, capitaine, c'est pure habitude. Il y a deux ans que je crie, et que j'ai cessé de parler. Mon oreille est aussi empêchée en ce moment que ma voix : il me semble que chacun me parle à l'oreille. Aux pays d'où je viens, j'étais un homme appelant dans la rue un autre homme huché sur un clocher. » Je lui dis que j'avais remarqué autre chose : en entrant dans son navire, et les matelots se tenant autour de moi rangés, ils me paraissaient des êtres infimes. « Oui, capitaine, il faut que je m'habitue et me déshabitue. A cette heure, je ne sais plus entendre et parler ; je ne me reconnais plus si je me regarde, tout m'étonne et me blesse. J'élève la voix, j'étends les mains, je fais des enjambées à passer par-dessus le bord, et je me coupe avec mon couteau.

— Ma foi, mon cher passager, reprit le bon capitaine, à qui si bien se confesse, accordons miséricorde. Et, s'il vous plaît, commencez par nous pardonner nos petites bouchées, nos petits pains, nos petites assiettes, nos petits plats, nos petits poulets, notre petit bateau. Vous quittez le royaume des géants, vous en avez encore le fumet. Quelle pitié que ce petit globe, au milieu de ce petit Océan, sous ce misérable petit soleil ! »

Il riait, je ris de bon cœur ! j'étais encore uniquement possédé des colosses avec lesquels j'avais vécu. Quel homme, ici-bas, ne s'oublie, aussitôt qu'il se trouve mêlé à quelque illustre compagnie ? Une fréquentation de vingt-quatre heures à la cour du premier roi venu, voilà notre homme, juché sur ses ergots, qui se dit à lui-même : « Comte (ou baron), je te salue !... » Et de rire ! Et le bon capitaine, faisant allusion au vieux proverbe anglais : « En tout cas, dit-il, monsieur le géant, vous avez *plus grands yeux que grand ventre*, et si vous ouvrez une grande bouche, encore y jetez-vous de petits morceaux. » Il ajouta qu'il aurait volontiers donné de sa petite poche cent livres sterling pour le plaisir de voir ma caisse au bec de l'aigle, et retomber d'une si grande hauteur dans la mer, beau spectacle et digne en effet d'être transmis aux siècles futurs.

Le capitaine, en revenant du Tonquin, faisait route vers l'Angleterre ; il avait été poussé vers le nord-est, à quarante-quatre degrés de latitude, à cent quarante-trois de longitude... Un vent hors de saison s'élevant deux jours après que je fus à son bord, nous fûmes poussés au nord plusieurs jours de suite ; et, côtoyant la Nouvelle-Hollande, nous fîmes route vers l'ouest-nord-ouest, et depuis au sud-ouest jusqu'à ce qu'enfin nous eussions doublé le cap de Bonne-Espérance. Ainsi, notre voyage fut un voyage heureux, j'en ferai grâce au lecteur. Le capitaine mouilla à un ou deux ports, et envoya sa chaloupe y chercher des vivres et faire de l'eau ; pour moi, je ne sortis point du vaisseau que nous ne fussions arrivés aux Dunes. Ce fut, je crois, si sa mémoire est fidèle, un samedi, le 3 juin 1706, environ neuf mois après ma délivrance. En quittant ma goëlette, je proposai au bon capitaine de laisser mes meubles en nantissement de mon passage... il protesta qu'il ne voulait rien recevoir. Sur quoi nous prîmes congé l'un de l'autre, avec de grandes amitiés des deux parts, lui me promettant de me venir voir à Redriff. Je louai cheval et guide pour un écu, que me prêta le capitaine.

Pendant le cours de ce voyage, en remarquant la petitesse des maisons, des arbres, du bétail et du peuple, je me croyais encore à Lilliput. J'avais peur de fouler à mes pieds les voyageurs que je rencontrais, et je criai souvent pour les faire reculer du chemin ; peu s'en fallut qu'une ou deux fois mon impertinence ne me coûtât cher.

Voilà donc ma maison ! La revoici ! Sous son humble toit est renfermé tout ce que j'aime : mes enfants, ma femme et mes chers souvenirs ! A la fin, me voilà délivré de ces créatures et de ces choses hors de proportion avec l'espèce humaine ! O bonheur ! je vais presser sur mon cœur des créatures à mon image ! C'est donc vrai ! Des mains me seront tendues, que je tiendrai dans ma main, des regards comprendront mes regards, des larmes répondront à mes larmes ! Je retrouve à la fois mon Dieu, mon roi, mon foyer domestique et les douces fleurs de mon jardin. Je suis un homme au milieu des hommes. Poëmes, chansons, festins, plaisirs, murmures, fêtes ineffables de la tendresse conjugale, enchantements de la sympathie avec les plantes, avec les étoiles, avec l'oiseau, avec mon chien de garde, avec le pauvre aussi, qui me salue et me tend une main que je puis remplir... Telle était l'extase, et telles étaient les fêtes du retour !

Pourtant, retrouvant ma douce et chère maison, j'eus de la peine à reconnaître mon toit domestique ; ouvrant la porte, je me baissai pour entrer, de crainte de me briser la tête au guichet. Ma femme accourut pour m'embrasser ; mais je me courbai plus bas que ses genoux, songeant qu'elle ne pourrait atteindre à mes lèvres. Ma fille, à mes genoux, demandait ma bénédiction ; je ne pus la distinguer que lorsqu'elle fut levée, ayant été depuis si longtemps accoutumé à me tenir debout, avec ma tête et mes yeux levés en l'air. Je regardai mes serviteurs, mes amis, comme s'ils avaient été des pygmées et que je fusse un géant.

Ainsi, dans mes grandeurs, j'avais misérablement perdu mes plus chères habitudes. J'étais devenu un véritable *Micromégas*, trop petit pour ceux-ci, trop grand pour ceux-là ! Mais bientôt je revins à ma simplicité première ; et, modeste et content, je finis par trouver que moi et mes semblables nous avions la taille véritable des créatures intelligentes : cinq pieds et quelques pouces, la taille de Newton, la taille de Cromwell et du prince Noir ; cinq pieds, la taille de la reine Élisabeth et de la duchesse de Portsmouth.

Et comme aux premiers jours de ma chère délivrance, insolent que j'étais, je dédaignais toute chose, en ce moment de simplicité, de bonhomie et de vérité avec moi-même, humble et rentré dans mon bon sens, j'aimais, j'admirais, je reconnaissais ma joyeuse Angleterre ! — un lac d'argent plein de cygnes qui chantent ! Et ma femme à mon bras, ma fillette à ma main, les arbres à mon front, le gazon à mes pieds, je rendais grâce au Ciel de tous ces biens à ma portée qui m'étaient rendus ; et je jurais de ne plus les quitter.

Un Dieu jaloux, un destin funeste, ont emporté mes serments avec les serments de Godolphin, le premier ministre, et de Son Altesse sérénissime le duc de Marlborough.

## TROISIÈME PARTIE

## LE
# VOYAGE A LAPUTA
AUX BALNIBARBES, A LUGGNAGG, A GLOUBBDOUBDRID ET AU JAPON

# CHAPITRE PREMIER

Gulliver entreprend un troisième voyage. — Il tombe aux mains des pirates. Méchanceté d'un Hollandais. — Arrivée à Laputa.

« Qui a bu boira ! » J'étais fou de voyages, et le repos me semblait un supplice. Il n'y avait guère que deux ans que j'étais chez moi, lorsqu'un certain capitaine Guillaume Robinson, de la province de Cornouailles (il montait la *Bonne-Espérance*, navire de trois cents tonneaux), vint me trouver. J'avais été le chirurgien d'un autre bâtiment dont il était capitaine, dans un voyage au Levant ; il m'avait toujours bien traité. Le capitaine ayant appris mon arrivée, me rendit une visite ; il me marqua la joie qu'il avait de me trouver en bonne santé, me demanda si je m'étais fixé pour toujours ; enfin il m'apprit qu'il méditait un voyage aux Indes orientales et qu'il comptait partir dans deux mois. Il me fit comprendre en même temps que je lui ferais plaisir d'être encore une fois son chirurgien et que j'aurais un aide avec moi. Ajoutez qu'il me promettait double paie (ayant éprouvé que la connaissance que j'avais de la mer était au moins égale à la sienne), et il s'engageait à se comporter à mon égard comme avec un capitaine en second.

Que vous dirai-je? il me dit tant de choses obligeantes et me parut un si honnête homme, que je me laissai gagner. La seule difficulté que je prévoyais était d'obtenir le consentement de ma femme... et pourtant elle me laissa partir, sans trop de résistance! Un mari qui s'ennuie à la maison, la ménagère n'y tient guère, et puis ma femme avait cure des avantages que ses enfants en pourraient retirer.

Nous mîmes à la voile le 5 août 1706, pour arriver au fort Saint-Georges le 1$^{er}$ avril 1707, où nous restâmes trois semaines à rafraîchir notre équipage, dont la plus grande partie était malade. De là nous fîmes voile pour Tonquin, où notre capitaine résolut de s'arrêter quelque temps, la plus grande partie des marchandises qu'il voulait acheter ne pouvant lui être livrées avant plusieurs mois. Pour se dédommager de ce retard, cet homme entreprenant acheta une barque chargée de différentes sortes de marchandises, dont les Tonquinois font commerce avec les îles voisines; il mit sur ce petit navire quarante hommes (il y en avait trois du pays), il m'en fit capitaine, avec plein pouvoir pour tout le temps qu'il passerait au Tonquin.

Il n'y avait pas trois jours que nous tenions la mer, soudain par une grande tempête et sur une mer violente nous fûmes poussés pendant cinq jours vers le nord-est. Au dernier jour le temps devint peut-être un peu plus calme, mais le vent d'ouest soufflait encore. Lorsque enfin le flot tomba, deux pirates nous donnèrent la chasse, il fallut nous rendre. il n'y eut pas moyen de mieux faire. Eh! le moyen de nous défendre et de manœuvrer sur cette lourde machine, semblable au vaisseau de l'État, lorsqu'il est conduit par milord Suderland?

Les deux pirates grimpèrent à l'abordage et s'emparèrent du navire à la tête de leurs gens ; mais nous trouvant tous couchés sur le ventre et sans défense, ils se contentèrent de nous lier et de nous bien garder, puis ils se mirent à visiter la barque à leur bel aise.

Je remarquai parmi ces écumeurs de mer un Hollandais qui paraissait avoir quelque autorité. Il connut à nos manières que nous étions Anglais, et nous parlant en sa langue, il nous dit qu'on allait nous lier dos à dos et nous jeter à la mer. Comme je parlais hollandais assez bien, je lui déclarai qui nous étions, et le conjurai, en considération du nom commun de chrétiens, et de chrétiens réformés, de voisins, d'alliés, d'intercéder pour nous auprès du capitaine. Mes paroles ne firent que l'irriter. Il redoubla ses menaces, et s'étant tourné vers ses compagnons, il leur parla en langue japonaise, répétant souvent le nom de *christianos*.

Le plus gros de ces bateaux pirates était commandé par un capitaine japonais qui parlait un peu le hollandais. Il vint à moi ; après diverses questions, auxquelles je répondis, il m'assura qu'on ne nous ôterait point la vie. A cette assurance, je répondis par une très-profonde révérence, et, me tournant vers le Hollandais, je lui dis que j'étais fâché de trouver plus d'humanité dans un idolâtre que dans un chrétien. Mais j'eus bientôt lieu de me repentir de ces paroles inconsidérées : ce misérable ayant en vain tenté de persuader aux deux capitaines de me jeter dans la mer (ce qu'on ne lui accorda pas, le pirate étant lié par sa parole), il obtint que je serais plus rigoureusement traité que si l'on m'eût fait mourir. Ces bandits, après avoir partagé mes gens dans les deux vaisseaux et dans la barque, résolurent de m'abandonner à mon sort dans un petit canot, avec des avirons, une voile, et des provisions pour quatre jours. Le capitaine japonais les augmenta du double, et tira de ses propres vivres cette charitable augmentation; il poussa la condescendance jusqu'à me laisser le contenu de toutes mes poches. Ainsi lesté, je descendis dans mon canot, pendant que mon féroce Hollandais m'accablait de toutes les injures et imprécations que son langage et son mauvais cœur lui pouvaient fournir.

Environ une heure avant que nous eussions vu les deux pirates, j'avais pris la hauteur au sextant; j'avais trouvé que nous étions à quarante-six degrés de latitude, à cent quatre-vingt-trois de longitude. Lorsque je fus un peu éloigné, je découvris avec une lunette différentes îles au sud-ouest. Alors, le vent étant bon, je haussai ma voile, dans le dessein d'aborder à la plus prochaine de ces îles. Il me fallut trois grandes heures pour cet abordage. Hélas! cette île était une roche, où je trouvai beaucoup d'œufs d'oiseaux. « C'est toujours cela, » me dis-je, et, grâce à mon briquet, je fis cuire à un petit feu de bruyères et de genêts tous les œufs que je pus ramasser. Ma provision tout ensemble augmentée et ménagée, et bien repu, je passai la nuit sur une roche, étendu sur un lit de bruyères et de joncs marins.

Le jour suivant, je ramai vers une autre île, et de celle-ci à celle-là, j'en visitai quatre, en quatre jours... Le cinquième jour, j'atteignis la dernière île que j'avais découverte; elle était au sud-sud-ouest de la première.

Cette dernière île était plus éloignée que je ne croyais, et je n'y pus arriver qu'en cinq heures. J'en fis presque tout le

très étonné de ce phénomène, je m'armai de mon télescope.

tour avant de trouver un abordage, et je pris terre à une petite baie une fois plus large que mon canot. Je trouvai que l'île entière était un rocher, orné de quelques espaces où croissaient du gazon et des herbes. Ma prudence eut bientôt retiré mon lard et mon biscuit du canot; et, quand j'eus dîné, j'enfouis le reste de mes provisions dans un des caveaux que la mer avait creusés dans le rocher. Je ramassai des œufs; j'arrachai des joncs marins, afin de les allumer le lendemain, pour le déjeuner. Je passai toute la nuit dans la cave aux provisions; mon lit était d'herbes sèches. Je dormis peu, mon inquiétude l'emportant sur ma fatigue. Au fait, je considérais comme impossible de ne pas mourir dans un lieu si misérable, et je me trouvai si abattu de ces réflexions, que je n'eus pas le courage de me lever. J'hésitais encore à sortir de mon trou qu'il faisait déjà grand jour. Le temps était beau, et le soleil ardent. Mon visage était tout brûlé de ses rayons.

Mais tout à coup le temps s'obscurcit d'une manière pourtant très-différente de ce qui arrive par l'interposition d'un nuage. Un regard me suffit pour m'expliquer ce phénomène. Un grand corps opaque et mobile, allant çà et là, s'interposait entre moi et le soleil. Ce corps suspendu, qui me paraissait à deux milles de hauteur, me cacha l'astre environ six minutes : l'obscurité m'empêcha de le bien voir. Mais, à mesure qu'il approchait de l'endroit où j'étais, il me parut être une substance solide, à base plate, unie et luisante par la réverbération de la mer. Je m'arrêtai sur une hauteur à deux cents pas du rivage, et je vis ce même corps descendre et s'approcher de moi, à un mille de distance, ou peu s'en faut. Très-étonné de ce phénomène, je m'armai de mon télescope, et je découvris sur ces hauteurs tout un peuple de personnes en mouvement, qui me regardaient et se regardaient les unes les autres.

L'amour naturel de la vie, à cet aspect, me fit éprouver ce sentiment, plein de joie et d'espérance, que cette aventure pourrait m'aider à me tirer de l'abîme où j'étais. En même temps le lecteur ne saurait s'imaginer mon étonnement de voir une espèce d'île en l'air, habitée par des hommes habiles à la hausser, à l'abaisser et à la faire avancer à leur gré ; mais, sans tant disserter un pareil phénomène, je me contentai d'observer de quel côté l'île irait obéissante au gouvernail. Elle hésita plus d'une heure ; à la fin elle se rapprocha, et très-distinctement je découvris plusieurs grandes terrasses, et des escaliers, d'intervalle en intervalle, qui communiquaient les uns aux autres. Sur la terrasse la plus rapprochée on voyait des oisifs qui pêchaient des oiseaux à la ligne, et d'autres qui les regardaient. Je leur fis signe avec mon chapeau en criant de toutes mes forces ; je vis une grande foule amassée à mes cris (comme autrefois quand je parlais au roi des géants) au pied de l'escalier, et je compris à leur attitude, à leurs gestes, qu'ils m'avaient remarqué. En même temps cinq ou six hommes allaient avec empressement au sommet de l'île, envoyés sans doute à quelques personnages considérables dont ils prendraient les ordres sur ce qu'on devait faire en cette occasion.

La foule des insulaires augmenta ; en moins d'une demi-heure, l'île à ce point se rapprocha, qu'il n'y avait plus que cent pas de distance entre elle et moi. Et moi, priant et suppliant par toutes les invocations que je pouvais inventer, je demandais assistance à ces insulaires aériens. Mais je ne reçus point de réponse ! A en juger par la broderie absurde et la richesse inutile de leurs habits chargés de plaques et couverts de cordons de toutes couleurs, ces gens qui m'entendaient sans daigner me répondre étaient des personnages considérables et de la plus haute distinction.

A la fin, l'un d'eux, plus jeune... et moins décoré que ses camarades, me fit entendre un langage clair, poli et très-doux, dont le son approchait de l'italien; ce fut aussi en italien que je répondis, m'imaginant que le son et l'accent de ce doux langage en douces voyelles seraient plus agréables à leurs oreilles délicates...

O bonheur ! certes, je n'avais pas deviné, moi chétif, la grammaire et le dictionnaire de ce peuple étrange, et pourtant, après la première hésitation, ce gouvernement sur les hauteurs, je puis le dire, avait compris ma pensée ! On me fit signe de descendre et d'aller vers le rivage ; et l'*île volante* alors s'étant abaissée à un degré convenable, il me fut jeté, de la terrasse, une chaîne avec un petit siége qui y était attaché, sur lequel m'étant assis, je fus enlevé en un clin d'œil : telle une poulie obéissante enlève un canot et se remet à sa place accoutumée.

## CHAPITRE II

Caractère des Laputiens. — Leurs savants, leur roi et sa cour. — Réception faite à Gulliver. — Les craintes et les inquiétudes des habitants. — Caractère des femmes laputiennes.

Une fois sur le tillac, je me vis entouré d'une foule de peuple qui me regardait avec admiration, et je les regardai de même, n'ayant encore jamais vu race de mortels si singulière dans sa figure, ses habits, sa façon de vivre. Ils penchaient la tête à droite, ils la penchaient à gauche alternativement. L'œil gauche, ils le tenaient baissé, l'œil droit se perdait dans le haut. Leurs habits bigarrés des figures du soleil, de la lune et des étoiles, étaient parsemés de violons, de flûtes, de harpes, de trompettes, de guitares, de luths et de plusieurs instruments inconnus aux musiciens de l'Europe. Autour d'eux s'empressaient plusieurs domestiques armés de vessies au bout d'un bâton, dans lesquelles il y avait une certaine quantité de petits pois et de petits cailloux. Ils frappaient de temps en temps avec ces vessies, tantôt la bouche et tantôt les oreilles de ceux dont ils étaient proches, et tout d'abord je n'en devinai pas la raison. L'esprit de ce peuple était si distrait et plongé dans la méditation, que ces citoyens de l'air, toujours bayant aux corneilles, ne pouvaient ni parler ni être attentifs à ce qu'on leur disait sans être avertis de ces vessies bruyantes dont on les frappait à la bouche, aux oreilles, pour les prévenir qu'ils eussent à écouter, à répondre. Il n'était pas dans l'île entière un personnage important qui n'entretînt, à grands frais, un pareil *moniteur*. « Saluez celui-ci ! — Tendez la main à celui-là ! — Prenez garde à cet autre ! — Avant peu vous aurez besoin de tel suffrage, allez au-devant de ce gros bonnet qui passe en rêvant ! » Bref, sans le *moniteur*, pas un de ces distraits n'arriverait au moindre emploi de leur île. Et que dis-je ? à chaque pas notre homme irait trébuchant, ses profondes rêveries l'auraient bientôt mis en danger de tomber dans quelque abîme, ou de se heurter la tête contre un poteau, de pousser les passants dans la rue, ou d'être jeté dans le ruisseau.

Cette explication était très-utile, afin de ne pas laisser le lecteur dans la même perplexité que me faisaient éprouver les étranges actions de ces gens, qui, oubliant plusieurs fois ce qu'ils faisaient, me laissèrent là jusqu'à ce que leur mémoire fût réveillée par les frappeurs.

On me fit monter au sommet de l'île ; on me fit entrer dans le palais du roi ; je vis Sa Majesté sur un trône environné de personnes de la première distinction. Devant le trône une grande table était couverte de globes, sphères, instruments de mathématiques de toute espèce. Le roi ne prit point garde à moi lorsque j'entrai, bien que la foule qui m'accompagnait fît un très-grand bruit. Sa Majesté était tout appliquée à résoudre un problème, et nous fûmes, sous ses yeux, une heure entière à attendre que le roi eût fini son calcul. Il avait auprès de lui deux pages, qui tenaient des vessies monitoires à la main. L'un, sitôt que Sa Majesté eut cessé de travailler, le frappa à la bouche, et l'autre à l'oreille droite. Le roi parut alors se réveiller en sursaut, et, jetant les yeux sur moi et sur les gens qui m'entouraient, il se rappela enfin ce qu'on lui avait dit de mon arrivée, il n'y avait pas plus de deux heures. Averti de ma présence, il daigna m'adresser quelques paroles ; aussitôt un jeune homme armé d'une vessie s'approcha de moi et m'en donna sur l'oreille droite. Mais je fis signe que c'était inutile, et le roi et la cour eurent soudain une haute idée de mon intelligence. Le roi, content d'un interlocuteur si éveillé, me fit diverses questions auxquelles je répondis sans que nous nous entendissions l'un l'autre. On me conduisit, bientôt après, dans un appartement où l'on me servit à dîner. Quatre personnes de distinction me firent l'honneur de se mettre à table avec moi : on servit à deux services, chacun de trois plats. Le premier service était composé d'une épaule de mouton coupée en *triangle équilatéral*, d'une pièce de bœuf sous la forme d'un *rhomboïde*, et d'un boudin *cycloïde*. Le second service amena deux canards en forme de violons, des saucisses et des andouilles semblables à des flûtes et hautbois, un foie de veau-*harpe*, et des pains-*cônes, cylindres parallélogrammes*.

Pendant que nous étions à table, je me hasardai à demander le nom de plusieurs choses dans la langue du pays, et mes nobles convives, grâce à l'assistance de leurs frappeurs, se firent un plaisir de me répondre, espérant exciter mon admiration pour leurs talents extraordinaires, si je pouvais un jour converser avec eux. Bientôt je fus assez savant pour demander du pain, du vin et tout ce qui m'était nécessaire.

Après le dîner, un homme vint à moi de la part du roi, avec plume, encre et papier, et me fit entendre qu'il avait ordre de m'apprendre la langue du pays. Je fus avec lui environ quatre heures, pendant lesquelles j'écrivis sur deux colonnes un grand nombre de mots, avec la traduction interlinéaire : il m'apprit aussi plusieurs phrases courtes, dont il me fit connaître le sens, en faisant devant moi ce qu'elles signifiaient. Mon maître, ensuite, me montra, dans un de ses livres, la figure du soleil et de la lune, des étoiles, du zodiaque, tropiques et cercles polaires, en me disant le nom de la mécanique céleste. Il y avait dans son alphabet toute sorte d'instruments de musique, avec les termes de cet art, convenables à chaque instrument. Quand il eut fini sa leçon, je composai en mon particulier un très-joli petit dictionnaire de tous les mots que j'avais appris; en peu de jours, grâce à mon heureuse mémoire, et peut-être à la logique, à la clarté de cet idiome illustre, je sus passablement la langue laputienne.

Les personnes chargées par le roi de pourvoir à tous mes besoins ayant remarqué le mauvais état de mes vêtements, un tailleur laputien (le tailleur des laquais et des courtisans de Sa Majesté) vint le lendemain, me prendre mesure d'un habit. Messieurs les tailleurs de ce pays exercent leur métier autrement qu'en Europe. Celui-ci prit d'abord la hauteur de mon corps avec un quart de cercle ; avec la règle et le compas il mesura ma taille, et prit la proportion de tous mes membres ; il fit ensuite son calcul sur le papier ; et, au bout de six jours, il m'apporta... un habit très-mal fait. Il m'en fit grande excuse, en me disant qu'il avait eu le malheur de se tromper dans ses calculs.

Étant légèrement indisposé et manquant d'habits, je fus plusieurs jours sans paraître en public. Je mis ce temps à profit, et j'augmentai beaucoup mon dictionnaire ; aussi, la première fois que je parus à la cour, je compris plusieurs choses que le roi me dit, et je pus lui répondre tant bien que mal.

Sa Majesté ordonna, ce jour-là, qu'on fît avancer son île vers Lagado, qui est la capitale de son royaume de terre ferme ; on devait s'arrêter, chemin faisant, à certaines villes, à plusieurs villages, pour recevoir les requêtes des fidèles sujets de Sa Majesté. On jetait plusieurs ficelles chargées de petits plombs, le peuple attachait ses placets aux ficelles, on les tirait ensuite comme autant de cerfs-volants.

La connaissance que j'avais des mathématiques m'aida beaucoup à comprendre leur façon de parler et leurs métaphores, tirées, pour la plupart, des mathématiques et de la musique ; car je suis aussi quelque peu musicien. Toutes leurs idées [1] n'étaient qu'en lignes et en figures ; même leur galanterie est toute géométrique. « Ah ! disent-ils, que cette fille est belle et charmante ! Avez-vous jamais vu un parallélogramme égal, ou seulement comparable aux blancs *parallélogrammes* de ces trente-deux dents si parfaites ? Quel beau *demi-cercle* a jamais valu ce sourcil obéissant à l'*ellipse* de ces deux yeux ? »

Ainsi du reste. Et *sinus, tangente, ligne droite, ligne courbe,*

---

[1] Il ne tiendra pas à moi, dit l'auteur du *Traité de la pesanteur*, dans une lettre insérée dans le *Mercure* de janvier 1727, que tout le monde soit géomètre, et que la géométrie ne devienne un style de conversation comme la morale, la physique, l'histoire et la *Gazette*.

(*Note du nouveau traducteur.*)

*cône, cylindre, ovale, parabole, diamètre, rayon, centre* et *point*, sont autant de paroles brûlantes qui représentent élégies, sonnets, rondeaux, etc., en un mot, tout le bagage poétique de l'amour.

Je remarquai dans les cuisines royales toutes sortes d'instruments de mathématiques ou de musique, d'après lesquels on taillait les viandes qui devaient être servies à Sa Majesté.

Leurs maisons étaient fort mal bâties ; en ces pays sans base, on méprise hautement la géométrie pratique ; on la traite de chose vulgaire et mécanique. Je n'ai jamais vu peuple aussi malavisé et si maladroit pour tout ce qui regarde les choses communes et la conduite de la vie. Les instructions qu'on donne aux ouvriers étant d'une nature abstraite, ils ne peuvent les comprendre, et il en résulte des erreurs perpétuelles. Ils sont, en outre, les plus mauvais raisonneurs du monde et toujours prêts à contredire, sinon lorsqu'ils pensent juste, ce qui leur arrive assez rarement, alors ils se taisent. Ils ne savent ce que c'est : imagination, invention, portraits, et n'ont pas même mots en leur langue exprimant ces belles choses. Aussi leurs ouvrages, voire leurs poésies, ressemblent à des *théorèmes* d'Euclide.

Plusieurs d'entre eux, principalement ceux qui s'appliquent à l'astronomie, ont un grand penchant pour l'astrologie judiciaire ; ils s'en cachent ; en revanche, ils ne se cachent pas de leur passion pour la politique, et de leur curiosité pour les *nouvelles*. Ils parlaient incessamment des affaires de l'État, et portaient sans façon leur jugement sur tout ce qui se passait dans les cabinets des princes.

J'ai souvent remarqué le même caractère à nos mathématiciens d'Europe; et sans avoir jamais trouvé la moindre analogie entre la mathématique et la politique ; à moins que l'on ne suppose ici que, le plus petit cercle ayant autant de degrés que le plus grand, celui qui sait raisonner d'un cercle tracé sur le papier peut raisonner sur la sphère du monde. Au fait, n'est-ce pas plutôt le défaut de tous les hommes, qui se plaisent à tout propos, en toute occasion, à parler, à raisonner, à déraisonner, sur ce qu'ils entendent le moins ?

Ce peuple, à tout bout de champ, s'alarme et s'inquiète, et ce qui n'a jamais troublé le repos des autres hommes est le sujet continuel de leurs frayeurs. Ils appréhendent l'altération des corps célestes. Ils tremblent que la terre, par ses approches du soleil, ne soit à la fin dévorée par les flammes de cet astre terrible ; ils font des vœux pour que le flambeau de la nature ne se trouve encroûté quelque jour par sa propre écume, et ne vienne à s'éteindre aux yeux des mortels. Ils ne sont pas très-convaincus des projets bienveillants de la prochaine comète. « Il ne s'en faut, disent-ils, que de six cent trente mille et soixante-trois ans six mois huit jours et trente-cinq minutes que la prochaine comète, en passant, ne réduise en poudre tout le globe. » Ils redoutent aussi que le soleil, à force de se répandre, ne vienne enfin à s'user et à perdre tout à fait sa substance. Voilà les craintes ordinaires et les alarmes qui leur ôtent le sommeil et les privent de toutes sortes de plaisirs ! Aussi bien, chaque matin, ils se demandent les uns aux autres des nouvelles du soleil : comment il se porte, en quel état il s'est couché, il s'est levé.

En un mois, je fis assez de progrès dans la langue pour être en état de répondre à la plupart des questions du roi, lorsque j'avais l'honneur de lui faire ma cour. Sa Majesté ne montra pas la moindre envie de connaître les lois, l'histoire, le gouvernement, la religion ni les mœurs des pays où j'avais voyagé ; il se borna à s'informer de l'état des mathématiques en chacune de ces contrées, et reçut mes réponses avec dédain ou indifférence, bien qu'il fût très-souvent réveillé par ses frappeurs.

# CHAPITRE III

Phénomène expliqué par les philosophes et les astronomes modernes. — Les Laputiens sont grands astronomes. — Comment s'apaisent les séditions.

Je demandai au roi la permission d'étudier les curiosités de son île ; il répondit en me donnant un de ses courtisans pour m'accompagner. Je voulais savoir, avant tout, par quel secret de la nature ou par quel artifice étaient obtenus ces mouvements divers, dont je vais rendre au lecteur un compte exact et philosophique.

L'île volante est parfaitement ronde, son diamètre est de sept mille huit cent trente-sept demi-toises, environ quatre mille pas, à peu près dix mille acres. Le fond de l'île, et disons mieux, sa base, apparente à la foule d'en bas, est comme un large diamant, poli et taillé à mille facettes ; il réfléchit la lumière à quatre cents pas. Au-dessus, resplendissent de tout leur éclat plusieurs minéraux posés en diverses couches, selon le rang ordinaire des mines. Pour couronner l'œuvre, apparaît fertile et féconde, parmi les fruits et les fleurs, une terre... un jardin merveilleux.

La reine de Laputa.

Le penchant des parties de la circonférence vers le centre de la surface supérieure est la cause naturelle que toutes les pluies et rosées qui tombent sur l'île incessamment sont conduites par de petits ruisseaux vers le centre, en quatre grands bassins, chacun d'environ un demi-mille de circuit. A deux cents pas de distance du milieu de ces bassins, l'eau est attirée par le soleil pendant le jour, et le débordement est impossible. De plus, comme il est au pouvoir du monarque d'élever l'île au-dessus de la région des nuages et des vapeurs terrestres, il peut, quand il lui plaît, priver ses sujets de pluie et de rosée ; ce qui n'est au pouvoir d'aucun potentat de l'Europe. A ce compte, il est le seul, parmi tant de rois et d'empereurs, dont il soit permis de dire : *Il fait la pluie et le beau temps !*

Au centre de l'île, est un trou d'environ vingt-cinq toises de diamètre, et par ce trou les astronomes descendent dans un large dôme appelé *Flandona Gagnolé*, ou la *Cave des astronomes*. Cette cave est située à la profondeur de cinquante toises au-dessous de la surface supérieure du diamant. Vingt lampes y sont sans cesse allumées, qui, par la réverbération du diamant, répandent une grande lumière de tous côtés. Ce lieu célèbre est orné de *sextants, cadrans, télescopes, astrolabes*, et autres instruments astronomiques ; mais la plus grande curiosité de l'île (on dit même que ses destinées y sont attachées) est une pierre d'aimant d'une grandeur prodigieuse, en forme de navette de tisserand. Elle est longue de trois toises, et, dans sa grande épaisseur, elle a une toise et demie. Or cet aimant est suspendu par un gros essieu de diamant, qui passe à travers ; le plus léger mouvement suffit à donner une grande impulsion à cette étrange machine. Elle est entourée d'un cercle de diamant, en forme de cylindre (il est creux), de quatre pieds de profondeur, de plusieurs pieds d'épaisseur, et de six toises de diamètre horizontal, que soutiennent huit piédestaux de diamant, hauts chacun de trois toises. Au côté concave existe une mortaise profonde de douze pouces, dans laquelle sont placées les extrémités de l'essieu, qui tourne à volonté.

Aucune force ne peut déplacer la pierre, le cercle et le pied du cercle étant d'une seule et même pièce avec le corps du diamant qui fait la base de l'île.

Par le moyen de cet aimant, l'île à l'instant, se hausse et se baisse, et change de place. En effet, par rapport à cet endroit de la terre sur laquelle le monarque a la haute main, la pierre est munie à l'un de ses côtés d'un pouvoir attractif, et de l'autre d'un pouvoir répulsif. Ainsi, quand il lui plaît que l'aimant soit tourné vers la terre par son *pôle ami*, l'île descend. Si le *pôle ennemi* est tourné vers la terre, aussitôt l'île, en haut, remonte. Ainsi, par ce mouvement oblique, elle est conduite aux différentes parties des domaines du monarque.

Ce roi-là serait un prince absolu, s'il pouvait engager ses ministres à lui complaire en toute chose; mais ceux-ci ayant leurs terres au-dessous, dans le continent, et considérant que la faveur des princes est passagère, ils n'ont garde en vrais sages de se porter préjudice à eux-mêmes, en opprimant la liberté de leurs compatriotes.

Si quelque ville au loin se révolte, ou refuse de payer les impôts, le roi a deux façons de la réduire... Il tient son île au-dessus de la ville rebelle et des terres voisines, et voilà des pays entiers privés du soleil et de la rosée. Si le crime est capital, la conjuration violente, on les accable de grosses pierres du haut de l'île indignée, et les malheureux ! de ces pierres ils ne peuvent se garantir qu'en se sauvant dans leurs celliers et dans leurs caves, où ils passent le temps à boire frais, tandis que les toits de leurs maisons sont écrasés. S'ils persistent, téméraires, dans leur obstination et dans leur révolte, alors, tant pis pour les innocents ! Nous laissons dégringoler l'île sur leurs têtes, et rien n'échappe : habitants, animaux, et cités ! Remède extrême ; et le prince en est très-avare. Il y perdrait trop d'impôts.

Une autre raison plus forte et plus humaine, pour laquelle les rois de ce pays ont été toujours éloignés d'exercer le dernier châtiment, c'est que si la ville à détruire était voisine de quelques hautes roches (il y en a en ce pays, comme en Angleterre, des grandes villes, qui ont été exprès bâties près de ces roches pour se préserver de la colère des rois), ou si elle avait grand nombre de clochers et de pyramides, il pourrait arriver qu'en voulant tout aplatir l'île royale se brisât comme verre. Ainsi, parmi tant d'obstacles au plus complet anéantissement, ce sont les clochers que le roi redoute, et le peuple le sait bien. Quand donc Sa Majesté est le plus en courroux, elle fait toujours descendre son île assez doucement, de peur, dit-elle, d'accabler son peuple... Oui-dà ! la vraie raison, c'est que le roi a grand'peur que les clochers ne brisent son île, et, brisée, elle tomberait, entraînant dans sa chute ce roi sans prudence... On vous donne ici l'opinion des plus grands hommes d'État de Laputa.

Les Laputiens (si vous leur passez leur astrologie) ont d'assez grands mépris pour les superstitions populaires. Ils ne se croient pas perdus, et tant s'en faut, pour une salière renversée, une corneille à leur droite ; ils poursuivent fièrement leur chemin ; ils se moqueront volontiers des influences malsaines du vendredi, et du treizième jour de chaque mois... Ils sont moins fiers quand il s'agit de la *sagesse des nations*. Le proverbe est pour eux une loi... *laputienne !* Ils ont toujours un tas de proverbes à la bouche ; ainsi quand ils vous disent ces deux jolis vers dont leur sagesse a fait un proverbe :

> Rarement à courir le monde
> On devient plus homme de bien !...

Ils forcent leur roi lui-même d'obéir au proverbe !

A ce compte, d'après les proverbes... et les lois du royaume, le roi et ses deux fils aînés ne peuvent sortir de l'île. Ils y naissent, il faut qu'ils y meurent !

Quant à la reine, elle est sujette à moins de retenue ; elle a le droit de voir le monde aussitôt qu'elle n'est plus d'âge à avoir des enfants.

## CHAPITRE IV

Gulliver quitte l'île de Laputa; il est conduit aux *Balnibarbes*. — Son arrivée à la capitale. — Description de cette ville et des environs. — Il est reçu avec bonté par un grand seigneur.

Ce n'est pas que j'aie été maltraité dans cette île ; il est vrai cependant que je m'y crus négligé, et par trop dédaigné. Le prince et le peuple n'étaient curieux que de mathématiques et de musique : or, j'étais en ce genre au-dessous d'eux, et ils me rendaient justice en faisant peu de cas de moi.

D'autre part, je fus bien vite au courant des curiosités de l'île, et je fus pris d'une forte envie d'en sortir, étant très-las de ces insulaires aériens. Ils excellaient dans des sciences que j'estime, et dont j'ai même une teinture ; mais ils étaient si complétement absorbés dans leurs spéculations que je ne m'étais jamais trouvé en si triste compagnie. Il est vrai que les dames étaient assez causantes ; mais quelle ressource au philosophe, au voyageur Gulliver ! Autant valait causer avec les artisans, les *moniteurs*, les pages de cour et autres gens de cette espèce ! Il n'y avait pourtant que ceux-là avec qui je fisse amitié... Les gens bien posés daignaient à peine, en passant, me jeter un coup d'œil.

Il y avait à la cour un grand seigneur, le favori du roi. C'est pourquoi il inspirait un grand respect... En tout le reste, il était regardé comme un homme ignorant et stupide. Il passait, toutefois, pour avoir de l'honneur et de la probité ; mais il n'avait pas d'oreille ; il battait, dit-on, la mesure assez mal. On ajoute aussi qu'il n'avait jamais pu apprendre les propositions les plus aisées des mathématiques. Ce seigneur, si disgracié dans sa faveur, me donna mille marques de bonté. Il me faisait souvent l'honneur de me rendre visite ; il s'informait des affaires de l'Europe ; il semblait heureux de s'instruire des coutumes, des mœurs, des lois et des sciences des différentes nations parmi lesquelles j'avais vécu. Il m'écoutait toujours avec une grande attention, et faisait de très-belles remarques à propos des choses que je lui disais. Deux *moniteurs* le suivaient pour la forme ; il ne s'en servait qu'à la cour et dans les visites de cérémonie ; il les faisait toujours retirer quand nous causions tête à tête, et comme une paire d'amis.

Je priai ce seigneur d'intercéder pour moi auprès de Sa Majesté, pour obtenir mon congé. Le roi m'accorda cette grâce avec regret, comme il eut la bonté de me le dire, et me fit plusieurs offres avantageuses que je refusai, non pas sans lui en témoigner ma plus vive reconnaissance.

Le 16 du mois de février, je pris congé de Sa Majesté, qui me fit un présent considérable, et mon protecteur me donna un diamant, avec une lettre de recommandation pour un seigneur de ses amis, demeurant à Lagado, capitale des Balnibarbes. L'île étant alors suspendue au-dessus d'une montagne, facilement je descendis de la dernière terrasse, et de la même façon que j'étais monté.

Le continent porte le nom de *Balnibarbes*, et la capitale a nom *Lagado*. Ce me fut d'abord une assez agréable satisfaction de me trouver en terre ferme. Aussitôt j'entrai dans la ville, et sans peine et sans embarras, vêtu comme les habitants, la tête haute et sachant assez bien la langue pour la parler. Je trouvai bientôt le logis de la personne à qui j'étais recommandé. Je lui présentai la lettre de mon seigneur, et j'en fus très-bien reçu. Ce seigneur *balnibarbe* s'appelait *Munodi*. « Vous serez mon hôte et mon ami, me dit-il, en l'honneur de celui qui vous envoie. » Et il me donna le plus bel appartement de sa maison, très-belle et très-vaste, où je logeai pendant mon séjour en ce pays; j'y fus très-bien traité.

Le lendemain matin après mon arrivée, *Munodi* me prit dans son carrosse pour me montrer la ville ; elle est grande au moins comme la moitié de Londres ; les maisons sont étrangement bâties et la plupart tombaient en ruine. Le peuple, couvert de haillons, marchait dans les rues d'un pas précipité, son regard était farouche. Après avoir franchi une des portes de la ville, il nous fallut marcher plus de trois milles dans la campagne, où je vis un grand nombre de laboureurs qui travaillaient à la terre avec plusieurs sortes d'instruments ; je ne pus deviner ce qu'ils faisaient ; je ne voyais nulle part aucune apparence d'herbes ni de grain. Je priai mon guide alors de m'expliquer ce que prétendaient toutes ces têtes et toutes ces mains occupées à la ville et à la campagne... Un travail sans résultat ! tant de sueurs et de fatigues sans récompense ! véritablement, dans tous mes voyages, je n'avais trouvé de terre si mal cultivée, de maisons en si mauvais état, si délabrées, un peuple si misérable et si gueux.

Le seigneur Munodi avait été plusieurs années gouverneur de Lagado ; mais par la cabale des ministres on l'avait déposé, au grand regret du peuple. Cependant le roi l'estimait comme un homme aux intentions droites. A quoi bon? Il n'avait pas l'esprit de la cour !

Lorsque j'eus ainsi critiqué le pays et ses habitants, il me répondit que peut-être avais-je eu trop peu de temps pour bien voir ; que les différents peuples du monde avaient des usages différents. Il me débita plusieurs lieux communs de même force, et quand, le soir, nous fûmes de retour chez lui, il me demanda comment je trouvais son palais, quelles absurdités j'y remarquais, ce que je trouvais à redire aux habits de ses domestiques. Il pouvait me faire aisément cette question ; car chez lui tout était magnifique, régulier et poli. Je répondis à mon hôte que sa grandeur, sa prudence et ses richesses l'avaient exempté de tous les défauts qui avaient rendu les autres régnicoles fous et gueux. Il me dit que si je voulais aller avec lui à sa maison de campagne à vingt milles d'ici, il aurait plus de loisir de m'entretenir de tout cela. « Je suis à vos ordres, » répondis-je à Son Excellence ; et le lendemain, de grand matin, nous nous rendîmes à sa maison des champs.

Durant notre voyage, il me fit observer les différentes méthodes des laboureurs pour ensemencer leurs terres. Cependant, sauf peut-être en quelques endroits, je n'avais découvert dans tout le pays aucune espérance de moisson, ni même aucune trace de culture. Au bout de trois heures de marche, la scène changea tout à fait. Quel miracle et quel changement ! Voici soudain que la campagne est superbe ; les maisons des laboureurs se succèdent l'une à l'autre ; elles sont bâties avec une élégance inattendue ! Ici, tout est riche, heureux, fécond, varié, charmant. Les champs, clos de haies vives, renfermaient vignes, blés et prairies. Je ne me souviens pas d'avoir rien vu de plus agréable. Le seigneur, qui observait ma contenance, me dit alors en soupirant que là commençait sa terre. Et, néanmoins, les gens du pays le raillaient et le méprisaient, l'appelant ignorant, malhabile, imprévoyant.

Nous arrivâmes enfin à son château, qui était d'une très-noble structure ; les fontaines, les jardins, les promenades, les avenues, les bosquets, étaient disposés avec l'intelligence et le goût qui décèlent à chaque instant l'œil du maître. « Ah ! m'écriai-je, au moins voilà des maisons bien tenues, des campagnes bien cultivées ! Tout respire ici joie, abondance et liberté ! Le beau domaine !... » Il accepta mes louanges sans mot dire. Après souper, et délivré de ses valets : « Mon cher Gulliver, me dit-il d'une voix triste, avec un regard pitoyable, avant peu, si j'en crois les augures et les pressentiments, ces belles choses que vous avez sous les yeux vont disparaître ! Il me faudra moi-même abattre et bouleverser ce beau domaine, et tout détruire, afin d'obéir à la mode et pour me conformer au goût moderne. Il le faut, si je ne veux pas être une pierre d'achoppement, déplaire au peuple et m'attirer tous les déplaisirs... »

Et, comme il vit sur mon visage un sincère étonnement, il me dit que depuis environ quatre ans certaines personnes étaient venues à Laputa pour leurs affaires, pour leur plaisir, et qu'après cinq mois de résidence elles s'en étaient retournées avec une très-légère teinture de mathématiques, mais pleines d'esprits volatils recueillis dans cette aérienne région. Ces personnes, à leur retour, avaient commencé à désapprouver ce qui se passait dans le pays d'en bas, et formé très-nettement le projet de mettre les arts et les sciences sur un nouveau pied. C'est pourquoi elles avaient obtenu des lettres patentes à ces fins d'ériger une académie d'ingénieurs, c'est-à-dire de gens à système. Eh bien (tant le peuple est fantasque !), il y avait une académie de ces gens-là dans toutes les grandes villes. Dans ces académies ou *colléges*, les professeurs avaient trouvé de nouvelles méthodes pour l'agriculture et l'architecture, et de nouveaux instruments et outils pour tous les métiers et manufactures, par le moyen desquels un homme seul pourrait travailler autant que dix hommes laborieux. De cette façon, un palais pourrait être bâti en une semaine, et si solidement, qu'il durerait sans réparation tout un siècle. En même temps, par les mêmes procédés, les fruits de la terre devaient naître en toute saison, plus gros cent fois qu'à présent, avec une infinité d'autres projets admirables. « Quel malheur, disait ce malheureux retardataire, ennemi du progrès, qu'aucun de ces projets n'ait été perfectionné jusqu'ici ! Au contraire avec ces *économistes* (c'est le nom qu'on leur donne), en peu de temps, la campagne s'est couverte de ronces, la plupart des maisons sont tombées en ruine, et le peuple tout nu, meurt de froid, de soif et de faim ! Croyez-vous cependant que ces beaux résultats les aient découragés et corrigés ? Ils en sont plus animés à la poursuite de leur système, poussés tour à tour par l'espérance et par le désespoir. » Il ajouta que, n'étant pas d'un esprit entreprenant, il s'était contenté de l'ancienne méthode. A ce compte, il habitait les maisons bâties par ses ancêtres, il faisait... ce qu'ils avaient fait, sans rien innover! Mais bientôt, lui et les bonnes gens qui avaient suivi son exemple et s'étaient tenus en dehors des économistes, ils avaient été regardés avec mépris et s'étaient rendus odieux, comme gens malintentionnés, ennemis des arts, ignorants, mauvais républicains, préférant leurs commodités particulières et leur molle fainéantise au bien général du pays.

Son Excellence ajouta qu'il ne voulait pas prévenir, par un long détail, le plaisir que j'aurais lorsque j'irais visiter l'académie des systèmes; il souhaitait seulement que j'observasse un bâtiment ruiné, du côté de la montagne. « Admirez, me disait-il, ce que nous appelons ici le *progrès!* Cette ruine était naguère un moulin, obéissant au courant d'une grande rivière, et ce moulin suffisait à ma maison, à mes vassaux ; grâce à lui, tout allait bien : bon grain, belle fleur de farine et bon pain. Le moulin était la joie et l'orgueil de la contrée ; il travaillait sans peine à bon marché! Or, croirez-vous, messire, qu'une compagnie économiste d'inventeurs est venue, il y a tantôt sept ans déjà, me proposer d'abattre ce moulin, et d'en bâtir un autre au pied de la montagne? Ils projetaient de construire un réservoir, où l'eau pourrait être aisément conduite par des tuyaux et par des machines ; d'autant que le vent et l'air, sur le haut de la montagne, agiteraient l'eau et la rendraient plus fluide, et que le poids de l'eau, en descendant, ferait par sa chute même tourner le moulin avec la moitié du courant de la rivière. Et tant et tant, par une suite de raisonnements irréfutables, ils me démontrèrent la vanité de mon moulin, tant et tant ils s'en moquèrent, appelant à leur aide l'opinion publique et l'assentiment de la cour, que, ma foi ! de guerre lasse et peut-être aussi voulant témoigner de ma déférence pour les opinions d'en haut, je fus assez mal avisé pour subir ce triste attentat. Aussitôt mes gens de s'incliner devant ma sagesse et de vanter ma prévoyance ! Ils envahissent mon domaine, épouvanté de leur *économie*, et tout de suite, et sans crier gare, les voilà qui abattent, qui bâtissent, qui arrangent, qui dérangent... et qui se sauvent, lorsqu'à la fin il leur est démontré qu'ils sont des rêveurs ! Bref, mon beau moulin ne va plus ! Leur moulin ne va pas ! leur moulin n'ira jamais ! »

Peu de jours après, quand je fus quelque peu revenu de ces progrès... étonnants : « Par Dieu ! me dis-je à moi-même, il doit être assez curieux de voir toute une académie à l'usage exclusif des faiseurs de systèmes ! » Et je fis part de mon désir à Son Excellence. Aussitôt il voulut bien me donner une personne pour me conduire à cette illustre académie. « Heu ! disait-il en levant les épaules, en voilà encore un qui tourne mal ! »

Le brave homme ! il me prenait pour un grand admirateur de nouveautés, pour un esprit curieux et crédule. Au fond, j'avais été dans ma jeunesse un homme à projets et à systèmes tout comme un autre. Encore aujourd'hui tout ce qui est neuf et hardi ne me déplaît pas.

# CHAPITRE V

Gulliver visite l'Académie ; il en fait la description.

Le logement de cette académie n'est pas un seul et simple corps de logis ; mais une suite de divers bâtiments des deux côtés d'une cour. « Un rendez-vous de bicoques ! » Rien de plus.

Je fus reçu très-honnêtement par le concierge ; il nous dit que, dans ces bâtiments, toute chambre, à coup sûr, renfermait un ingénieur, et quelquefois plusieurs ; il y avait environ cinq cents chambres dans l'académie ! Aussitôt il nous fit monter et parcourir les appartements.

Le premier académicien me parut un homme en mauvais état : il avait la face et les mains couvertes de crasse, la barbe et les cheveux sordides, un habit et une chemise de même couleur que sa peau. Il avait dépensé huit ans de sa vie à méditer sur un projet merveilleux, lequel projet consiste à recueillir les rayons de soleil aux temps chauds, pour les enfermer dans des fioles bouchées hermétiquement ! « Quelle meilleure façon, disait-il, de chauffer l'air aux temps froids ? » Il me dit aussi que, dans huit autres années, il pourrait fournir aux jardins des financiers des rayons de soleil à un prix raisonnable. En même temps, il se plaignait que ses fonds étaient bas ; il se plaignait en tendant la main... comme un philosophe..., ou comme un mendiant !

Je passai dans la chambre à côté ; l'odeur en était repoussante, et mon guide : « Holà ! me dit-il en me poussant dans cette infection, prenons garde à ne pas offenser messieurs les savants, et je ne vous conseillerais guère de vous boucher le nez. » L'ingénieur qui logeait dans cette chambre était le plus ancien de l'académie ; son visage et sa barbe étaient couleur de parchemin, ses mains et ses habits étaient couverts d'une ordure infâme. Lorsque je lui fus présenté, il m'embrassa très-étroitement; politesse dont je me serais bien passé. Son occupation, depuis son entrée à l'académie, avait été de rendre aux excréments humains le goût et la saveur nourricière, en séparant les divers aliments des parties diverses que l'excrément reçoit du fiel, et qui causent uniquement sa mauvaise odeur. A ce grand homme (une des lumières de l'académie) on donnait chaque semaine, de la part de la compagnie, un plat rempli de la matière la plus louable... environ de la grandeur d'un baril de Bristol. « Je vous ferais bien goûter, me dit-il, de ma recomposition ; mais elle n'a pas encore acquis toutes les qualités que je lui voudrais. »

J'en vis un autre occupé à calciner la glace pour en extraire, disait-il, de fort bon salpêtre. Il me montra un traité concernant la malléabilité du feu qu'il voulait publier ; et il me demanda ma souscription.

Je vis ensuite un très-ingénieux architecte ! Il avait

je passai dans une autre chambre, l'odeur en était repoussante.

trouvé une méthode admirable pour bâtir les maisons en commençant par le faîte et finissant par les fondements ; il justifia son projet par l'exemple de deux insectes, l'abeille et l'araignée.

Il y avait un aveugle de naissance. Il avait sous lui plusieurs apprentis aveugles comme lui. Leur occupation était de composer des couleurs pour les peintres. Ce maître ingénieux leur enseignait à distinguer les couleurs par le tact et par l'odorat. Que vous dirai-je? Il leur en faisait voir de toutes les couleurs !

Je montai dans un appartement habité par un économiste du premier numéro. Ce grand homme (il fut d'abord un quasi-dieu) avait trouvé le secret de labourer la terre avec des cochons ; grâce à la collaboration du pourceau, race inerte et tout au plus bonne à manger, notre économiste épargnait les frais de chevaux, de bœufs, de charrue et de laboureurs. Voici sa méthode, elle était aussi simple que son esprit : il enfouissait dans son terrain quantité de truffes, champignons, glands, dattes, châtaignes et autres victuailles recherchées de dom pourceau, et, quand le sol était saturé de toutes ces bonnes choses, il vous lâchait dans le champ du labour cinq ou six cents de ces animaux, qui, de leurs pieds et de leur grouin, mettaient la terre en état d'être ensemencée, en même temps qu'ils l'engraissaient en lui rendant ce qu'ils prenaient. Par malheur l'expérience avait démontré que ce labour, coûteux et embarrassant, était d'un triste rapport. On ne doutait pas néanmoins que cette invention ne fût plus tard d'une très-grande importance et d'une vraie utilité.

Dans une chambre où logeait un homme diamétralement

opposé au projet de la charrue à cochons, un autre économiste promettait à ses adeptes et à ses souscripteurs de mettre en mouvement une charrue avec le secours du vent. Il avait construit sa charrue avec un mât et des voiles. Ainsi, d'un trait de plume, étaient supprimés bœufs et chevaux. Il soutenait que, grâce à lui, le zéphyr (un vent si doux!) ferait aller charrettes et carrosses, et que dans la suite on pourrait courir la poste en chaise, en mettant à la voile sur les grands chemins comme sur mer.

Je passai dans une autre loge tapissée de toiles d'araignée ; à peine un espace étroit donnait passage à l'ouvrier. Dès qu'il me vit : « Prenez garde à rompre mes toiles ! » Un peu calmé, il me dit que c'était une honte que l'aveuglement où les hommes avaient été jusqu'ici par rapport aux vers à soie, ayant à leur disposition tant d'insectes domestiques dont ils ne faisaient aucun usage, et préférables aux vers à soie : ils ne savaient que filer : l'araignée est tout ensemble une fileuse et une ourdisseuse. Il ajouta que l'usage des toiles d'araignée, avant fort peu de temps, épargnerait les frais de tentures. « Notez, disait-il, que la bergame et le cuir de Cordoue, et la soie et la laine adoptées pour l'éclat et la variété des couleurs, seront bientôt dépassés, et que j'ai trouvé le moyen de donner aux toiles de l'araignée une grâce inaccoutumée. » En même temps, il me montrait, pour appuyer son dire, un grand nombre de mouches de couleurs diverses et charmantes dont il nourrissait ses fileuses ; il était certain que leurs toiles prendraient infailliblement la couleur de ces mouches, et, comme il en avait de toute espèce, il espérait bientôt des toiles dignes de satisfaire, par leurs couleurs, tous les goûts différents des hommes, aussitôt qu'il aurait pu trouver je ne sais quel mélange et quelle conglutination ajoutés à ces fils trop menus et trop peu consistants. Au reste, il ne lui fallait guère plus de huit jours pour mener à bonne fin ce complément de sa découverte.

Je vis ensuite un célèbre astronome ! Il avait entrepris de poser un cadran à la pointe du grand clocher de la maison de ville, ajustant de telle façon les mouvements diurnes et annuels du soleil avec la rose des vents, qu'ils iraient à l'unisson avec le mouvement de la girouette.

Sur ces entrefaites, il me sembla que j'allais avoir la colique, et justement l'appariteur me fit entrer fort à propos dans la salle d'un grand médecin, très-célèbre par son secret de guérir la colique. Il avait un grand soufflet dont le tuyau était d'ivoire, et ce soufflet, à double courant, aspirait les vents fétides, et les remplaçait par des vents purs, salutaires, et récréatifs. De sa seringue à double courant, il fit l'essai sur un pauvre chien, qui par malheur en creva net, ce qui déconcerta fort notre docteur et me guérit de l'envie d'avoir recours à son soufflet.

Après avoir visité le bâtiment des arts, je passai dans l'autre corps de logis. Là se tenaient les faiseurs de systèmes scientifiques. Nous entrâmes d'abord dans l'école assez bruyante du beau langage, où nous trouvâmes trois académiciens qui raisonnaient, à perte de vue, sur les moyens d'ajouter au langage une foule d'embellissements qui lui manquaient.

L'un d'eux proposait, pour abréger le discours, que tous les mots fussent réduits en simples monosyllabes. Il chassait du beau langage : article, adverbe et verbe, adjectif et subjonctif, et jusqu'au gérondif.

L'autre allait plus loin : il proposait la complète abolition du dictionnaire, et désormais, grâce à sa réforme grammaticale, on raisonnerait sans parler, ce qui serait très-favorable à la poitrine, attendu qu'à force de parler les poumons s'usent et la santé s'altère. L'expédient était de porter sur soi toutes les choses dont on voudrait s'entretenir. Ce nouveau système, intéressant s'il en fut, eût triomphé de tous les obstacles (à en croire monsieur l'inventeur), si les femmes ne s'y fussent opposées. « Mais la perte ! elles sont si contentes des longs discours ! » Pourtant, malgré ces dames, déjà plus d'un académicien se conforme à cette façon d'exprimer les choses par les choses mêmes, ce qui n'était embarrassant que lorsqu'ils avaient à parler de plusieurs sujets différents. Alors il leur fallait apporter sur leur dos des fardeaux énormes, à moins qu'ils n'eussent un ou deux valets bien constitués pour s'épargner cette peine de portefaix. « Voyez donc, cher monsieur, me disaient-ils, l'heureuse occasion de nous délivrer de l'étude et des langues étrangères ! Ce que je veux raconter... je le montre. Et désormais, au lieu d'entendre... on regarde ! »

A côté de cette étrange grammaire habitait (le mur était mitoyen) la mathématique. Ici, le maître enseignait à ses disciples une méthode que les Européens auront de la peine à s'imaginer. Chaque proposition, chaque démonstration était écrite sur du pain à chanter, avec une certaine encre de teinture céphalique, ou céphalitique, *ad libitum*. L'écolier, à jeûn, était obligé, après avoir avalé ce pain à chanter, de s'abstenir de boire et de manger, pendant trois jours, en sorte que, le pain à chanter étant dûment digéré et absorbé, la teinture céphalique pût monter au cerveau, où elle portait en grand triomphe avec elle la *proposition* et la *démonstration*. Cette méthode, il est vrai, n'avait pas eu beaucoup de succès jusqu'ici ; c'était, disait-on, parce que l'on s'était trompé quelque peu dans le *secundum certum*, c'est-à-dire dans la mesure de la dose, ou bien parce que les écoliers indociles faisaient semblant d'avaler le bolus. Grave inconvénient de la méthode mnémonique ! De deux choses l'une : ou ces messieurs allaient trop tôt à la garde-robe, ou tout simplement ils n'étaient pas de force à jeûner pendant trois jours.

Telles étaient les graves démonstrations des faiseurs de systèmes. Ils avaient écrit sur leur drapeau le mot *méthode*, et c'était, parmi eux, à qui trouverait la plus excellente méthode à l'usage des clairvoyants qui y voyaient trop !.

# CHAPITRE VI

Suite de l'Académie.

Je ne fus guère plus satisfait de l'école politique. Elle était non moins paradoxale que les trois autres. Sitôt que le bon sens me manque, ou que je manque au bon sens, pauvre de moi! je deviens tout mélancolique. Ces hommes extravagants soutenaient que les grands devaient choisir, pour leurs favoris, les plus habiles et les plus sages, parmi les plus honnêtes gens. Ils disaient aussi que le devoir des gouvernants, c'était de songer aux gouvernés, de récompenser le mérite et le savoir, l'habileté et les services; que les princes devaient leur confiance aux plus capables, aux plus expérimentés; et autres pareilles sottises et chimères, dont peu de princes se sont avisés. Ce qui me confirma dans la vérité de cette pensée admirable de Cicéron, *qu'il n'y a rien de si absurde qui n'ait été avancé par quelque philosophe.*

Heureusement que les autres membres de l'Académie ne ressemblaient pas aux originaux dont je viens de parler. Je vis un médecin d'un esprit sublime, et très-versé dans la science du gouvernement. Il avait consacré ses veilles à découvrir les causes des maladies d'un État, et, ces causes étant trouvées, à chercher des remèdes pour guérir le mauvais tempérament des administrateurs de la chose publique. « On convient, disait-il, que le corps naturel et le corps politique ont entre eux une parfaite analogie. A ces causes, l'un et l'autre peuvent être traités par les mêmes remèdes. Ceux-là qui sont à la tête des affaires ont souvent les maladies que voici : ils sont pleins d'humeurs en mouvement qui leur affaiblissent la tête et le cœur, et leur causent des convulsions et des contractions de nerfs à la main droite, une faim canine, indigestions, vapeurs, délires et autres sortes de maux. Pour les guérir, ce grand médecin proposait que, lorsque ceux qui manient les affaires d'État seraient sur le point de s'assembler, on leur tâterait le pouls, ou tâcherait de connaître la nature de leur maladie; et, la première fois qu'ils s'assembleraient, on leur enverrait, avant la séance, des apothicaires avec des remèdes astringents, palliatifs, laxatifs, céphalalgiques, ictériques, apophlegmatiques, acoustiques, etc., selon la qualité du mal, en réitérant toujours à chaque séance et *secundum artem*.

« L'exécution de ce projet ne serait pas d'une grande dépense, et serait, selon mon idée, utile au suprême degré en tous pays où les états et les parlements se mêlent des affaires d'État ! Oui, monsieur, un peu de casse et de séné administré quelques instants avant l'ouverture du Parlement, soudain tout s'apaise, à l'obéissance, à la règle, au devoir, au suffrage unanime, au respect de l'autorité, à l'admiration pour le ministre. Adoptez mon projet, il termine aussitôt les différends, il ouvre la bouche aux muets, il la ferme aux déclamateurs ; il calme à l'instant l'impétuosité des jeunes sénateurs, échauffant la froideur des vieux, réveillant les stupides, ralentissant les étourdis. »

Et parce que l'on se plaint ordinairement que les favoris des princes ont la mémoire courte et malheureuse, le même docteur voulait que quiconque aurait affaire aux grands, à ceux qui tiennent l'oreille du prince, après avoir exposé le cas en très-peu de mots, eût la liberté de donner à monsieur le favori une chiquenaude sur le nez, un coup de pied dans le ventre, ou de lui tirer les oreilles, de lui ficher une épingle... à l'endroit où le dos change de nom, en un mot toutes les façons de le tenir en haleine et en souvenance de sa promesse. Même il serait permis de réitérer de temps en temps cet argument *ad hominem*, jusqu'à ce que la chose fût accordée ou refusée absolument.

Il voulait aussi que chaque sénateur, dans l'assemblée générale de la nation, après avoir proposé son opinion, après avoir dit tout ce qu'il aurait à dire pour la soutenir, fût obligé de conclure à la proposition contradictoire, parce qu'infailliblement le résultat de ces assemblées serait par-là très-favorable au bien public.

Je vis deux académiciens politiques disputer sur le moyen de lever des impôts sans faire hurler les peuples. L'un soutenait que la meilleure méthode était d'imposer une taxe sur les vices et sur les folies des hommes, et que chacun serait taxé suivant le jugement et l'estimation de ses voisins. L'autre était d'un sentiment opposé ; il prétendait qu'il fallait taxer les belles qualités du corps et de l'esprit, chacun se piquant d'être un Addison ou un Lovelace, et les taxer plus ou moins, selon leurs degrés ; chacun, cette fois, restant son propre juge et faisant lui-même sa déclaration. La plus forte taxe, à coup sûr, devait être imposée aux mignons de Vénus, aux favoris du beau sexe, à proportion des faveurs qu'ils auraient reçues ; et l'on s'en devait rapporter encore, en cet article, à leur propre déclaration. A ce compte, il fallait taxer non moins fortement l'esprit et la valeur, selon l'aveu que chacun ferait de son intelligence et de son héroïsme. A l'égard de l'honneur, de la probité, de la sagesse, de la modestie, on exemptait ces vertus de toute espèce de taxe : *attendu qu'étant trop rares, elles ne rendraient presque rien.* C'est bien dit ! Faites donc convenir mes voisins que je suis un modèle de modestie et de sagesse. Et comptez que j'aurai la bonhomie insigne de m'affubler de la vertu des plus petites gens.

On devait pareillement taxer les dames à proportion de leur beauté, de leurs agréments, de leurs bonnes grâces, suivant leur propre estimation, comme on faisait à l'égard des hommes à l'article *honneur, héroïsme* et *dignité.* Pour la fidélité, la sincérité, le bon sens et le bon naturel, comme ces dames ne s'en piquent guère, cela ne devait rien payer : tout ce qu'on en pourrait retirer ne suffirait pas pour les frais du recouvrement.

Afin de retenir les sénateurs dans les intérêts de la couronne, un autre académicien politique était d'avis qu'il fallait que le prince offrît à ces seigneurs tous les grands emplois *à la rafle !* et pourtant de façon que chaque sénateur avant de toucher aux dés et aux cornets, fît serment, et donnât caution qu'il opinerait ensuite selon les intentions de la cour, soit qu'il gagnât le gros lot, soit que l'emploi favorisât le sénateur son voisin. En revanche, et comme fiche de consolation, il était convenu que les perdants auraient le droit de jouer entre eux au jeu de l'avancement, sitôt qu'une dignité viendrait à s'éteindre, ou quelque charge à disparaître. Ainsi tenus en éveil par une espérance incessamment renaissante, ils ne se plaindraient point des fausses promesses qu'on leur aurait données, et ne s'en prendraient qu'à la Fortune. Elle a si bon dos, la Fortune !

Un autre académicien me fit lire, en grand mystère, un écrit contenant une méthode ingénieuse pour découvrir les complots et les cabales. Il s'agissait tout bonnement d'examiner la nourriture des personnes suspectes, les heures de leurs repas, le côté sur lequel ils se couchent et se tournent dans leur lit, et principalement (c'était la clef de voûte du système) fallait-il étudier, à la loupe, la forme et la nature de leurs digestions. Ce projet, bien qu'il fût écrit avec talent et rempli d'observations utiles aux hommes d'État, me parut incomplet. Je m'aventurai à le dire à l'auteur, et j'offris d'y faire quelques additions. Il reçut ma proposition avec plus de complaisance que les écrivains académiques n'ont coutume de le faire, et il m'assura qu'il serait charmé de profiter de mes lumières.

Je lui dis que dans le royaume de Tribnia, nommé Laugden par les naturels, où j'avais résidé quelque temps dans le cours de mes voyages, la masse du peuple se composait en grande partie de dénonciateurs, espions, accusateurs, délateurs, témoins, jureurs et autres instruments utiles et subalternes, à la solde des ministres, et dévoués à leur volonté. Dans ce royaume, où la police a posé ses tabernacles, les intrigues et les complots sont en général inventés par ces sortes de gens, qui désirent établir leur réputation de profonds politiques, rendre à coups de terreurs et de surprises la vigueur à une administration malade, étouffer ou détourner les mécontentements, remplir les coffres par les amendes et confiscations, enfin élever ou abaisser le crédit public au gré de leurs intérêts privés. C'est pourquoi ils conviennent entre eux, d'avance, des complots dont certaines personnes suspectes doivent être accusées. Ils saisissent les lettres et les papiers de ces malheureux, sacrifiés à la raison d'État, et sur ces légers indices, ils vous les font mettre en prison. Or, sitôt que l'homme est en prison, tous ses papiers, quels qu'ils soient, sont remis (sous les auspices du préposé à l'opinion publique) à une société d'experts très-habiles à trouver le sens caché des mots, des syllabes, des lettres.

Par exemple, ils découvriront que :

*Chaise percée*, signifie conseil privé ;
*Crible*, dame de la cour ;
*Goutte*, grand prêtre ;
*Pensionnaire*, un mendiant ;
*Troupeau d'oies*, une assemblée ;
*Peste*, armée permanente ;
*Hanneton*, premier ministre ;
*Balai*, une révolution ;
*Souricière*, un emploi ;
*Puits perdu*, le trésor public ;
*Tonneau vide*, un général ;
*Plaie ouverte*, les affaires d'État.

Ils ont des moyens encore plus efficaces, qu'ils appellent *acrostiches* et *anagrammes*. Avant toute espèce d'inquisition, ils donnent à toutes les lettres initiales un sens politique, et *tire-toi de là, si tu peux*.

Ainsi, N serait *complot;* B, *régiment de cavalerie;* L, *flotte;* ou bien ils transposent les lettres d'un papier suspect, de manière à mettre à découvert les desseins les plus cachés d'un parti mécontent : par exemple, vous lisez dans une lettre écrite à un ami : *Votre frère Thomas a la fièvre!* Holà! voici que l'habile déchiffreur trouvera dans l'assemblage de ces mots indifférents au premier abord une phrase horrible, apprenant aux conspirateurs que tout est prêt pour le jour du complot.

L'académicien me fit de grands remercîments de lui avoir communiqué ces petites observations ; même il me promit de m'accorder une mention honorable dans le traité qu'il devait publier depuis tantôt cinquante ans !

Au demeurant, je ne vis rien dans ce pays qui pût m'engager à y faire un plus long séjour, aussi commençai-je à songer à mon retour en Angleterre.

# CHAPITRE VII

Gulliver quitte Lagado. — Il arrive à Maldonada. — Il fait un petit voyage à Glubbdubdrid. — Comment il est reçu par le gouverneur.

Le continent auquel appartient ce royaume au moins étrange s'étend, selon ma modeste estime, à l'est vers une contrée inconnue de l'Amérique, à l'ouest vers la Californie, au nord vers la mer Pacifique. Il n'est pas à plus de mille cinquante lieues de Lagado. Ce pays possède un port célèbre et fait un grand commerce avec l'île de Luggnagg, au nord-ouest, à vingt degrés de latitude septentrionale, à cent quarante degrés de longitude. L'île de Luggnagg, au sud-ouest du Japon, en est éloignée environ de cent lieues. Une étroite alliance est jurée entre l'empereur du Japon et le roi de Luggnagg, et leurs sujets, volontiers, vont d'une île à l'autre. Il était donc naturel que je prisse un si bon chemin pour retourner en Europe. Je louai deux mules, avec un guide, et du meilleur de mon cœur je pris congé de l'illustre protecteur qui m'avait témoigné tant de bonté ! A mon départ, j'en reçus un magnifique présent.

Il ne m'arriva, pendant mon voyage, aucune aventure qui

vaille la peine d'être rapportée. Au port de Maldonada, qui est une ville environ de la grandeur de Porstmouth, pas un navire, même un navire marchand, n'était en partance pour Luggnagg. Je fis bientôt quelques connaissances dans la ville. Un gentilhomme de l'endroit me dit que, puisqu'on ne ferait pas voile avant un grand mois pour Luggnagg, je ferais bien de me divertir à quelque petit voyage à l'île de Glubbdubdrid, à cinq lieues de là, vers le sud-ouest. Même il s'offrit d'être de la partie, avec un de ses amis, et de fournir une petite barque.

Glubbdubdrid, selon son étymologie, est l'*île des Sorciers*, l'île des Magiciens. Elle obéit au chef d'une tribu composée uniquement de sorciers. Sorciers et sorcières se marient entre eux ; le prince est toujours le plus ancien de la tribu, et... ça n'est pas plus sorcier que cela. Ce sorcier-prince habite un palais magnifique, au milieu d'un parc de trois mille acres, entouré d'un mur de pierre de taille de vingt pieds de haut. Lui et les siens sont servis par des domestiques d'une espèce extraordinaire. Par la connaissance qu'il a de la nécromancie, il possède le pouvoir d'évoquer les esprits et de les obliger, pendant vingt-quatre heures, à porter sa livrée.

Il était environ onze heures du matin quand nous débarquâmes. Un des deux gentilshommes qui m'accompagnaient s'en fut, du même pas, trouver le gouverneur, pour lui annoncer qu'un étranger souhaitait avoir l'honneur de saluer Son Altesse. A ce compliment, monseigneur daigna sourire. Aussitôt la cour du palais nous est ouverte, et nous traversons un triple rang de *gardes de la manche*, dont les armes et les attitudes me firent une peur extrême. Arrivés aux appartements, nous rencontrâmes une foule de domestiques qui semblaient postés là plutôt pour défendre que pour nous indiquer la chambre du gouverneur. Après trois révérences, il nous fit asseoir sur de petits tabourets au pied de son trône. Il entendait la langue des Balnibarbes. Il me fit différentes questions au sujet de mes voyages, et, pour me marquer qu'il voulait agir avec moi sans cérémonie, il fit signe, avec le doigt, à tous ses gens de se retirer. En un clin d'œil (ce qui m'étonna beaucoup), ils disparurent comme une fumée.

« O ciel ! m'écriai-je, en levant les mains.

— Rassurez-vous, » me dit le gouverneur.

Et moi, voyant que mes deux compagnons en prenaient tout à leur aise, en gens faits à ces manières, je commençai à prendre courage, et me voilà racontant à Son Altesse mes différentes aventures, non sans un grand trouble de mon imagination ! Il me semblait qu'à ma gauche et à ma droite allaient reparaître les fantômes que j'avais vus s'évanouir.

J'eus l'honneur de dîner avec le gouverneur, et nous fûmes servis par une nouvelle troupe de spectres. Nous quittâmes la table au coucher du soleil. « Couchez ici, disait le prince... — Altesse, agréez nos remercîments, et souffrez que nous nous retirions. » Il n'insista pas davantage, et nous fûmes, mes deux amis et moi, chercher un lit dans la ville capitale. Le lendemain matin, nous rendions à Son Altesse le gouverneur tous nos devoirs. Pendant les deux jours que nous sommes restés dans cette île, j'en vins à me familiariser avec les esprits, à tel point que non-seulement je ne les craignais plus, mais encore il me plaisait de les évoquer. « Puisque vous voilà si hardi, voulez-vous, me dit Son Altesse, éprouver ce que je sais faire? Eh bien, nommez-moi tels morts qu'il vous plaira d'évoquer. Soudain je les oblige à se montrer ; je les force à répondre à vos questions. » Seulement, il y mettait cette acceptable condition : que je ne les interrogerais que sur les choses qui s'étaient passées de leur temps ; de mon côté, je pourrais être assuré qu'ils me diraient toujours vrai ! C'est une de leurs tristesses, là-bas le mensonge est inutile aux morts.

Je rendis de très-humbles actions de grâces à Son Altesse, et, content de mettre à l'épreuve une autorité si grande, je revins par la mémoire aux grands événements que j'avais lus autrefois, dans l'histoire romaine, et tout d'abord il me vint dans l'esprit d'évoquer Lucrèce, la victime de Tarquin, Lucrèce qui se tue et ne veut pas survivre à son déshonneur ! Aussitôt je vis sous mes yeux une dame assez belle, et vêtue à la romaine. Je pris la liberté de lui demander pourquoi donc elle avait vengé sur elle-même le crime d'un autre ? Elle baissa les yeux, et me répondit que les historiens, de peur de la trouver faible, avaient imaginé qu'elle était folle..... A ces mots, elle disparut.

Le gouverneur, obéissant à mon caprice, fit signe à César, à Brutus, à la victime, à l'assassin de s'avancer. Je fus frappé d'admiration et de respect à la vue de Brutus. Jules César m'avoua que toutes ses belles actions étaient au-dessous des hauts faits de son meurtrier, juste vengeur de la liberté romaine... Il avait tué César pour délivrer Rome de la tyrannie et du tyran.

Après ces illustres fantômes dont on dit tant de fables vulgaires, je voulus voir Homère. Il m'apparut, je l'entretins et lui demandai ce qu'il pensait de l'*Iliade*. Il m'avoua qu'il était surpris des louanges excessives qu'on lui donnait depuis trois mille années, que son poëme était médiocre et semé de sottises ; qu'il n'avait plu de son temps que par la grâce et la beauté de la diction, de l'harmonie, en un mot, il était fort surpris que, puisque sa langue était morte et que personne après tant de siècles n'en pouvait plus distinguer les agréments et les finesses, il se trouvât encore des gens assez vains ou stupides pour l'admirer. Sophocle et son disciple Euripide me tinrent à peu près le même langage, et se moquèrent surtout de nos savants modernes. Obligés de convenir des bévues des anciennes tragédies, lorsqu'elles étaient fidèlement traduites, ils soutenaient qu'en grec c'étaient des beautés véritables et qu'il fallait savoir le grec absolument, pour en juger avec équité.

Je voulus aussi saluer ces deux grands philosophes, Aristote et Descartes. Le premier m'avoua qu'il n'avait rien compris à la physique, et qu'il était un physicien de la force des philosophes, ses contemporains ! Non pas que ceux-là en aient su davantage qui avaient vécu entre lui et Descartes. Il ajouta que Descartes avait pris un bon chemin, quoiqu'il se fût souvent trompé, surtout par son système extravagant de l'âme des bêtes. A son tour, Descartes prit la parole. Il convint de bonne grâce de certaines découvertes qu'il avait faites. Certes, il avait établi d'assez bons principes ; mais il n'était pas allé fort loin dans sa voie, et tous ceux qui désormais voudraient courir la même carrière seraient toujours arrêtés par la faiblesse de leur esprit, et forcés d'aller à tâtons. Ce même Descartes répétait que c'était une grande folie de passer sa vie à chercher des systèmes, et que la vraie physique utile et convenable à l'homme était de faire un amas d'expériences, et de s'y tenir. Que d'insensés, disait-il, ont été mes disciples, parmi lesquels on pouvait compter un certain Spinosa !

J'eus la curiosité de voir plusieurs morts illustres de ces derniers temps, parmi les morts de qualité, car j'ai toujours eu grande vénération pour la noblesse. Oh! que je vis de choses étranges, quand le gouverneur fit passer en revue, et sous mes yeux, toute la suite des aïeux de la plupart de nos ducs, marquis, comtes et gentilshommes modernes! Que j'eus grand plaisir à remonter à ces illustres origines, à contempler les divers personnages qui leur ont transmis le sang de leurs veines! Je vis clairement pourquoi certaines familles ont le nez long, d'autres le menton pointu, celles-ci le visage hideux, telle race a les yeux beaux et le teint délicat, telle autre abonde en insensés, celle-ci est féconde en fourbes, en fripons ; le caractère de celle-là est la méchanceté, la brutalité, la bassesse, la lâcheté. Telles sont les *qualités* qui les distinguent entre elles toutes, comme leurs armes et leurs livrées. A dater de cette inspection... rétrospective, je compris enfin pourquoi Polidore Virgile avait dit au sujet de certaines maisons :

> Ne cherche pas dans cette caste
> Homme hardi, ni femme chaste.

Et que dire aussi des tristes descendants des vrais aïeux, de certaines contagions qui se transmettent avec la noblesse, de l'aïeul au grand-père, au père, au fils, au petit-fils, à l'arrière-petit-fils ?

Quelle surprise enfin, de rencontrer, au beau milieu de certaines généalogies, des voleurs, des biographes, des faussaires, des rimeurs, des cuisiniers, des faiseurs de cantates, des pages, des laquais, des maîtres à danser, des maîtres à chanter !

Je reconnus clairement pourquoi les historiens ont transformé des guerriers imbéciles et lâches en grands capitaines, des insensés et de petits génies en grands politiques ; des flatteurs et des courtisans en gens de bien ; des athées en hommes pleins de religion ; d'infâmes débauchés en gens chastes, et de vrais délateurs en hommes vrais et sincères. Je sus aussi pourquoi donc et comment des personnes très-innocentes avaient été condamnées à la mort ou au bannissement, par l'intrigue des favoris. Grands corrupteurs de la justice et de la vérité ! ne m'interrogez pas... Je vous dirais comme il est advenu que des hommes de basse extraction et sans mérite ont été bombardés aux plus illustres emplois ; par quelle suite de malheurs un vil proxénète, un coquin d'antichambre, un drôle affublé d'un habit brodé, vendeur de corruptions toutes faites, et fabricant de vénales amours, finissait par être un homme considérable, et arrivait à peser sur les destinées d'une nation ! Oh ! que je conçus alors une basse idée de l'humanité ! Que la sagesse et la probité des hommes me parut peu de chose en voyant la source de toutes les révolutions, le motif honteux des entreprises les plus éclatantes, les ressorts, ou plutôt les accidents imprévus, et les bagatelles qui les avaient fait réussir !

Je découvris l'ignorance et la témérité de nos historiens ! Malepeste ! voilà d'habiles gens ! Ils savent, à point nommé, les rois qui sont morts du poison ! Ils vous disent, sans en rien oublier, les entretiens secrets d'un prince avec son premier ministre ! Ils ont, à votre intention, crocheté la serrure la plus embrouillée (à l'exemple de la politique) des plus mystérieux cabinets ; ils ont appliqué à leurs tortures particulières nos seigneurs les ambassadeurs, pour en tirer les anecdotes les plus curieuses et d'intéressantes révélations !

« Vous savez bien ma grande victoire de X***, s'écriait un général, je l'ai gagnée en prenant la fuite ! — Et moi, s'écriait l'amiral N***, j'allais amener mon pavillon au moment juste où la flotte ennemie a battu la chamade ! »

Il y eut trois têtes... couronnées qui me dirent que sous leur règne elles n'avaient jamais récompensé aucun homme de mérite ; une seule fois pourtant leur ministre les trompa et se trompa lui-même. Aussi bien, ils s'en étaient repentis cruellement, rien n'étant plus incommode que la vertu.

J'eus la curiosité de m'informer par quel moyen un si grand nombre de personnes étaient parvenues à une très-haute fortune. Je me bornai à des temps déjà loin de nous, sans toucher au temps présent, de peur d'offenser même les étrangers. (Est-il donc nécessaire de vous prévenir, ami lecteur, que tout ce que j'ai dit jusqu'ici ne regarde point ma chère patrie ?) Or, parmi ces moyens de fortune et de succès, voici les meilleurs, si j'en crois les renseignements que j'ai recueillis :

    Parjure !
    Oppression !
    Perfidie !
    Injustice !
    Mensonge !
    Subornation !
    Serments !
    Pendaisons !
    Confiscations !

Ajoutons, s'il vous plaît, à ces bagatelles de l'envie de parvenir :

    Meurtres !
    Poisons !
    Assassinats !
    Prostitutions !
    Suppositions !
    Suppressions !

Après ces découvertes, je crois bien que l'on me pardonnera désormais un peu moins d'estime et de vénération pour la grandeur, que j'honore et respecte naturellement, comme tous les inférieurs doivent faire à l'égard de ceux que la nature ou la fortune ont placés dans un rang supérieur à celui que nous occupons, nous autres, les faibles mortels.

J'avais lu dans certains livres que des sujets avaient rendu de grands services à leur prince, à leur patrie. « Ami sorcier, lui dis-je, ayez la bonté de me montrer ces grands citoyens, ces sujets fidèles, que je les voie ! — On ne sait plus ces noms-là, répondit le sorcier, princes et nations oublient volontiers le nom de leurs bienfaiteurs. » On se souvenait seulement de quelques-uns... les historiens, en leurs diatribes, les avaient fait passer pour des traîtres et des lâches ! Ces gens de bien, dont on avait oublié les noms, obéirent cependant à mon ordre... et se montrèrent... mais qu'ils étaient humiliés, et dans quel triste équipage ! Hélas ! les braves gens sans récompense ! Ils étaient morts dans la pauvreté et dans la disgrâce, et quelques-uns même sur un échafaud !

Parmi ces victimes de leur courage et de leur dévouement, je vis un homme intéressant, s'il en fut onques. Il avait à ses côtés un jeune fils de dix-huit ans. Il me dit qu'il avait été capitaine de vaisseau pendant plusieurs années ; dans le combat naval d'Actium, il avait enfoncé la première ligne, et coulé à fond trois vaisseaux de premier rang. Bien plus, il en avait pris le vaisseau amiral, ce qui avait été la seule cause de la fuite d'Antoine et de l'entière défaite de sa flotte. Enfin le jeune homme ici présent était son fils unique, tué dans le combat. Cet homme ajouta que, la guerre étant terminée, il vint à Rome y solliciter pour sa récompense le commandement d'un vaisseau dont le capitaine avait péri dans le combat. Que direz-vous de ceci? sans avoir égard à sa demande, ce commandement avait été donné au fils de certain affranchi qui n'avait encore jamais vu la mer ! A cette injustice odieuse il avait baissé la tête, et, sans mot dire, il était retourné à son poste... On avait profité de son absence pour donner son propre navire au page du vice-amiral Publicola ! C'est pourquoi il avait été obligé de se retirer chez lui, dans une humble métairie, à cent lieues de Rome, et dans ce dernier asile il avait fini ses jours. Quelle incroyable histoire ! Agrippa, qui dans ce combat avait été l'amiral de la flotte victorieuse, me confirmant la vérité de ce récit, ajouta des circonstances que la modestie et la réserve du bon capitaine avaient omises.

Comme chacun des personnages évoqués paraissait tel qu'il avait été dans le monde, avec douleur je compris combien depuis cent ans le genre humain avait dégénéré, combien la débauche, avec toutes ses conséquences, avait altéré les traits du visage et rapetissé les corps, retiré les nerfs, relâché les muscles, effacé les couleurs, corrompu la chair des Anglais !

Je voulus voir enfin quelques-uns de nos anciens paysans, ces Sabins, fils des Sabines rustiques, ces paysans du Danube, étonnant le monde entier de leur éloquence austère, héros de la charrue et du toit de chaume, dont on vante encore aujourd'hui la simplicité, la sobriété, la justice, l'esprit de liberté, la valeur, nos plus précieux exemples de dévouement et d'amour pour la patrie. Ils comparurent à ma barre, et je ne pus m'empêcher de les comparer avec ceux d'aujourd'hui, qui vendent à prix d'argent leurs suffrages, dans l'élection des députés au parlement. Ces bons paysans! ces naïfs bergers! ces sages laboureurs! fils de la terre innocente, en fait de rouerie et de mensonge, ils en revendraient aux gens de cour.

# CHAPITRE VIII

Retour de Gulliver à Maldonada. — Il fait voile pour le royaume de Luggnagg. — A son arrivée il est arrêté et conduit à la cour. — Comment il y est reçu.

Le jour de notre départ étant arrivé, je pris congé de Son Altesse le gouverneur de Glubbdubdrid, et retournai avec mes deux compagnons à Maldonada. Après une attente de quinze jours, je m'embarquai enfin sur un navire qui partait pour Luggnagg. Les deux gentilshommes, et quelques autres personnes qui m'avaient été bienveillantes, eurent l'honnêteté de me fournir les provisions nécessaires pour ce voyage, et de me conduire à bord. Le second jour de notre départ nous essuyâmes une violente tempête et fûmes contraints de gouverner au nord, par les vents alizés, qui soufflent, en cet endroit, l'espace de soixante lieues. Le 21 avril 1711, nous entrâmes dans la rivière de Clumegnig, qui est une ville port de mer, au sud-est de Luggnagg. L'ancre est jetée à une lieue de la ville et nous faisons le signal au pilote. En moins d'une heure il en vint deux à bord, qui nous guidèrent au milieu des écueils et des rochers, très-dangereux dans cette rade, et dans le passage étroit qui conduit au bassin où les navires sont en sûreté. De la longueur d'un câble, il touche aux remparts.

Quelques-uns de nos matelots, soit trahison, soit imprudence, me signalèrent aux pilotes comme un étranger grand voyageur. Ceux-ci en avertirent le commis de la douane ; et ce commis, qui voulait de l'avancement, m'adressa diverses questions dans la langue balnibardienne, qui est entendue en cette ville à cause du commerce, et surtout par les gens de mer et les douaniers. Je lui répondis en peu de mots, et lui fis une histoire aussi vraisemblable qu'il me fut possible. Je jugeai cependant qu'il était nécessaire de déguiser mon pays, et de me dire Hollandais ; mon dessein étant d'aller au Japon, où je savais que les Hollandais étaient les bienvenus. Donc je répondis qu'ayant fait naufrage à la côte des Balnibarbes, et m'étant échoué sur un rocher, j'avais été dans l'île volante de Laputa, dont j'avais souvent ouï parler, et que maintenant je songeais à me rendre au Japon pour retourner dans mon pays. Le commis, qui avait du vrai sang de douanier dans les veines, répondit, en homme avisé, qu'il ne doutait pas de la véracité de mon récit ; mais il avait ses ordres, et, avant de m'admettre à la libre pratique, il se voyait dans la triste obligation de me séquestrer, jusqu'à ce qu'il eût reçu des ordres de sa cour, où il allait écrire immédiatement. Il espérait recevoir une bonne réponse avant qu'il fût quinze ou vingt jours. Me voilà donc prisonnier de la douane ! On me donne un logement convenable avec une sentinelle à ma porte. J'avais un grand jardin où me promener, et je fus traité aux dépens du roi. Plusieurs personnes me rendirent visite, excitées par la curiosité de voir un homme qui venait d'un pays dont elles n'avaient jamais entendu parler.

Je fis marché avec un jeune passager de notre navire comme interprète. Il était natif de Luggnagg ; mais, ayant passé plusieurs années à Maldonada, il savait parfaitement les deux langues. Avec son secours, je fus en état d'entretenir tous ceux qui me faisaient l'honneur de me visiter : ils m'interrogeaient, je répondais à leurs questions.

Au bout de quinze jours arriva la réponse du gouvernement : ordre exprès de me conduire avec ma suite, par un détachement de chevaux, à *Traldragenbh* ou *Trildragdrib* ; autant que je m'en puis souvenir, on prononce ainsi des deux manières. Toute ma suite consistait en ce pauvre garçon, qui me servait de trucheman, de secrétaire et de valet de chambre. On fit partir un courrier devant nous, qui nous devança d'une demi-journée, pour donner avis au roi, son maître, de ma prochaine arrivée et pour demander à Sa Majesté le jour et l'heure où je pourrais avoir l'honneur et le plaisir de lécher la poussière du pied de son trône invincible.

Deux jours après mon arrivée, on m'accordait mon audience ; et d'abord on me fit coucher et ramper sur le ventre et balayer le plancher avec ma langue, à mesure que j'avançais vers le trône de Sa Majesté. Grâce à ma qualité d'étranger, on avait eu l'honnêteté de nettoyer le plancher ; et, ma foi ! cette poussière à balayer, ce n'était pas la mer à boire. Ils me firent en ceci une faveur toute particulière, et qui ne s'accordait guère même aux personnes du premier rang, lorsqu'elles avaient l'honneur d'être reçues à l'audience de Sa Majesté. Quelquefois même on laissait le plancher très-sale... il suffisait d'un ennemi puissant pour être exposé à ces disgrâces. J'ai vu un seigneur la bouche obstruée à ce point de poussière et souillée de l'ordure qu'il avait recueillie avec sa langue, que parvenu aux pieds de ce trône intelligent, il lui fut impossible d'articuler une seule parole. A ce malheur point de remède; il est défendu, sous des peines graves, de cracher ou de s'essuyer la bouche en présence du roi. Il y a même en cette cour un autre usage abominable : une fois que vous étiez bel et bien condamné à mort, le roi dans sa bonté, pour vous épargner la honte du supplice, ordonnait que l'on jetât sur le plancher certaine poudre qui ne manque guère de vous faire mourir doucement et sans éclat, au bout de vingt-quatre heures. Mais, pour rendre justice au prince, à sa grande douceur, à la bonté qu'il a de ménager la vie de ses sujets, il faut dire à sa louange qu'après de semblables exécutions il a coutume d'ordonner très-expressément de bien balayer le plancher, en sorte que, si ses domestiques l'oubliaient, ils courraient risque de tomber dans sa disgrâce. Je l'ai vu, moi qui vous parle, j'ai vu Sa très-clémente Majesté condamner un page au fouet, pour avoir malicieusement négligé de procéder à un balayage exact... Un jeune seigneur de grande espérance avait léché un restant de poison, et de cette légère inadvertance il était mort! Admirez cependant la bonté du monarque! Il voulut bien encore pardonner cette étourderie à son page, et lui fit grâce du fouet.

Revenons à mon audience. A quatre pas et à quatre pattes des pieds sacrés, je me levai sur mes genoux; là, je frappai sept fois la terre de mon front, et je prononçai ces paroles, que, la veille, on m'avait apprises par cœur... *Ickpling Gloffthrobb suqutserumm blhiop mlashnalt, zwin tnodbalkguffh slhiophad gurdlubh asth.* Ceci est un formulaire établi par les lois de ce royaume, à l'usage des hommes d'honneur qui sont admis à l'audience, et qu'on peut traduire ainsi : *Puisse votre céleste Majesté survivre au Soleil!* Le roi, sans se déconcerter (il disait la même chose à tout le monde), me fit une réponse à laquelle je ne compris rien, et moi, de mon côté, je criai très-distinctement : *Fluft drin yalerick dwuldom prastrod mirpush*, qui peut se traduire ainsi : Ma langue est dans la bouche de mon ami !... Si bien que, de leur côté, les interprètes royaux finirent par comprendre (ils étaient très-intelligents) que je désirais me servir de mon interprète ; alors on fit entrer le jeune garçon dont j'ai parlé, et par son trucheman, je répondis à toutes les questions que Sa Majesté m'adressa pendant une demi-heure. Je parlais le *balnibarbien*, et mon interprète rendait mes paroles en *lugnaggien*.

Le roi prit grand plaisir à mon entretien ; il ordonna à son *blisfmarklub*, ou chambellan, de faire préparer un logement dans son palais pour moi et mon interprète. Il fit mieux, il me gratifia d'une somme par jour pour ma table, avec une bourse pleine d'or, pour mes menus plaisirs.

Je demeurai trois mois en cette cour. Dans ces trois mois, Sa Majesté me combla de ses bontés, et me fit des offres très-gracieuses, pour me retenir dans ses États ; mais trop profondément était gravé dans mon âme le souvenir de mon pays. de mes enfants, de ma chère épouse, privés depuis trop longtemps des douceurs de ma présence.

# CHAPITRE IX

### Des Struldbruggs ou Immortels.

Les Luggnaggiens sont un peuple très-poli, très-brave ; ils ne manquent pas, j'en conviens, de cet orgueil qui est l'apanage de toutes les nations de l'Orient ; en revanche, ils sont honnêtes et civils à l'égard des étrangers, et surtout de ceux qui ont été bien reçus à la cour. Je fis connaissance et me liai avec des personnes du grand monde et du bel air, et, grâce à mon interprète, j'eus souvent avec ces braves gens des entretiens agréables et fort instructifs.

Un d'eux me demandait un jour si j'avais vu quelques-uns de leurs Struldbruggs ou immortels. Je lui répondis que non, et que j'étais fort curieux de savoir comment on avait pu donner ce nom à des créatures de la race bipède des hommes. Il me dit que parfois, mais rarement, naissait dans une famille un enfant orné d'une tache rouge et ronde au sourcil gauche, et que cette incroyable marque le préservait de la mort. Dans les premiers jours, cette tache était de la largeur d'une petite pièce d'argent (que nous appelons en Angleterre *three pence*), et, le sujet grandissant, elle croissait et changeait de couleur. A douze ans, elle était verte; à vingt ans, elle passait du noir au bleu; à quarante ans, elle était tout à fait noire et de la grandeur d'un schelling... immuable éternellement. Il ajouta qu'il naissait si peu de ces enfants marqués au front, que l'on comptait à peine onze cents immortels de l'un et l'autre sexe en tout le royaume; il y en avait cinquante dans la capitale, et depuis trois ans on signalait un seul enfant de cette espèce, une simple fille encore! Au fait, la naissance d'un immortel n'était point attachée à telle famille de préférence à telle autre; présent de la nature ou du hasard, les enfants même des Struldbruggs naissaient *mortels*, comme les enfants des autres hommes.

Ce récit m'enchantait; la personne qui me le faisait entendant la langue des Balnibarbes, que je parlais, je lui témoignai mon admiration avec les termes les plus expressifs. Je m'écriai, enthousiaste et ravi : « Trop heureuse nation, dont les enfants peuvent prétendre à l'immortalité! Heureuse contrée, où les exemples de l'ancien temps subsistent toujours, où la vertu des premiers siècles n'a point péri, où les premiers hommes vivent et vivront pour donner des leçons de sagesse aux générations de leurs générations! Donc, louange éternelle à ces hommes délivrés des horreurs de la mort! Sans doute ils ont la sagesse, ils ont la prudence! ils touchent, par la sympathie et par l'expérience, aux conseils des dieux! »

Pourtant j'étais fort intrigué de n'avoir pas rencontré un seul de ces immortels! Sans doute la glorieuse et flamboyante empreinte sur leur front m'aurait frappé les yeux. « Comment, ajoutai-je, un roi si judicieux pourrait-il se passer de l'expérience et des services de ces hommes d'État... immortels? Mais peut-être que la rigide vertu de ces vieillards l'importune, et blesserait les yeux de sa cour! Quoi qu'il en soit, je suis résolu d'en parler à Sa Majesté à la première occasion; et, qu'elle défère à mes avis ou les trouve hors de saison, j'accepte avec un juste orgueil l'établissement qu'elle a eu la bonté de m'offrir dans ses États, afin de passer le reste de mes jours dans la compagnie illustre de ces hommes immortels! »

Celui à qui j'adressais la parole, me regardant alors avec un sourire qui marquait que mon ignorance lui faisait pitié, me répondit qu'il était ravi que je voulusse bien rester dans le pays, et me demanda la permission d'expliquer aux gens qui nous écoutaient ce que je venais de lui dire. Il le fit, et pendant quelque temps ils s'entretinrent ensemble dans leur langage, que je n'entendais point. Ni dans leurs yeux, ni dans leurs gestes, je ne pouvais me rendre un compte exact de l'impression que mon discours avait faite sur leurs esprits. Enfin la même personne qui m'avait parlé me dit poliment que ses amis, charmés de mes réflexions judicieuses sur le bonheur et les avantages de l'immortalité, désiraient savoir quel système de vie (au préalable) était dans mes habitudes, et quelles seraient mes ambitions, ou tout au moins mes espérances, si la nature m'avait fait naître Struldbrugg.

A cette intéressante question je repartis que j'allais les satisfaire et leur répondre avec grand plaisir; et quoi de plus simple, à qui se rend compte, et si volontiers, même de ses rêves? Que de fois me suis-je demandé ce que j'aurais fait si j'eusse été roi, général d'armée ou ministre d'État! A plus forte raison, ami Gulliver, que ferais-tu de l'immortalité? A part moi, j'avais déjà médité sur la conduite que je tiendrais si j'avais à vivre éternellement; et, puisqu'on le voulait, j'allais, à ce propos, donner l'essor à mon imagination.

« Mes amis (tel fut mon discours d'immortel), si véritablement le ciel m'avait fait naître au milieu de ce royaume, où tant de chances d'immortalité sont accordées aux regnicoles, mon premier soin eût été de faire une grande fortune, et deux petits siècles auraient suffi à m'enrichir, tant j'aurais été, sans cesse et sans fin, un lâche, un coquin, un proxénète, un mendiant, un délateur, un intrigant. Donc me voilà riche ! En même temps, je vois, j'entends, j'étudie, et je m'applique à devenir le plus savant homme de l'univers, remarquant avec soin tous les grands événements, observant avec attention tous les princes et tous les ministres d'État qui se succèdent les uns aux autres, comparant leurs caractères, et faisant à ce propos les plus belles réflexions du monde. Ouidà ! j'aurais tracé un mémoire fidèle, exact, de toutes les révolutions de la mode et du langage, et des changements arrivés aux coutumes, aux lois, aux mœurs, aux plaisirs même. Ainsi, par cette étude et ces observations, je serais devenu à la fin un magasin d'antiquités, un registre vivant, un trésor de connaissances, un dictionnaire éloquent, toujours consulté, un oracle infaillible, l'oracle perpétuel de mes compatriotes et de tous mes dignes contemporains.

« Immortel, j'obéissais aux lois les plus strictes de l'immortalité. Point de mariage et point d'enfants ; la vie élégante, en belle humeur, sans peines et sans gêne ! En même temps, je m'occupe à former l'esprit de quelques jeunes gens ; je leur fais part de mes lumières et de ma longue expérience. Mes vrais amis, mes compagnons, mes confidents naturels, je les prends parmi mes illustres confrères les Struldbruggs, dont je choisis une douzaine parmi les plus anciens, pour me lier plus étroitement avec eux. Toutefois je ne laisse pas que de fréquenter aussi quelques mortels de mérite. Hélas ! il faudra bien m'habituer à les voir mourir, sans chagrin et sans regrets, leur postérité me consolant de leur perte. On s'accoutume à tout, si l'on est immortel, et je finirai par contempler les gens que l'on mène au tombeau, comme un fleuriste éprouve un certain plaisir à voir chaque année au printemps, dans ses plates-bandes, naître et mourir, puis renaître et mourir, ses roses, ses tulipes, ses œillets.

« Nous nous communiquerions mutuellement, entre nous autres Struldbruggs, toutes les remarques et observations que nous aurions faites sur la cause et le progrès de la corruption du genre humain. Nous en composerions un beau traité de morale tout rempli de leçons bien faites, pour régénérer l'espèce humaine, qui va se dégradant de jour en jour depuis au moins deux mille ans.

« Quel spectacle imposant que de voir, de ses propres yeux, les décadences et les révolutions des empires, la face de la terre incessamment renouvelée, les villes superbes transformées en bourgades, ou tristement ensevelies sous leurs ruines honteuses ; les villages obscurs devenus le séjour des rois et de leurs courtisans ; les fleuves célèbres changés en petits ruisseaux ; l'Océan baignant d'autres rivages ; de nouvelles contrées découvertes ; un monde inconnu sortant ce matin, éclatant de nouveauté, du chaos d'hier ! Immortels, mes frères, quelle joie et quel orgueil ! La barbarie et l'ignorance étendues sur les nations les plus polies, les voilà dissipées ; nous autres, les prévoyants et les sages, nous avons mis ordre à ces tristes spectacles : l'imagination éteignant le jugement, le jugement glaçant l'imagination ; le goût des systèmes, des paradoxes, de l'enflure, des pointes et des antithèses étouffant la raison et le bon goût ; la vérité opprimée en un temps, et triomphant dans l'autre ; les persécutés devenus persécuteurs ; les persécuteurs persécutés à leur tour ; les superbes abaissés ; les humbles élevés ; des esclaves, des affranchis, des mercenaires parvenus à l'autorité par le maniement des deniers publics, par les malheurs, par la faim, par la soif, par la nudité, par le sang des peuples ! Ces abîmes sont comblés ; ces crimes désormais sont impossibles ! L'attraction a remplacé la répulsion, la guerre implacable a cédé aux douceurs de la paix, la force a dit son dernier mot dans l'univers régénéré. La postérité de ces brigands publics est rentrée enfin dans le néant, d'où l'injustice et la rapine l'avaient tirée !

« Comme, en cet état d'immortalité, l'idée de la mort ne serait jamais présente à mon esprit pour troubler ou ralentir mes désirs, je m'abandonnerais à tous les plaisirs sensibles dont la nature, indulgente mère, et la raison, ce flambeau plus brillant que l'étoile, approuveraient le sage et charmant emploi. Point de plaisir suivi de regrets ! Fi des voluptés que le repentir empoisonne ! Immortel, je suis l'ami de la science ; à force de méditer, je trouverai à la fin les longitudes, la quadrature du cercle, le mouvement perpétuel, la pierre philosophale, et le remède à tous les maux. *Et sanando omnes ;* c'était le rêve du Sauveur. »

Lorsque j'eus finis mon discours, celui qui seul l'avait entendu se tourna vers la compagnie, et leur en fit le précis dans son langage ; après quoi ils se mirent à raisonner ensemble un peu de temps, sans pourtant témoigner, au moins par leur attitude, aucun mépris pour ce que je venais de dire. A la fin, cette même personne qui avait résumé mon discours fut priée par la compagnie d'avoir la charité de me dessiller les yeux et de m'avertir de mes erreurs. Ce qu'il fit bien volontiers, dans un long discours que j'abrége... attendu que je n'ai pas abrégé mon propre discours.

Il commença par reconnaître, avec beaucoup de courtoisie, à propos des immortels, que, si grande était mon erreur, il avait trouvé chez les Balnibarbes et chez les Japonais à peu près les mêmes dispositions : le désir de vivre était naturel à l'homme ; un pied dans la tombe, il s'efforce encore de se tenir sur l'autre. Ainsi le vieillard le plus courbé se représente un lendemain, un avenir, et n'envisage la mort que comme un mal éloigné. Au contraire, en l'île de Luggnagg, la vieillesse était réputée une honte ; l'exemple familier et la vue continuelle de leurs tristes immortels avaient préservé les habitants de cet amour insensé de la vie.

« C'est bien à tort (reprit ce mortel content de son sort) que vous portez si haut ce malheureux privilége, et vous changerez bien d'avis, quand vous connaîtrez le fond de cette immortalité lamentable. Avez-vous donc pensé que l'*immortalité*, c'était la jeunesse à l'infini, avec la force et la santé ? — Toujours vingt ans ? Sans cesse et sans fin le mois de mai ? Quoi donc ? vous supprimez la vieillesse et cette horrible caducité des jours, des années, des siècles amoncelés sur ces vieillards incapables de vivre et de mourir ? »

En même temps, il me fit le portrait des Struldbruggs ; ils ressemblaient aux mortels ; ils vivent comme eux, jusqu'à trente ans ; passé l'âge où tout est mûr et se déforme, hélas !

ces malheureux mélancoliques tombent dans un immense ennui qui ne s'arrête plus. Au bout d'un siècle, ils ne sont plus que des vieillards courbés sous la vieillesse, avec l'idée affligeante de l'éternelle durée de leur caducité misérable ; à ce point ils en sont tourmentés, que rien ne les console : ils ne sont pas seulement, comme les autres vieillards, entêtés, bourrus, avares, chagrins, babillards, insensés... Le temps les fait stupides ; il en fait d'abominables égoïstes. Ils renoncent à tout jamais aux douceurs de l'amitié ; ils n'ont plus même de tendresse pour leurs enfants, pour leurs petits-enfants, pour les enfants de leurs enfants ; dès la troisième génération, ils ont cessé de se reconnaître en ces naissances qui se croisent et s'inquiètent fort peu de l'immortel qui est leur grand-père. Inertes, impuissants, lamentables, leur vie est un sommeil entrecoupé de haine et d'envie. Haine aux jeunes amours, haine à la vie, au printemps, au bonheur, aux fraîches chansons ; envie à la fleur, au sourire, aux plaisirs, aux fiançailles, aux mariages, aux naissances ; envie aux vieillards, trop heureux, qui s'éteignent doucement dans les bras d'une famille qui les pleure. O peine et désespoir ! Cette absence de la mort ! Point de relâche à la vie et nul repos. Pour eux seuls, la tombe est fermée ; ils ignorent les Élysées, les paradis, les enchantements, les récompenses ; le savoir leur pèse ; ils ont peur des révolutions qu'ils ont vues ; plus de sympathies et plus d'espérance. Hélas ! les moins misérables, les moins à plaindre, étaient ceux qui radotaient, qui avaient tout à fait perdu la mémoire, et se voyaient réduits à l'état d'une horrible enfance, où rien ne sourit, où rien ne vous aime, où tout est silence, horreur, solitude, abandon.

Si par malheur un Struldbrugg épouse une Struldbrugge,

le mariage est dissous dès que le plus jeune des deux est parvenu à l'âge de quatre-vingts ans. Il est juste, en effet, qu'un malheureux, condamné, sans l'avoir mérité, à vivre éternellement, ne soit pas obligé de vivre avec une femme éternelle. Ce qu'il y a de plus triste, est qu'après avoir atteint cet âge fatal, ils sont regardés comme étant morts civilement : leurs héritiers s'emparent de leurs biens; ils sont mis en tutelle, ils sont dépouillés de tout, et réduits à une pension alimentaire (loi très-juste, à cause de la sordide avarice ordinaire aux vieillards). Les *Immortels* sans argent sont entretenus aux dépens du public, dans une maison appelée l'*Hôpital des pauvres Immortels*. Un immortel de quatre-vingts ans ne peut plus exercer charge, emploi, commandement. Il est incapable de négocier, contracter, acheter ou vendre. En justice, on ne reçoit plus son témoignage... Enfant au-dessous des enfants.

Sitôt qu'ils ont un siècle moins dix ans, voici l'abîme, et voilà le fantôme ! Ah ! que de misères entassées sur l'homme immortel ! Le crâne est dépouillé, la mâchoire est dégarnie; et plus de goût, plus de saveur. Ils perdent la mémoire des choses les plus aisées à retenir, ils oublient le nom de leurs amis, et quelquefois leur nom propre. A quoi bon s'amuser à lire une phrase de quatre mots ? Ils oublient, en épelant, les dernières syllabes. Par la même raison, il leur est impossible de s'entretenir avec personne... Et comme la langue est changeante autant que les feuilles des arbres, les Struldbruggs nés dans un siècle ont peine à comprendre le langage des hommes du siècle ancien. Ils ne parlent plus... Ils balbutient ! Ils parlent d'une lèvre inerte une langue morte. Il faudrait un dictionnaire pour la comprendre ! Esprit qui se perd en fumée ! intelligence éteinte, enfantillage hébété ! Les années se dandinent sur ces têtes chauves où tout vacille... Évitez, croyez-moi, ce spectacle hideux ! » Ainsi parla ce mortel, tout content d'une maladie incurable qui le menait au tombeau tambour battant.

Certes, je perdis l'envie, à ce compte, d'une immortalité si lamentable, et je demeurai bien honteux de toutes les folles imaginations auxquelles je m'étais abandonné, sur le système d'une vie éternelle, ici-bas.

Le roi, ayant appris ce qui s'était passé dans ce mémorable entretien, rit beaucoup de mes idées sur l'immortalité, et de l'envie absurde que j'avais portée aux *Struldbruggs*. Il finit par me demander sérieusement si je ne voudrais pas en mener deux ou trois dans mon pays, pour guérir mes compatriotes du désir de vivre et de la peur de mourir.

Je répondis à Sa Majesté que je le voulais bien, mais, à vrai dire, il m'eût paru bien cruel de me charger de cet ignoble fardeau, et, Dieu merci, j'en fus quitte pour la peur. Une loi fondamentale a défendu, à perpétuité, aux immortels de quitter le royaume de Luggnagg.

# CHAPITRE X

Gulliver, de l'île de Luggnagg, se rend au Japon. — Il s'embarque sur un vaisseau hollandais. — Il arrive dans Amsterdam, et, de là, passe en Angleterre.

J'espère un peu que tout ce que je viens de dire ici des *Struldbruggs* n'aura point ennuyé le lecteur. Ce ne sont point, certes, des choses communes, usées et rebattues, que l'on trouve à satiété dans les relations des voyageurs; au moins, puis-je affirmer que je n'ai rien vu de pareil dans celles que j'ai lues. Si pourtant quelque autre, avant moi, avait raconté ses propres voyages dans les pays dont je crois être, au moins, le Christophe Colomb, le lecteur aura la bonté de considérer qu'un voyageur, sans copier son voisin, est en droit de raconter les mêmes choses qu'il aura vues dans les mêmes pays.

Comme il se fait un très-grand commerce entre le royaume de Luggnagg et l'empire du Japon, les auteurs japonais n'auront pas oublié, dans leurs livres, de faire mention de ces Struldbruggs. Mais, le séjour que j'ai fait au Japon ayant été très-court, et d'ailleurs sans aucune teinture de la langue japonaise, il ne m'a pas été facile de m'assurer si j'avais été précédé dans mes découvertes. Je m'en rapporte à MM. les voyageurs hollandais.

Le roi de Luggnagg, m'ayant souvent pressé, mais en vain, de rester dans ses États, eut enfin la bonté de m'accorder mon congé ; même il me fit l'honneur de me donner une lettre de recommandation, écrite de sa propre main, pour son cousin, l'empereur du Japon. Il me fit présent de quatre cent quarante-quatre pièces d'or, de cinq mille cinq cent cinquante-cinq petites perles, et de huit cent quatre-vingt-huit mille huit cent quatre-vingt-huit grains d'une espèce de riz très-rare, pour l'acclimatation. Ces sortes de nombres, qui se multiplient par dix, plaisent beaucoup en ce pays-là.

Le sixième jour du mois de mai 1709, je pris congé de Sa Majesté ; je dis adieu à tous les amis que j'avais à sa cour. Ce prince excellent me fit conduire par un détachement de ses gardes au port de Glanguestald, au sud-ouest de l'île. Au bout de six jours, je trouvai un navire en partance pour le Japon : en moins de cinquante jours, nous débarquâmes à un petit port nommé Xamoski.

J'exhibai tout d'abord aux officiers de la douane la lettre dont j'avais l'honneur d'être chargé de la part du roi de Luggnagg pour Sa Majesté Japonaise. Ils reconnurent tout d'un coup le sceau de Sa Majesté Luggnaggienne, dont l'empreinte représentait *un roi soutenant un pauvre estropié, et l'aidant à marcher.*

Les magistrats de la ville, aussitôt qu'il leur fut démontré que j'étais porteur de cette auguste lettre, me traitèrent en ministre d'État, et me fournirent une voiture pour me transporter à Yédo, qui est la capitale de l'empire. A peine arrivé, j'obtins une audience de Sa Majesté, et l'honneur de lui présenter le rescrit royal. La lettre étant ouverte en grande cérémonie, l'empereur se la fit expliquer par son interprète, ajoutant en *post-scriptum*, que j'eusse à lui demander quelque grâce ! En considération de son très-cher frère le roi de Luggnagg, il me l'accorderait aussitôt.

Cet interprète, ordinairement employé dans les affaires du commerce avec les Hollandais, connut aisément à mon air que j'étais Européen, et me rendit en langue hollandaise les paroles de Sa Majesté. Je répondis que j'étais un marchand de Hollande, triste jouet du naufrage et des vents. J'avais fait beaucoup de chemin par terre et par mer, pour me rendre à Luggnagg, et de là dans l'empire du Japon, où mes compatriotes se livraient à un grand commerce, et me fourniraient l'occasion de retourner en Europe. Ainsi je suppliai Sa Majesté de me faire conduire en sûreté à Nangasaki. Je pris en même temps la liberté de lui demander une autre grâce. En considération du roi de Luggnagg, qui me faisait l'honneur de me protéger, je fus dispensé de la cérémonie abominable imposée aux gens de mon pays. Les avares ! Pour un peu d'or, ils foulent aux pieds la sainte image du Rédempteur. Dieu merci ! je n'étais pas de ces vils marchands ; je venais au Japon pour passer en Europe, et non point pour y trafiquer.

Sitôt que l'interprète eut exposé à Sa Majesté Japonaise la dernière grâce que je demandais, elle parut surprise infiniment de ma proposition, et me répondit que j'étais le premier homme de mon pays à qui pareil scrupule fût venu à l'esprit ; ce qui le faisait un peu douter que je fusse un véritable Hollandais. « Cet homme est un chrétien, tout simplement, » disait-il. Cependant l'empereur, goûtant la raison que je lui avais alléguée, et poussé par la recommandation du roi de Luggnagg, voulut bien compatir à ma faiblesse, à condition du moins que je sauverais les apparences. Il donnerait l'ordre aux officiers préposés à l'observance de cet horrible usage qu'ils eussent, et pour cette fois, à se contenter de l'apparence. Il ajouta qu'il était de mon intérêt de tenir la chose secrète ; infailliblement les Hollandais, mes compatriotes, me poignarderaient dans le voyage, s'ils venaient à savoir la dispense étrange que j'avais obtenue, et le scrupule injurieux que j'avais eu de ne pas les imiter.

Je rendis de très-humbles actions de grâces à Sa Majesté pour cette faveur singulière, et, quelques troupes étant alors en marche pour se rendre à Nangasaki, l'officier commandant eut l'ordre de me conduire en cette ville, avec une instruction secrète sur l'affaire du crucifix.

Le neuvième jour de juin 1709, après un voyage assez pénible, j'arrivai à Nangasaki, où je rencontrai une compagnie de Hollandais ; ils étaient partis d'Amsterdam pour négocier à Amboine, et déjà ils étaient prêts à se rembarquer sur un gros navire de quatre cent cinquante tonneaux. J'avais passé un temps considérable en Hollande, ayant fait mes études à Leyde, et j'en parlais bien la langue. On me fit plusieurs questions sur mes voyages, auxquelles je répondis comme il me plut ; je soutins parfaitement mon personnage de Hollandais ; très-libéralement, je me donnai des amis et des parents dans les Provinces-Unies, et je choisis pour ma patrie une des plus jolies villes de mon royaume adoptif.

J'étais disposé à donner au capitaine (un certain Théodore

Vangrult) tout ce qu'il lui aurait plu de me demander pour mon passage... En ma qualité de chirurgien de navire, il se contenta de la moitié du prix ordinaire ; il fut convenu en même temps que j'exercerais ma profession jusqu'à la fin du voyage et sans appointements.

Avant de nous embarquer, plusieurs passagers s'étaient inquiétés de savoir si j'avais pratiqué la cérémonie. A quoi j'avais répondu... sans répondre... Un d'entre eux, qui était un mécréant de la pire espèce, s'avisa de me montrer malignement à l'officier japonais : « *Celui-là*, disait-il, *s'est abstenu de fouler aux pieds le crucifix.* » L'officier, qui avait ordre de ne point exiger de moi cette formalité, lui répliqua par vingt coups de canne ; autant de motifs pour que pas un, pendant tout le voyage, osât renouveler son indiscrète question.

Nous fîmes voile avec un vent favorable ; au cap de Bonne-Espérance, on s'arrêta deux jours ; le 16 avril 1710, nous débarquâmes à Amsterdam, et de là je m'embarquai bientôt pour l'Angleterre. Ah ! que je fus heureux de revoir ma chère patrie, après cinq ans et demi d'absence ! Ah ! que je fus heureux de retrouver, dans ma douce maison, ma femme et mes enfants en bonne santé !

# QUATRIÈME PARTIE

## LE VOYAGE
## AU PAYS DES HOUYHNHNMS

Capitaine Gulliver.

# CHAPITRE PREMIER

Gulliver entreprend un dernier voyage en qualité de capitaine. — Son équipage se révolte, et l'abandonne sur un rivage inconnu. — Description des Yahous. — Deux Houyhnhnms viennent au-devant du voyageur.

Je passai cinq mois, fort doucement, avec ma femme et mes enfants; heureux si j'avais dignement apprécié mon bonheur! Hélas! j'appartenais, de mon âme et de mon corps, à tous les démons du voyage, et je fus tenté plus que jamais, lorsqu'on m'eut offert le titre flatteur de capitaine sur l'*Aventure*, un navire marchand de quatre cents tonneaux. J'entendais bien la navigation, et, sans renoncer tout à fait à la lancette, il me parut qu'il était convenable de la mettre au repos jusqu'à nouvel ordre. Il me suffirait d'emmener avec moi un jeune apprenti qui ferait la grosse besogne, et vogue la galère! Adieu donc à ma pauvre femme! Adieu l'enfant qu'elle portait dans son sein! De Portsmouth, je mis à la voile, un deuxième jour du mois d'août 1710.

Les maladies m'enlevèrent, pendant la route, une partie de mon équipage, et je fus obligé de faire une recrue aux Barbades, aux îles de Leeward, où les négociants dont je tenais ma commission m'avaient donné l'ordre de mouiller. Mais j'eus bientôt à me repentir de cette maudite recrue, un ramassis de bandits qui avaient été boucaniers ! Ces coquins débauchèrent le reste de mon équipage, et tous ensemble ils complotèrent de se saisir de ma personne et de mon petit navire. Un matin, je dormais encore, ils brisent la porte de ma cabine, et quand ils me tiennent pieds et poings liés : « Obéis ! disent-ils, ou l'on te jette à la mer ! » Certes, si je possède une qualité, ce n'est pas l'héroïsme ! A force d'avoir rencontré çà et là des maîtres de toute espèce, des pygmées, des géants, j'ai tout à fait oublié l'art de commander, et j'aurais dû le savoir, avant de m'imposer à des hommes sans loi et sans foi... Je promis volontiers de me soumettre, et les voilà qui m'enchaînent au bois de mon lit ; ils postent une sentinelle à la porte de ma cabine, avec ordre de me casser la tête à la moindre tentative. Ils avaient résolu d'exercer la piraterie et de donner la chasse aux Espagnols ; mais ils n'étaient pas assez forts d'équipage. « Allons, se dirent-ils, à Madagascar ; nous vendrons la cargaison et chercherons une douzaine de bons garçons, à notre humeur ! » Cependant j'étais fort inquiet du sort que me préparait cette importante délibération.

Le 9 mai 1711, un certain Jacques Welch (justement une nouvelle recrue) entra chez moi, et me dit qu'il avait reçu ordre exprès de monsieur le capitaine de me mettre à terre. En vain je protestai contre la violence qui m'était faite, il m'ordonna de me taire au nom du brigand qu'il appelait *monsieur le capitaine*. On me fit descendre aussitôt dans la chaloupe, après m'avoir permis d'emporter quelques hardes. Cependant on me laissa mon sabre, on eut la politesse de ne point visiter mes poches, où se trouvait quelque argent. Après avoir fait environ une lieue dans la chaloupe, on me déposa sur le rivage. « Au moins dites-moi, matelots, sur quels écueils vous m'abandonnez. — Ma foi, dirent-ils, nous ne le savons guère, mais prenez garde que la marée ne vous surprenne. Adieu. » Et la chaloupe s'éloigna.

Je quittai les grèves et montai sur une hauteur, pour m'asseoir et délibérer sur le parti que j'avais à prendre. Un peu calmé, j'avançai dans les terres, avec la résolution de me livrer au premier sauvage que je rencontrerais, et de racheter ma vie, au moyen de petites bagues, bracelets et autres bagatelles dont les voyageurs ne manquent jamais de se pourvoir, et dont j'avais une assez bonne provision.

A ma grande surprise, il m'apparut que cette terre était bien cultivée, et n'avait rien de l'écueil. Je n'avais pas marché deux heures que je découvris de grands arbres, de vastes herbages, et des champs où l'avoine croissait de tous côtés. Je marchais avec précaution, de crainte de surprise ou de quelque flèche au passage... et tout à coup je rencontrai un grand chemin où je remarquai le pas des hommes et le pas des chevaux, les traces des taureaux et des génisses. Je vis en même temps grand nombre d'animaux dans un champ ; quelques-uns de la même espèce étaient perchés sur un arbre. Ah! les singulières créatures! Comme elles firent mine de se rapprocher, je me cachai derrière un buisson, pour les mieux voir.

De longs cheveux leur tombaient sur le visage ; un poil épais recouvrait leur poitrine, leur dos et leurs pattes ; ils avaient de la barbe au menton comme des boucs ; le reste de leur corps était sans poil et laissait voir une peau très-brune. Ajoutez qu'ils étaient sans défense, exposés à la piqûre des moindres insectes ; ils se tenaient assis sur l'herbe, et couchés, ou debout sur leurs pattes de derrière. Ils sautaient, bondissaient et grimpaient aux arbres avec l'agilité des écureuils ; des griffes aux pattes de devant, des espèces d'ongles aux pattes de derrière ; les femelles étaient un peu plus petites que les mâles ; elles avaient de fort longs cheveux, et seulement un peu de duvet en plusieurs endroits de leur corps. Le duvet des uns et des autres était de diverses couleurs, brun, rouge et noir, et blond, blond ardent. Malheureux que je suis ! dans tous mes voyages, je n'avais pas rencontré d'animal si difforme et si dégoûtant !

Après les avoir suffisamment considérés, je suivis le grand chemin, qui me conduirait sans doute à quelque hutte... Hélas ! je cherchais un homme et je rencontre un de ces vils animaux qui venait droit à moi. A mon aspect il s'arrêta, fit une infinité de grimaces, et parut me regarder comme une espèce d'animal qui lui était inconnue ; ensuite il s'approcha et leva sur moi sa patte de devant. Je tirai mon sabre et le frappai du plat, ne voulant pas le blesser, de peur d'offenser le maître à qui ces animaux pouvaient appartenir. L'animal frappé se mit à fuir et à crier si haut, qu'il attira une quarantaine d'animaux de sa sorte, accourant à moi avec des grimaces horribles. Je courus vers un arbre, et contre cet arbre appuyé, je me tins, le sabre à la main. Si vous aviez vu la rage et le tremblement de toutes ces bêtes ridicules et féroces ! Comme elles évitaient le tranchant du sabre ! Elles grimpèrent à l'arbre, et, quand elles furent hors de ma portée, elles me lâchèrent leurs immondices !... Puis, tout d'un coup, prises de panique, elles s'enfuirent en hurlant.

le cheval s arrêta et me regarda fixement

Alors je quittai l'arbre et poursuivis mon chemin, assez surpris qu'une terreur soudaine eût dissipé ces harpies. En ce moment je vis venir à moi un beau cheval marchant gravement au milieu d'un champ ; sans nul doute, c'était la crainte ou le respect pour ce cheval qui avait fait décamper si vite la troupe immonde qui m'assiégeait. Le cheval, s'étant approché, s'arrêta, recula et me regarda fixement, paraissant étonné. Il me considéra de tous côtés, tournant plusieurs fois autour de moi. Je voulus avancer; il me barra le chemin, me regardant d'un œil doux et sans me faire violence. Nous nous étudiions ainsi l'un l'autre ; à la fin je m'enhardis à lui mettre une main sur le cou, pour le flatter, sifflant et parlant à la façon des palefreniers, lorsqu'ils veulent caresser un cheval. Mais l'animal, superbe, honteux de ma politesse et la tête indignée, fronça les sourcils et leva fièrement un de ses pieds de devant, pour m'obliger à retirer ma main trop familière. En même temps, il se mit à hennir, mais avec des accents variés et des inflexions impérieuses, qui représentaient, sans nul doute, un vrai langage... une espèce de sens étant attachée à ces divers hennissements.

Sur l'entrefaite arriva un autre cheval, qui salua le premier très-poliment; l'un et l'autre ils se firent des honnêtetés réciproques, hennissant en cinquante façons différentes, qui semblaient former des sons articulés. Ils firent ensuite quelques pas ensemble, comme s'ils eussent voulu conférer sur un point difficile ; ils allaient et venaient, en marchant gravement côte à côte, assez semblables à des hommes d'État qui tiennent conseil sur des affaires importantes : toutefois ils ne me perdaient pas de vue, et je compris que si je voulais m'enfuir, ils m'auraient bien vite attrapé.

Surpris de voir des bêtes se comporter ainsi, je me dis à moi-même : « Oui-dà ! puisqu'en ce pays les bêtes ont tant de raison, il faut que les hommes y soient raisonnables au suprême degré. » Cette réflexion releva mon courage, et je résolus d'avancer dans le pays, jusqu'à ce que j'eusse enfin découvert village ou maison, ou rencontré quelque habitant. Sur quoi je m'apprêtais à fausser compagnie à MM. les chevaux, à les laisser discourir ensemble, à leur bon plaisir. Mais l'un des deux, un gris-pommelé, voyant que je m'en allais, se mit à hennir après moi d'une façon si impérieuse qu'il n'y eut pas moyen de ne point obéir. Donc je me retourne et me rapproche en dissimulant mon embarras et mon trouble ; au fond, je ne savais ce que tout cela deviendrait, et le lecteur peut aisément s'imaginer que je perdais quelque peu de mon sang-froid.

Les deux chevaux me serrèrent de près, et se mirent à considérer mon visage et mes mains. Mon chapeau paraissait les surprendre, aussi bien que les pans de mon justaucorps. Le gris-pommelé se mit à flatter ma main droite, paraissant charmé de la douceur et de la couleur de ma peau ; mais il la serra si fort entre son sabot et son paturon, que je ne pus m'empêcher de crier de toute ma force : aussitôt mille autres caresses pleines d'amitié. Mes souliers et mes bas leur donnaient aussi de grandes inquiétudes : ils les flairèrent et les tâtèrent plusieurs fois, et firent à ce sujet plusieurs gestes semblables à ceux d'un philosophe, inquiet d'un phénomène, et qui cherche à l'expliquer.

Enfin la contenance et les manières de ces deux animaux me parurent si raisonnables, si sages, si judicieuses, que je conclus en moi-même qu'il fallait que ce fussent des enchanteurs; ils s'étaient transformés en chevaux pour un motif que j'ignorais encore, et, trouvant un étranger sur leur route, ils avaient voulu se divertir un peu à ses dépens ; peut-être étaient-ils tout simplement frappés de sa figure, de ses habits et de ses manières. C'est ce qui me fit prendre aussi la liberté de leur parler en ces termes :

« Messieurs les chevaux, si vous êtes des enchanteurs, vous entendez toutes les langues ; ainsi j'ai l'honneur de vous dire en la mienne, que je suis un pauvre Anglais ; mon malheur m'a fait échouer sur ces côtes hospitalières (je disais cela à tout hasard), et je vous prie humblement, l'un ou l'autre, si pourtant vous êtes de vrais chevaux, de vouloir bien souffrir que je monte sur vous, afin de me mettre en quête de quelque village ou maison qui me veuille accepter pour son hôte. En reconnaissance, acceptez, messeigneurs, ce petit couteau et ce bracelet. »

Les deux animaux parurent écouter mon discours avec grande attention ; et, quand j'eus fini, ils se mirent à hennir tour à tour, tournés l'un vers l'autre ; à cette fois, je compris clairement que leurs hennissements étaient significatifs, et renfermaient des mots dont on pourrait peut-être écrire un alphabet tout aussi simple que celui des Chinois.

Je les entendis souvent répéter le mot *Yahou*, dont je distinguai le son, sans en distinguer le sens. Va donc pour *Yahou!* et, sans savoir ce que je disais, je me mis à crier de toute ma force : « *Yahou! Yahou!* » en tâchant de les imiter. Cela parut les surprendre extrêmement ; alors le gris-pommelé, répétant deux fois le même mot, semblait m'enseigner comme il le fallait prononcer ; je répétai sa leçon de mon mieux avec toute l'intelligence que j'y pouvais mettre...

et, certes, si ma prononciation n'était point encore parfaite, il me sembla que mon professeur équestre en était assez content. L'autre cheval, un grave bai-brun, sembla vouloir m'apprendre un autre mot, beaucoup plus difficile à prononcer, et qui, étant réduit à l'orthographe anglaise, peut ainsi s'écrire : *Houyhnhnm*. Je ne réussis pas si bien dans la prononciation de ce *Houyhnhnm* que dans le *Yahou*; mais, après les premiers essais, je m'en tirai mieux, et les deux seigneurs-chevaux me trouvèrent une certaine intelligence.

Lorsqu'ils se furent encore un peu entretenus (sans doute à mon sujet), ils prirent congé l'un de l'autre avec la même cérémonie. Le *bai-brun* me fit signe de marcher devant lui, et j'obéis, décidé à le suivre, en effet, jusqu'à ce que j'eusse rencontré quelque autre introducteur. Comme je marchais fort lentement (je tombais de lassitude), il se mit à hennir, *hhum, hhum*. Je compris sa pensée, et lui donnai à entendre que j'étais las et marchais avec peine ; et lui, bonhomme, en dépit de ses quatre pieds qui pouvaient brûler la terre, il s'arrêta charitablement pour me laisser reposer !

# CHAPITRE II

Gulliver est conduit au logis d'un Houyhnhnm : comment il y est reçu. — Quelle était la nourriture des Houyhnhnms. — Embarras de l'auteur aux heures du repas.

Après avoir marché environ trois milles, nous arrivons à une grande maison de bois fort basse, et couverte en chaume, et déjà je tirais de ma poche les petits présents que je destinais aux hôtes de cette maison, pour en être honnêtement reçu. Le cheval me fit entrer dans une grande salle assez propre, où pour tout meuble, il y avait un râtelier et une auge. Je vis trois chevaux entiers avec deux cavales ; la compagnie avait dîné et se tenait assise sur ses jarrets. Au même instant rentrait le gris-pommelé, qui se mit à hennir en maître. Il me fit parcourir, à sa suite, deux autres salles de plain-pied, et dans la dernière il me fit signe d'attendre, et passa dans la chambre voisine. Alors je m'imaginai que le maître de céans était une personne de qualité, et que je devais attendre ainsi son bon plaisir. Toutefois, je ne pouvais guère concevoir qu'un homme de qualité eût des chevaux pour valets de chambre. « Ah ! me disais-je, ai-je, en effet, perdu le sens commun ? Suis-je donc fou, à force d'abandon et de malheur ?... » Je regardai attentivement autour de moi, et me mis à considérer l'antichambre aussi nue que le premier salon. J'ouvrais de grands yeux ; je regardais tout ce qui m'environnait ; je voyais toujours la même chose ! En vain, pour me reconnaître et retrouver la conscience de mon *moi*, je me mordis les lèvres, je me battis les flancs pour m'éveiller si j'étais endormi..... les mêmes objets frappaient ma vue ! Et toujours le même problème à résoudre ! Eh non, je ne dormais pas : j'étais la victime éveillée et malheureuse de quelque odieux enchantement.

Tandis que je faisais ces réflexions, le gris-pommelé revint à moi dans le lieu où il m'avait laissé, et me fit signe de le suivre en la chambre, où je vis sur une natte élégante, une belle cavale, avec un beau poulain et une belle petite jument, tous appuyés modestement sur leurs hanches. La cavale se leva à mon arrivée, et s'approcha de moi ; mais du premier coup d'œil jeté sur mon visage et sur mes mains, elle me tourna le derrière d'un air dédaigneux, et se mit à hennir, en prononçant souvent le mot *Yahou !* Je compris bientôt, à mes risques et périls, le sens funeste de ce mot plein de dégoût, car mon cheval introducteur, me faisant signe de la tête et me répétant souvent le mot *hhnn, hhnn*, m'introduisit dans la basse-cour d'un autre bâtiment séparé de la maison, comme on fait chez nous pour les étables ou les toits à porcs, et tout d'abord mes yeux s'arrêtèrent sur un trio de ces maudits animaux que j'avais vus d'abord dans un champ, et dont j'ai fait plus haut la description : ils étaient attachés par le cou à leur auge, et mangeaient des racines hachées avec de la chair d'âne, de chien et de vache morte. Ils tenaient cette abominable pâtée entre leurs griffes, et la déchiraient avec leurs dents.

Le maître-cheval commanda alors à un certain petit bidet alezan, qui était un de ses laquais, de délier le plus grand de ces animaux et de l'amener. On nous mit tous deux côte à côte, afin de nous comparer l'un avec l'autre ; et désormais plus de doute : Yahou ! j'en étais un ! Ce fut alors que le mot de *Yahou* fut répété plusieurs fois, et je compris enfin que ces vils animaux s'appelaient *Yahous*. Je ne puis exprimer ma surprise et mon horreur, lorsqu'ayant considéré de très-près cet animal, je retrouvai, ô quelle honte ! les caractères distinctifs de notre espèce, mais dégradés et déprimés. Le visage était plat, le nez écrasé, les lèvres étaient épaisses et la bouche enorme ! L'Yahou avait cela de commun avec toutes les nations sauvages, parce que les mères couchent leurs enfants, le visage tourné contre terre, les portent sur leur dos, et leur battent le nez avec leurs épaules. Ce Yahou avait les pattes de devant semblables à mes mains ; elles étaient armées d'ongles fort grands ; la peau en était brune, rude et velue. Ses jambes ressemblaient à mes jambes. Cependant les bas et les souliers que je portais avaient fait croire à messieurs les chevaux que la différence était plus grande. A l'égard du reste du corps, c'était la même chose, et je soutiendrais un véritable paradoxe, en soutenant qu'au premier abord je n'étais pas un parfait Yahou.

Quoi qu'il en soit, ces messieurs les chevaux n'en jugeaient pas de même, parce que mon corps était vêtu ; ils croyaient que mes habits étaient ma peau même et tenaient à ma substance, et ils en tiraient cette conclusion que j'étais par cet endroit, du moins, différent des Yahous. Le petit laquais, Bidet, tenant une racine entre son sabot et son paturon, me la présenta. Je la pris, et, ayant goûté, je la lui rendis sur-le-champ. Du même pas, il s'en fut chercher dans la loge des Yahous un morceau de chair d'âne et me l'offrit. Fi! l'horreur! Je n'y voulus point toucher, témoignant que cette viande me faisait mal au cœur. Le Bidet jeta le morceau au Yahou, qui sur-le-champ le dévora de grand appétit. Quand donc il se fut assuré que la nourriture des Yahous ne me convenait point, mon Bidet s'avisa de me présenter de la sienne : avoine et foin! Mais je secouai la tête en niant que ce fût là ma nourriture. Impatienté de me trouver si difficile, il me fit signe avec un de ses pieds de devant, qu'il portait à la bouche d'une façon très-surprenante et pourtant très-naturelle, qu'il ne savait comment me nourrir, et ce que je voulais donc manger? Mais que répondre, et par quels signes indiquer ma pensée? Et quand je l'aurais pu, je ne voyais pas que maître Bidet fût en état de me satisfaire.

Sur ces entrefaites une vache passa; je la montrai du doigt, et fis entendre, par un signe expressif, que j'avais envie de l'aller traire. On me comprit; aussitôt on me fait entrer dans la maison, et l'on commande à une servante-jument de m'ouvrir une salle, où je trouvai une quantité de terrines pleines de lait, et rangées en bon ordre. Ah! quel doux breuvage! Ah! comme enfin je pris ma réfection fort à mon aise, et de grand courage!

Sur l'heure de midi, je vis arriver à la maison une espèce de chariot tiré par quatre Yahous. Il y avait dans ce carrosse un vieux cheval qui paraissait un personnage de distinction; il venait rendre visite à mes hôtes et dîner avec eux. Ils le reçurent fort civilement, avec de grands égards. Ils dînèrent ensemble dans la plus belle salle; outre du foin et de la paille à profusion qu'on leur servit d'abord, on leur servit de l'avoine bouillie dans du lait. Leur auge, au milieu de la salle, était disposée à peu près comme un pressoir de Normandie, et divisée en compartiments, autour desquels ils étaient rangés, assis sur leurs hanches et sur des bottes de paille. Chaque compartiment avait son râtelier, en sorte que cheval et cavale à son gré mangeait sa provende avec beaucoup de décence et de propreté. Le poulain et la petite jument, enfants bien élevés du maître et de la maîtresse du logis, avaient place à ce repas; leur père et leur mère étaient fort attentifs à les servir. Au dessert (prunes et poires), le gris-pommelé m'ordonna de venir auprès de lui, et il me sembla qu'il s'entretenait à mon sujet avec son ami. Le vieux seigneur-cheval me regardait de temps en temps, et répétait souvent le mot : *Yahou*.

Sur ces entrefaites, ayant mis mes gants, le maître gris-pommelé s'en aperçut, et ne voyant plus mes mains telles qu'il les avait vues d'abord, il fit plusieurs signes qui marquaient son embarras. Il me toucha deux ou trois fois avec son pied, et me fit entendre qu'il souhaitait qu'elles reprissent leur première figure; aussitôt je me dégantai, ce qui fit jaser toute la compagnie et lui inspira de l'affection pour moi. J'en ressentis bientôt les effets. On s'appliqua à me faire prononcer certains mots que j'entendais, et l'on m'apprit les noms de l'avoine, du lait, du feu, de l'eau, et très-heureusement je retins tous ces beaux noms; plus que jamais je fis usage de cette prodigieuse facilité linguistique que la bonne nature m'a donnée.

Le repas fini, le maître-cheval me prit en particulier, et

par des signes, par certains mots que je savais déjà, il me fit entendre qu'il était mal content de ma façon de vivre. *Hlunnh*, dans leur langue, signifie avoine. Je prononçai ce mot deux ou trois fois : il est vrai que j'avais refusé l'avoine ; après mûre réflexion, je jugeai que je pouvais m'en faire une sorte de nourriture en la mêlant avec du lait, et que ce serait pour attendre l'occasion de m'échapper, avec l'aide et l'appui des créatures de mon espèce. Aussitôt le cheval ordonna à sa servante-maîtresse, qui était une jument très-jolie, à robe blanche, de m'apporter une bonne quantité d'avoine, en un plat de bois. Alors, de mon mieux, me voilà torréfiant cette avoine et l'écrasant entre deux pierres ; je pris de l'eau et fis une espèce de gâteau, que je fis cuire et que je mangeai tout chaud, en le trempant dans du lait.

C'était là, certes, un mets primitif, s'il en fut onque ; mais je m'y accoutumai bien vite, et, m'étant trouvé souvent réduit à des états fâcheux, ce n'était pas la première fois que j'avais éprouvé qu'il faut peu de chose pour contenter les besoins de la nature, et que le corps se fait à tout. C'est même une remarque à faire, et je la fais volontiers : aussi longtemps que j'habitai le pays des chevaux, je n'eus pas la moindre indisposition. Quelquefois, il est vrai, j'allais à la chasse aux lapins et petits oiseaux, que je prenais avec des filets de cheveux d'Yahou : quelquefois je cueillais des herbes, que je faisais bouillir, ou que je mangeais en salade, et de temps en temps je faisais du beurre. Ah ! si j'avais eu du sel, quelle saveur eût complété mes inventions culinaires ! Mais de tout on se passe, même de sel. La nécessité est la plus inexorable des ménagères ; d'où je conclus que l'usage du sel est l'effet de notre intempérance ; il fut introduit pour exciter à boire. L'homme est le seul animal qui mêle du sel à ce qu'il mange. Il me fallut, plus tard, un certain temps pour reprendre et l'usage et le goût du sel.

C'est assez parler, je crois, de ma nourriture. Insister serait imiter, dans leurs relations, la plupart des voyageurs : ils s'imaginent qu'il importe fort au lecteur de savoir s'ils ont fait bonne chère. Et pourtant j'ai pensé que ce détail de ma nourriture était nécessaire : on se serait peut-être imaginé qu'il est impossible de subsister dans un pays où j'ai vécu trois ans, et parmi de tels habitants.

Sur le soir, le maître-cheval me fit donner une chambre à six pas de la maison, et séparée du quartier des Yahous. J'étendis quelques bottes de paille et me couvris de mes habits ; bref, la nuit fut bonne et mon sommeil fut tranquille. Un peu plus tard, grâce à Dieu ! je complétai tout ce bien-être, et le lecteur s'en peut assurer dans les chapitres suivants.

## CHAPITRE III

Gulliver s'applique à apprendre la langue, et le Houyhnhnm son maître s'applique à la lui enseigner. — Plusieurs Houyhnhnms viennent voir Gulliver par curiosité. — Il fait à son maître un récit succinct de ses voyages.

Je m'appliquai fort à apprendre la langue, que le Houyhnhnm mon maître (ainsi je l'appellerai désormais), ses enfants et ses domestiques avaient beaucoup d'envie et de plaisir à m'enseigner. Ils me regardaient comme un prodige ; ils étaient surpris qu'une brute eût les manières et donnât les signes naturels d'un animal raisonnable. Je montrais du doigt chaque chose, on m'en disait le nom ; je le retenais dans ma mémoire, et ne manquais pas de l'écrire sur mon petit registre de voyage. A l'égard de l'accent, je tâchais de le prendre en écoutant attentivement. Le Bidet alezan m'y aida beaucoup.

Il faut avouer que cette langue est difficile à prononcer. Les Houyhnhnms parlent en même temps du nez et de la gorge, et leur langue également nasale et gutturale approche hautement de la langue allemande, avec beaucoup plus de grâce et d'expression. Avant moi, l'empereur Charles-Quint avait fait cette curieuse observation : aussi bien, disait-il, que s'il avait à parler à son cheval, il lui parlerait allemand.

Mon maître était très-impatient de me voir parler couramment sa langue, afin de pouvoir s'entretenir avec moi et de satisfaire sa curiosité. C'est pourquoi il employait toutes ses heures de loisir à me donner des leçons, à m'apprendre, en vrai linguiste, les termes, les tours et les finesses de sa parole. Il était convaincu, comme il me l'a depuis avoué, que j'étais un Yahou. Mais ma propreté, ma politesse et ma docilité, ma disposition à apprendre, étonnaient son jugement... Il ne pouvait allier ces qualités à celles d'un Yahou, animal grossier, malpropre, indocile, idiot. Mes habits lui causaient beaucoup d'embarras ; il s'imaginait qu'ils étaient une part de mon corps ; je ne me déshabillais, le soir, pour me coucher, que si la maison était endormie ; et, le matin, on me trouvait tout habillé, tout lavé, tout rasé, tout peigné. Qui j'étais, d'où je venais, où j'allais, mon histoire, enfin, était la préoccupation du cheval mon maître ; il se flattait de pénétrer ces mystères, si rapides étaient les progrès que je faisais, de jour en jour, dans l'intelligence et dans la prononciation de sa langue. Et moi, pour aider ma mémoire, je formai un alphabet de tous les mots que j'avais appris, et je les écrivis à part moi, interlignés d'anglais.

Dans la suite, je ne fis point difficulté d'écrire en présence de mon maître les mots et les phrases qu'il m'apprenait ; mais il ne pouvait comprendre ce que je faisais, parce que les Houyhnhnms n'ont aucune idée de l'écriture.

A la fin... au bout de six semaines, je pouvais comprendre assez clairement plusieurs de ses questions ; trois mois après, je fus assez habile pour répondre aux plus précises. Une des premières questions qu'il m'adressa : « Allons, hennit-il, conviens donc une fois pour toutes, que tu n'es qu'un Yahou. Je te garderai le secret. » Le Yahou le préoccupait au delà de tout ce qu'on peut dire. Or, ces misérables Yahous, auxquels il trouvait que je ressemblais par le visage et par les pattes de devant, s'ils n'étaient pas, autant que moi, prudents, intelligents et dociles, ils avaient parfois des lueurs étranges, des ruses curieuses et des malices amusantes. Yahou tant que vous voudrez, mais l'Yahou est un animal d'une race à part. Telle était l'opinion de mon maître, et voilà comme il appuyait ses préventions ! Sans appuyer sur son inquiétude à propos de mes origines, je lui répondis que je venais de loin; que j'avais traversé les mers avec plusieurs autres de mon espèce, dans un grand bâtiment de bois ; que mes compagnons m'avaient mis à terre sur cette côte et m'avaient abandonné. Il me fallut alors joindre au langage plusieurs signes pour me faire entendre. « A coup sûr, me dit-il en hochant la tête, le Yahou se trompe, ou le Yahou (chez eux toutes les voyelles sont aspirées) affirme ici la *chose qui n'est pas*, » c'est-à-dire « Yahou est un menteur. » (Les Houyhnhnms, dans leur langue, n'ont point de mot pour exprimer le *mensonge* ou la *fausseté*.) Il ne pouvait comprendre qu'il y eût des terres au delà de la mer, et qu'un vil troupeau d'animaux pût imposer au dos de la plaine liquide un grand bâtiment de bois, et le conduire. A peine, disait-il, un Houyhnhnm pourrait-il faire un bateau, et certes, il n'en confierait pas la conduite à des Yahous.

Ce mot *Houyhnhnm,* dans leur langue, signifie un cheval, et veut dire, selon son étymologie, une perfection de la nature. Je répondis à mon maître que les expressions me manquaient, mais que, avant peu, je serais en état de lui dire des choses qui le surprendraient davantage. Il exhorta madame la Cavale, son épouse, avec messieurs ses enfants, le Poulain et la Jument, et ses domestiques, à concourir avec zèle à me perfectionner dans leur langue, et chaque jour il y consacrait lui-même deux ou trois heures.

Plusieurs chevaux et cavales de distinction vinrent alors rendre visite à mon maître, excités par la curiosité de voir le Yahou sans rival, le Yahou parlant comme un Houyhnhnm, et faisant reluire en ses paroles et dans ses manières des étincelles de raison ! Ils prenaient plaisir à m'adresser la parole, à me faire des questions à ma portée, auxquelles je répondais tant bien que mal ; mais ces visites, au demeurant amicales, contribuaient à me fortifier dans l'usage de la langue. Au bout de cinq mois j'entendais tout ce qu'on me disait, et m'exprimais sur la plupart des questions.

Quelques Houyhnhnms, qui venaient à la maison pour me voir et me parler, avaient grand'peine à croire que je fusse un vrai Yahou, parce que, disaient-ils, j'avais une peau fort différente : ils ne me voyaient, ajoutaient-ils, une peau à peu près semblable à celle des Yahous, que sur le visage et sur les pattes de devant, mais sans poils. L'objection était plausible, elle eût embarrassé tout autre que mon maître... Hélas ! il savait à quoi s'en tenir sur ma nationalité : un accident l'avait mis au fait de mon mystère, et bien malgré moi, tant j'avais peur qu'il ne me prît pour un vrai Yahou et qu'il ne m'imposât leur compagnie.

J'ai déjà dit au lecteur que tous les soirs, quand la maison dormait, ma coutume était de me déshabiller et de me couvrir de mes habits. Un jour, mon maître envoya de grand matin son laquais, le Bidet alezan ; lorsqu'il entra dans ma chambre je dormais profondément ; mes habits étaient tombés ; je me réveillai au bruit qu'il fit. Il s'acquitta de sa commission d'un air inquiet et embarrassé. Il s'en retourna aussitôt vers son maître, et lui raconta confusément ce qu'il avait vu. Sitôt que je fus levé, j'allai souhaiter le bonjour à *Son Honneur* (c'est le terme dont on se sert parmi les Houyhnhnms, comme nous nous servons de ceux d'*Altesse,* de *Grandeur* et de *Révérence*).

Il me demanda tout d'abord ce que c'était que son laquais lui avait raconté le matin. Il lui avait dit que je n'étais pas le même endormi qu'éveillé : couché, j'avais une autre peau que debout.

J'avais jusque-là caché ce grand secret pour n'être point confondu avec la maudite marmaille des Yahous. Mais, pour le coup, il fallut me découvrir malgré moi. Comment, d'ailleurs, aurais-je dissimulé plus longtemps ? mes habits commençaient à s'user, et je ne les pouvais remplacer que par la peau d'Yahou ; donc je prévoyais que mon secret ne serait guère caché plus longtemps. Alors, puisque ainsi le voulait la nécessité, je convins que ceux de mon espèce avaient coutume de se couvrir le corps du poil de certains animaux préparé avec art, pour l'honnêteté et la bienséance, autant que pour se défendre de la rigueur des saisons. En même temps, j'étais prêt à montrer au cheval-maître comment s'habille et se déshabille une créature humaine ; il me verrait tout nu, étant réservé ce que la pudeur ne veut pas que l'on montre ! A ce discours, il eût fallu voir l'étonnement de mon maître ! Il ne pouvait concevoir que la nature nous obligeât à cacher ce qu'elle nous avait donné. « La nature, disait-il, nous a-t-elle fait des présents furtifs et criminels ? Pour nous, nous ne rougissons point de ses dons, nous ne sommes point honteux de les exposer à la lumière ; et cependant, puisque votre pudeur ainsi l'exige, on verra seulement ce que la nature et la pudeur vous permettent de montrer. »

Cependant je me déshabillai, pour satisfaire à la curiosité de Son Honneur ; il donna de grands signes d'admiration en voyant la configuration de toutes les parties honnêtes de mon corps. Il prit tous mes vêtements l'un après l'autre, entre son sabot et son paturon, et les examina d'un œil curieux ; il me flattait en tournant plusieurs fois autour de ma personne. Après quoi il me dit gravement qu'il en était bien fâché pour moi, mais il était clair comme le jour que j'étais un vrai Yahou : je ne différais de tous ceux de mon espèce que par une chair moins coriace et plus blanche, avec une peau plus douce. Il y avait aussi cette différence en ma faveur : je n'étais pas un Yahou fauve et velu ; mes griffes étaient moins dures, moins noires, mieux disposées, et tout lui donnait à penser que je ne savais pas marcher à quatre pattes... Il n'en voulut pas voir davantage et me laissa me rhabiller ; ce qui me fit plaisir, le froid commençant à piquer.

Je témoignai à Son Honneur qu'il était sans justice et sans pitié lorsqu'il me donnait sérieusement le nom d'un animal infâme, odieux. Je le conjurai de vouloir bien m'épargner une dénomination ignominieuse, et de recommander la même déférence à ses domestiques, à ses amis. Vain espoir ! vaine prière ! Si, du moins, il eût gardé pour lui le secret que je lui avais découvert, tant que je n'aurais pas eu besoin de changer de vêtements ! Pour ce qui regardait le laquais alezan, Son Honneur lui pouvait ordonner de ne point parler de ce qu'il avait vu.

Il me promit le secret, et le garda, jusqu'à ce qu'enfin mon habit ne fut plus qu'un lambeau, et, plus que jamais, il soutint *mordicus* que j'étais un Yahou. Nonobstant cette misère, il m'exhorta à me perfectionner dans sa langue, étant beaucoup plus frappé de me trouver si intelligent que de me voir tout blanc et non velu. Plus que jamais, il avait une envie extrême d'apprendre ces choses admirables que je lui devais expliquer, et mieux que jamais il prit soin de m'instruire. Il me menait avec lui dans toutes les compagnies, et me faisait partout traiter avec beaucoup d'égards, afin de me mettre en joie et de belle humeur et que messieurs les chevaux me trouvassent agréable et divertissant.

Tous les jours, quand nous étions en tête-à-tête, outre la peine qu'il prenait à m'enseigner sa langue, il me faisait mille questions auxquelles je répondais de mon mieux, ce qui lui avait déjà donné quelques idées générales mais imparfaites des choses que je lui devais annoncer. Il serait inutile ici d'expliquer comment je parvins à lier avec lui une conversation suivie et sérieuse. On dira seulement notre premier entretien, qui fut vraiment digne de mémoire.

Je commençai par dire à Son Honneur que je venais d'un pays très-éloigné, accompagné d'environ cinquante de mes semblables ; sur un bâtiment formé avec des planches, nous avions traversé les mers ; je lui décrivis la forme de ce bâtiment le mieux qu'il me fut possible, et, déployant mon mouchoir, je lui fis comprendre aussi le vent enflant les voiles, et nous faisant avancer. Quand il eut compris les moindres détails de notre embarcation, je racontai la révolte et les violences de mes matelots, comment, par ceux-là mêmes qui devaient m'obéir, me sauver, j'avais été exposé sur le rivage de l'île où j'étais; je finis par le récit de ma course aventureuse à travers les champs d'avoine et les prairies, mon épouvante à l'aspect des sales Yahous, ma reconnaissance enfin pour l'aide et l'appui que j'avais reçus de *Son Honneur!*

Il parut comprendre assez bien ces étranges nouveautés; mais il n'était pas cheval à se contenter de ces premières explications : sa logique excellait à remonter du fait à la cause, et, revenant à ce navire qui le préoccupait, il voulut savoir qui donc l'avait inventé, qui l'avait construit, qui l'avait machiné, qui donc avait forcé le vent même à l'obéissance, au travail, et comment il se pouvait que les Houyhnhnms de mon pays en eussent donné la conduite à des brutes? Je répondis qu'il m'était impossible de répondre à sa question et de continuer mon discours, s'il ne me donnait sa parole et s'il ne me promettait, sur son honneur et sur sa conscience, de ne point s'offenser de tout ce que je lui dirais; qu'à cette condition seule je poursuivrais mon discours, et lui exposerais, avec sincérité, les choses merveilleuses que j'avais promis de lui raconter.

Il m'assura positivement qu'il ne s'offenserait de rien. Alors je lui dis que le navire avait été construit par des créatures semblables à moi; que dans mon pays et dans toutes les parties du monde où j'avais voyagé, l'espèce à laquelle j'appartenais était souveraine! Elle commande, elle gouverne, elle a dompté, à son usage, tous les animaux de la création. Certes, Votre Honneur, avant d'arriver en ce pays, j'aurais été cruellement surpris de voir les Houyhnhnms agir comme des créatures douées de raison, de même que lui et tous ses amis étaient fort étonnés de trouver des signes manifestes, incontestables, de cette raison dans un vil Yahou, qui ressemblait, à la vérité, à ces vils animaux par sa figure extérieure, mais non par les qualités de son âme ! En même temps (moi aussi, à cheval sur mes renseignements, je n'étais pas facile à désarçonner), affirmai-je au maître-cheval, si jamais le ciel permettait que je retournasse enfin dans mon pays et que j'y publiasse, en ma langue, la relation de mes voyages, et particulièrement celle de mon séjour chez les Houyhnhnms, que tout le monde, à cette incroyable lecture, rirait, m'accusant de raconter la *chose qui n'est point*. Oui, Votre Honneur, je m'expose à des récriminations violentes ; on dira partout que je suis un faussaire, et que j'invente une histoire impertinente ! Enfin, malgré tout le respect que j'avais pour lui, pour toute son honorable famille et pour tous ses amis, j'osais assurer qu'on ne croirait jamais, dans mon pays, qu'un Houyhnhnm fût un animal raisonnable et qu'un Yahou ne fût qu'une brute.

# CHAPITRE IV

Idée des Houyhnhnms sur la vérité et le mensonge. — Les discours de Gulliver sont censurés par son maître.

Pendant que je prononçais ces dernières paroles, mon maître semblait inquiet, embarrassé, hors de lui-même. Douter et ne point croire ce qu'on entend dire est parmi les Houyhnhnms une opération d'esprit à laquelle ils ne sont point accoutumés ; lorsqu'on les y force absolument, leur esprit sort, pour ainsi dire, de son assiette naturelle. Je me souviens même que, m'entretenant quelquefois avec mon maître au sujet des propriétés de la nature humaine, telle qu'elle est dans les autres parties du monde, et ayant occasion de lui parler du mensonge et de la tromperie, il avait beaucoup de peine à concevoir ce que je lui voulais dire. « L'usage de la parole (suivez son raisonnement) nous a été donné pour nous communiquer les uns aux autres ce que nous pensons, et pour être instruits de ce que nous ignorons. Si donc celui qui parle est assez mal avisé pour dire la *chose qui n'est pas*, celui-là n'agit point selon l'intention de la nature : ou taisez-vous ou soyez vrai ! Mentir, c'est insulter à la parole, elle est faite pour faire entendre ce que l'on pense.

« Or, quand vous *mentez*, vous me faites entendre ce que vous ne pensez point ; au lieu de me dire honnêtement ce qui est, vous affirmez ce qui n'est point ; vous ne parlez donc pas : vous ouvrez la bouche et vous rendez de vains sons. Vous ne me tirez point de mon ignorance ; au contraire, vous l'augmentez. » Telle est l'idée que les Houyhnhnms ont de la faculté de mentir, que nous autres humains, nous possédons dans un degré parfait, éminent.

Pour revenir à ce remarquable entretien, lorsque j'eus assuré Son Honneur que les Yahous étaient, dans mon pays, les animaux maîtres et dominants (ce qui l'étonna beaucoup), il me demanda si nous avions des Houyhnhnms, et quel était parmi nous leur état et leur emploi. A cette question, je fus très-embarrassé, comme on peut le croire, et j'essayai de faire une réponse à la fois habile et vraie.

« Oui, lui dis-je, et chez nous la race des Houyhnhnms est une race à part. Nous tenons la généalogie exacte des Houyhnhnms célèbres. Nous les entourons de soins et de respects ; pendant l'été ils paissent librement dans les prairies, en hiver ils restent dans leurs palais. Ils ont des Yahous pour les servir, peigner leurs crins, nettoyer leur peau, laver leurs pieds, leur donner à manger. — Je vous entends, reprit-il ; c'est-à-dire que, quoique vos Yahous se flattent d'avoir un peu de raison, les Houyhnhnms sont toujours les maîtres, comme ici. Plût au ciel seulement que nos Yahous fussent aussi dociles et aussi bons serviteurs que ceux de votre pays ! Mais poursuivez, je vous prie. »

Ici je conjurai Son Honneur de vouloir me dispenser d'en dire davantage. Il m'était impossible, en effet, par les plus simples lois de la bienséance et de la politesse, de lui expliquer le reste. « Je veux tout savoir me répliqua-t-il ; continue, et ne crains point de me déplaire. — Eh bien, lui dis-je, vous le voulez absolument, j'obéis. Les Houyhnhnms, que nous appelons des chevaux, sont parmi nous des animaux très-beaux et très-nobles, également vigoureux et légers à la course, à la guerre, à la chasse, au triomphe, à tous les emplois. Pas de victoire à laquelle ils n'aient leur bonne part, pas de fête à laquelle ils ne soient conviés ! L'Angleterre, en certains jours, toute affaire et toute passion cessantes, appelle en ses arènes les plus beaux chevaux du royaume, et par les plus belles mains elle applaudit aux efforts des lutteurs ; le vainqueur, elle le couronne ! Il n'y a pas de plus grand honneur chez le peuple anglais. Les Houyhnhnms favoris des grands seigneurs sont les plus heureux du monde. Ils passent leur vie à voyager, à courir, à tirer des chars ; nous avons pour eux toute sorte d'attention et d'amitié, tant qu'ils sont jeunes et qu'ils se portent bien ; mais, sitôt qu'ils commencent à vieillir, on s'en défait, on les vend à des Yahous, qui les occupent à des travaux durs, pénibles et honteux, jusqu'à ce qu'ils meurent. Morts, on les écorche, on vend leur peau, on les livre aux oiseaux de proie, aux chiens dévorants. Telle est, dans mon pays, la fin des plus beaux et des plus nobles Houyhnhnms. Mais ils ne sont pas tous réservés à ces bons traitements. Les plus beaux seulement, jouissent de cette existence heureuse. Les autres, aussitôt qu'ils ont l'âge du labeur, appartiennent aux laboureurs, charretiers, voituriers, et autres gens de même sorte. Ils travaillent tout le jour, à peine ils ont une ration suffisante. » Je décrivis notre façon de voyager à cheval, et l'équipage d'un cavalier. Je racontai, non pas sans hésiter, la bride et la selle, les éperons, le fouet, sans oublier les harnais des chevaux qui traînent un carrosse, une charrette, une charrue. Une fois lancé, je ne dissimulai pas au seigneur cheval qui m'écoutait que l'on attachait au bout des pieds de tous nos Houyhnhnms une plaque d'une certaine substance très-dure appelée fer, pour conserver leur sabot et l'empêcher de se briser dans les chemins pierreux.

Mon maître, à la fin, me parut indigné de la façon brutale dont nous traitions les Houyhnhnms dans notre pays. Il me dit qu'il était très-étonné que nous eussions la hardiesse et l'insolence de monter sur leur dos ; que si le plus vigoureux de ses Yahous osait jamais prendre cette liberté à l'égard du plus petit Houyhnhnm de ses domestiques, il serait sur-le-champ renversé par terre, écrasé, foulé, brisé. A quoi je répondis : « Seigneur, nos Houyhnhnms sont domptés et dressés dès l'âge de trois ou quatre ans ; si quelqu'un d'eux est indocile et rétif, on l'occupe à tirer des charrettes, à labourer la terre. Inutiles cruautés ! il résiste, on le tue à coups de fouet ! Nous faisons pire encore ! Oui monseigneur ! les Houyhnhnms de votre sexe, les mâles, destinés à porter la selle, à tirer les carrosses, nous les coupons deux ans après leur naissance, afin de les rendre plus doux et plus dociles. Rien ne saurait dégrader ce superbe animal. Retranchés du nombre des pères, ils restent sensibles aux récompenses, aux châtiments, et pourtant nos plus savants docteurs sont tout à fait de cet avis que les Houyhnhnms sont dépourvus de raison, tout comme ici les Yahous. »

J'eus beaucoup de peine à faire entendre à mon maître cet accident étrange ; il me fallut user de beaucoup de circonlocutions pour exprimer mes idées. La langue des Houyhnhnms n'est pas riche, et, comme ils ont peu de passions, ils ont aussi peu de mots pour les exprimer. C'est par le nombre et le mouvement des plus charmantes passions que se forment la richesse, la variété et la délicatesse du langage.

Il est impossible aussi de représenter l'impression pénible que mon discours produisit sur l'esprit de mon maître, et le noble courroux dont il fut saisi de notre impiété pour les Houyhnhnms, et de cette abominable façon de « les retrancher du nombre des pères, » afin de les rendre obéissants et dociles. Il convint que s'il y avait un pays où les Yahous fussent les seuls animaux raisonnables, il était juste qu'ils y fussent les maîtres et que les autres animaux se soumissent à leurs lois, la raison l'emportant sur la force. Oui ! mais, considérant la figure de mon corps, il ajouta qu'une créature ainsi faite était trop mal faite pour être raisonnable, ou pour se servir de sa raison dans la plupart des choses de la vie. Il voulut savoir si tous les Yahous de mon pays me ressemblaient. Je lui répondis que nous avions à peu près la même figure, et que je passais pour assez bien fait ; les jeunes mâles et les femelles avaient la peau plus fine et plus délicate : une *fille* anglaise étant un composé de deux fleurs célèbres et charmantes, la rose et le lis. Il me répliqua qu'il y avait sans doute une certaine différence entre moi et les Yahous de sa basse-cour : j'étais moins horrible, il est vrai ; mais, par toutes les qualités qui me manquaient, il croyait qu'ils l'emportaient sur moi. « Fi ! me disait-il, de tes pieds de derrière : ils s'écorchent, ils se gercent, ils ne sont bons à rien ! Parlons aussi de tes pieds de devant, est-ce que l'on marche avec ces pieds-là ? Deux pieds pour aller vite, est-ce assez ? Nous autres, les intelligences à quatre pieds, nous faisons, sans fatigue et sans peine, dix fois plus de chemin que le plus léger des Yahous à deux pattes ! » Il trouvait à redire à toute la configuration de mon corps : mon visage était plat, mon nez était une montagne, à l'entendre ! Il se moquait de mes deux yeux, percés dans le front... « Tu ne peux regarder à droite, à gauche, sans tourner la tête. » Il démontra que je ne pouvais manger sans le secours de mes pieds de devant, que je portais à ma bouche, et que c'était pourquoi, sans doute, la nature y avait mis tant de jointures. Il ne voyait pas de quel usage me pouvaient être tous ces petits membres séparés l'un de l'autre à l'extrémité de mes pieds de derrière ; ils étaient assurément trop faibles et trop tendres pour n'être pas coupés et brisés par les pierres et par les broussailles, et j'avais besoin, pour y remédier, de les couvrir de la peau de quelque autre bête ! Enfin mon corps, tout nu et sans défense, était exposé au froid ; et pour l'en garantir j'étais contraint de m'habiller et de me déshabiller chaque jour, ce qui était, certes, la chose du monde la plus ennuyeuse et la plus fatigante. A toutes ces causes réunies, tous les animaux de son pays avaient une horreur naturelle des Yahous et les fuyaient. C'est leur raison qui les guide : ils obéissent à des répugnances naturelles. En vain je me parais de ce grand titre d'animal raisonnable ; il se demandait par quels prodiges nous viendrions à bout de l'antipathie que tous les animaux ont pour ceux de notre espèce. « Oui, disait-il, Yahous que vous êtes, comment feriez-vous pour mériter l'amitié des autres bêtes ? Mais, tenez, je suis bon prince et n'insiste pas sur cette question pénible, essentielle... Au fait, je vous tiens quitte de toutes les réponses que vous me pourriez faire, et je suis content si vous me racontez l'histoire de votre vie et du pays où vous êtes né. »

Je répondis que j'étais disposé à lui donner satisfaction sur tous les points qui intéressaient sa curiosité ; mais je doutais fort qu'il me fût possible de m'exprimer assez clairement sur des matières dont *Son Honneur* ne pouvait avoir aucune idée. En effet, je n'avais rien vu jusqu'à ce jour de semblable en son pays ; néanmoins, je ferais de mon mieux, et je tâcherais de m'exprimer par des similitudes et des métaphores, le priant de m'excuser si je ne me servais pas du terme exact.

Je lui dis que j'étais né d'honnêtes parents, dans une île appelée *Angleterre*, si éloignée que le plus vigoureux des Houyhnhnms pourrait à peine accomplir ce voyage pendant la course annuelle du soleil. J'avais d'abord exercé la chirurgie, qui est l'art de guérir les blessures ; mon pays était gouverné par une femelle que nous appelions la *Reine ;* je l'avais quittée pour tâcher de m'enrichir et mettre enfin ma famille à son aise : dans le dernier de mes voyages, j'avais été capitaine d'un navire marchand, ayant environ cinquante Yahous sous mes ordres, dont la plupart étaient morts en chemin. Bientôt j'avais été forcé de les remplacer par d'autres, tirés de diverses nations ; enfin ce malheureux navire avait deux fois couru le danger de faire un grand naufrage : la première fois par une violente tempête, et la seconde pour avoir heurté contre un écueil.

Ici mon maître interrompit mon discours pour me demander comment j'avais pu engager des étrangers de différentes

contrées à se hasarder de venir avec moi, après les périls que
j'avais courus et les pertes que j'avais déjà faites. Je lui
répondis que c'étaient tous des malheureux sans feu ni lieu,
chassés de leur pays par le mauvais état de leurs affaires, ou
pour les crimes qu'ils avaient commis. Quelques-uns avaient
été ruinés par les procès, d'autres par la débauche ou par le
jeu ; la plupart étaient des traîtres, des assassins, des voleurs,
des empoisonneurs, des brigands, des parjures, des faussaires,
des faux monnayeurs, des ravisseurs, des diffamateurs de
profession, des suborneurs, des soldats déserteurs et presque
tous des échappés des galères ; enfin nul d'entre eux n'osait
retourner dans son pays, de peur d'être pendu ou de pourrir
dans un cachot.

Tel fut mon discours, et mon maître, entier dans son
opinion, se vit forcé de m'interrompre à plusieurs reprises.
J'usais de beaucoup de circonlocutions pour lui donner l'idée
approchante de tous les crimes qui avaient obligé la plupart
des gens de ma suite à quitter leur pays. Il ne pouvait concevoir à quelle intention ces gens-là avaient commis ces
forfaits, et ce qui les y avait poussés. Il n'était certes pas
très-facile d'expliquer ces mystères à une bête ignorante des
plus mauvaises passions de l'espèce humaine ; et, sans y trop
parvenir, je tâchai de lui donner une idée exacte du désir
insatiable que nous avions les uns les autres de nous agrandir,
de nous enrichir, et des funestes effets du luxe, de l'intempérance, de la malice et de l'envie. Il me fallut, pour cette
explication sommaire, une foule d'exemples et d'hypothèses ;
il ne pouvait comprendre avec sa naïveté... chevaleresque,
une botte de tant de crimes, et que tous ces vices qui n'avaient
pas même de nom dans sa propre langue existassent réelle-

ment. *Joueur! usurier! débauché! ivrogne! impie! hypocrite! imposteur!* autant de mystères pour cette honnête conscience ; et quand enfin, par un effort surnaturel, il en eut compris quelque chose, il me parut tout semblable à une personne dont l'imagination est frappée : elle écoute une chose qu'elle n'a jamais vue et dont elle n'a jamais ouï parler ; elle baisse les yeux et ne saurait jamais exprimer sa surprise et son indignation.

Ces idées : *pouvoir, gouvernement, guerre, loi, punition,* et plusieurs autres idées pareilles, ne peuvent se représenter dans la langue des Houyhnhnms que par de longues périphrases. Ils sont à ce point dépourvus de toute expérience, qu'ils ne se doutaient pas, les malheureux! de l'habile agencement de nos lois ; de l'excellence de notre admirable procédure, et du double jeu de notre admirable gouvernement représentatif ; on leur eût demandé quelle différence ils mettaient entre la liberté naturelle et la liberté *octroyée,* ils n'auraient su que répondre.

Ah! certes, j'eus donc beaucoup de peine à faire à messieurs les chevaux une intelligible relation de l'Europe, et particulièrement de l'Angleterre, ma patrie.

## CHAPITRE V

Gulliver expose à son maître les causes les plus ordinaires de la guerre entre les princes de l'Europe ; il explique ensuite comment les particuliers se font la guerre les uns aux autres. — Portrait des procureurs et des juges en Angleterre.

Le lecteur, s'il lui plaît, se fera cette observation à lui-même : ce qu'il va lire est l'extrait de plusieurs conversations, pendant deux années, avec le Houyhnhnm mon maître. Son Honneur me faisait des questions ; elle exigeait de moi des récits détaillés, à mesure que j'avançais dans la connaissance et dans l'usage de la langue ; et de mon mieux je lui disais l'état de toute l'Europe. En même temps je lui disais les arts utiles et les beaux-arts, les manufactures, le commerce, les sciences. Les diverses réponses que je fis à toutes ses demandes furent le sujet d'une conversation inépuisable. A peine on rapporte ici la substance de nos entretiens sur l'état politique et moral de l'Angleterre. Il y fallut un ordre, une méthode ! et d'autant plus, que je m'attachais moins au temps et aux circonstances qu'à l'exacte vérité. Tout ce qui m'inquiète ici, c'est de rendre avec grâce, avec énergie, la suite des beaux discours de mon maître, et ses raisonnements solides. Ami lecteur, excusez ma faiblesse; et, s'il vous plaît, mettez-la sur le compte de la langue défectueuse dans laquelle je suis, écrivant ces pages pour des Yahous anglais, obligé de m'exprimer.

Pour obéir aux ordres de mon maître, un jour je lui racontai la dernière révolution arrivée en Angleterre par l'invasion du prince d'Orange, et la guerre que ce prince ambitieux fit ensuite au roi de France, le monarque le plus puissant de l'Europe : un roi, le grand roi par excellence, dont la gloire était répandue en tout l'univers, et qui possédait toutes les vertus de la majesté royale. Ajoutez que la reine Anne, qui avait succédé au prince d'Orange, avait continué cette guerre, où toutes les puissances de la chrétienté étaient engagées. Bien plus, cette guerre avait fait périr environ un million de Yahous; plus de cent villes florissantes avaient été assiégées, prises et saccagées; plus de trois cents vaisseaux de guerre avaient été brûlés ou coulés à fond.

Au récit de ces meurtres, de ces désastres, de ces misères implacables, mon philosophe hennissant voulut savoir quelles étaient les causes les plus ordinaires de nos querelles, et de ce crime énorme en morale, que j'appelais la guerre. « Hélas ! monseigneur, ces causes sont innombrables. Dans la plupart de nos guerres, c'est l'ambition de certains princes, qui ne croient jamais posséder assez de terres et gouverner assez de peuples. Quelquefois c'est la prudence des ministres : ils tiennent à leur office; et tantôt pour que le roi, leur esclave, ait quelque chose à faire, et tantôt pour que les peuples, facilement ergoteurs, aient quelques occupations sérieuses, ils font la guerre à des voisins, qui n'en peuvent mais. Plus d'une fois, la guerre est dans les opinions, et voilà les épées tirées. L'un croit que siffler est une bonne action ; l'autre (un applaudisseur) vous soutiendra que siffler est un meurtre. Celui-ci a l'opinion qu'il faut porter des habits blancs ; l'autre, qu'il faut s'habiller de noir, de rouge et de gris ; sur quoi... bataille, exil, égorgement ! Tel prétend qu'il faut porter un petit chapeau retroussé, l'autre est d'avis qu'il en faut porter un grand, dont les bords retombent sur les oreilles. » (J'imaginais ces exemples chimériques, ne voulant pas lui expliquer les causes véritables de nos dissensions, j'aurais eu trop de peine et de honte à les lui faire entendre.) Et je conclus : que nos guerres les plus sanglantes étaient causées par ces opinions diverses ; des cerveaux échauffés les font valoir. De part et d'autre on crie : *Aux armes !* et voilà des gens morts, des deux parts.

« Deux princes se sont battus parce que tous deux voulaient dépouiller un troisième de ses États. Or, ni le premier ni le second larron n'avait le droit, que dis-je ? un prétexte à dépouiller le prince leur voisin. Quelquefois un souverain en attaque un autre, uniquement pour ne pas en être attaqué. On déclare à son voisin la guerre, aujourd'hui parce qu'il est trop fort ; on l'attaquera demain parce qu'il est faible. Souvent ce voisin a des choses qui nous manquent, et nous avons des choses qu'il n'a pas... Bon ! nous lui tirons des coups de fusil, pour qu'il nous donne ce qu'il a ; nous lui tirons des coups de fusil, pour qu'il nous achète ce qu'il n'a pas. Un royaume en proie à la famine, à la guerre civile, à la peste, est un royaume à la merci du premier venu. Une ville est à la bienséance d'un prince, et la possession d'une petite province arrondit son État : sujet de guerre. Un peuple est ignorant, simple et faible... on l'attaque, on en massacre la moitié, on réduit l'autre à l'esclavage, et le voilà... *civilisé!* Une guerre honorable ? on peut vous proposer un exemple : un souverain généreux vient au secours d'un roi comme lui ; *son frère* (entre eux ils s'appellent *frères*), après avoir chassé l'usurpateur, s'empare à l'instant des États qu'il a secourus, et, sur la plainte de son *frère,* il le tue, ou l'emprisonne, ou le chasse à jamais de son trône et de sa patrie, et de ses domaines patrimoniaux. La *raison du plus fort,* sujet de guerres éternelles !

« La proximité du sang, les alliances, les mariages, autant de sujets de guerre entre les princes ; plus ils sont proches parents, plus ils sont près d'être ennemis. Les nations pauvres sont affamées, les nations riches sont ambitieuses ; l'indigence et l'ambition aiment également les changements et les révolutions. Pour toutes ces raisons, vous voyez bien que parmi nous le métier d'un homme de guerre est le plus beau de tous les métiers. — Qu'est-ce, un homme de guerre ? — Un Yahou payé pour tuer, de sang-froid, ses semblables, qui ne lui ont fait aucun mal.

— Vraiment, ce que vous venez de me dire des causes ordinaires de vos guerres, me répliqua Son Honneur, me donne une haute idée de votre raison. Quoi qu'il en soit, il est heureux pour vous qu'étant si méchants, vous soyez hors d'état de vous faire beaucoup de mal. Tout ce qui me reste en l'esprit de vos ruines, de vos désastres, de vos guerres cruelles où périt tant de monde, c'est que vous m'avez dit *la chose qui n'est point!* Non pas que je mette en doute votre méchanceté naturelle et vos haines les uns pour les autres, mais voyez vos dents ! vous ne sauriez mordre ; et vos griffes ! elles sont si faibles et si courtes, qu'un seul de nos Yahous en déchirerait une douzaine comme vous. »

Je ne pus m'empêcher de secouer la tête et de sourire de l'ignorance de mon maître. Comme je savais un peu l'art de la guerre, je lui fis une ample description de nos canons, coulevrines, mousquets, carabines, pistolets, boulets, sabres, baïonnettes. Je lui expliquai que nous avions inventé la poudre... et je lui peignis les siéges de places, les tranchées, les attaques, les sorties, les mines et contre-mines, les assauts, les garnisons passées au fil de l'épée ; je lui expliquai nos batailles navales et par quelles imaginations bien simples, et d'un facile emploi, de gros vaisseaux coulent à fond avec tout leur équipage ; d'autres, criblés de coups de canon, sont fracassés et brûlés au milieu des eaux. Je dis, à la façon d'un poëte épique, la fumée et le feu, les gémissements des blessés, le cri des combattants, les membres qui sautent en l'air, la mer ensanglantée et couverte de cadavres. « Ah ! seigneur, c'est si vaste et si terrible, une bataille en plaine rangée ! ah ! que de sang versé en moins de six heures ! les mourants, les morts, les blessés, les ambulances ; quarante mille combattants périssent en un jour. » Pour faire valoir le courage et la bravoure de mes chers compatriotes, je racontais comment je les avais admirés, dans un siége, qui faisaient sauter en l'air une centaine d'ennemis ! J'en avais vu sauter davantage encore dans un combat sur mer ! Les membres épars de tous ces Yahous semblaient tomber des nues, spectacle agréable aux yeux des victorieux.

J'allais continuer par quelque éloquente description, lorsque Son Honneur m'ordonna de me taire... « Le naturel du Yahou, me dit-il, est si mauvais, que je n'ai point de peine à croire que tous ces crimes ne soient possibles, dès que vous lui supposez une force égale à sa méchanceté. Cependant quelque triste idée que j'eusse de cet animal, elle n'approchait point de celle que vous venez de m'en donner. Votre discours me trouble et me met dans une situation où je n'ai jamais été ; je crains que mes sens, effrayés des horribles images que vous leur avez tracées, ne viennent peu à peu à s'y accoutumer. Je hais les Yahous de ce pays ; mais, après tout, je leur pardonne leurs qualités odieuses, la nature les ayant faits tels qu'ils sont, et parfaitement incapables de se gouverner, de se corriger. Mais qu'une créature orgueilleuse, qui se flatte d'avoir la raison et le partage, soit capable de commettre ces actions détestables et de se livrer à ces excès horribles, c'est ce que je ne saurais comprendre. Ainsi voilà mon opinion tout entière, et je n'en démordrai pas. Si vos récits ne sont point menteurs, et si la cent millième partie de ces meurtres est vraie, à coup sûr l'état des brutes est préférable à cette raison dépravée. Allons ! parlons de bonne foi, êtes-vous vraiment des animaux raisonnables ? Savez-vous comment on se sert de la raison ? C'était un flambeau, vous en faites une torche ! Ah ! malheureux, vous vivriez mille années, vous ne sauriez vous affranchir d'un seul vice ! Et quelle horrible aventure, ce que vous appelez : la guerre ! Écoutez cependant une autre inquiétude qui me vient : vous m'avez dit qu'il y avait, dans cette troupe de Yahous qui vous accompagnait sur votre bateau, des misérables que les procès avaient ruinés, dépouillés, et que c'était la loi qui les avait mis en ce triste état. Comment se peut-il faire que la loi réduise en si misérable état les mêmes êtres qu'elle protége, et qu'est-ce enfin que cette loi ? Votre nature et votre raison devraient suffire. Quoi donc! elles ne vous disent pas assez clairement ce qui vous est permis, ce qui vous est défendu? »

Je répondis à Son Honneur que je n'étais pas un grand légiste ; le peu de connaissance que j'avais de la jurisprudence, je l'avais puisé dans le commerce de quelques avocats, pour mes propres affaires ; mais puisque tel était son bon plaisir, je m'efforcerais de le satisfaire. « Ainsi, ce qui se consomme, en Angleterre, d'avocats, attorneys, juges, greffiers, huissiers, solliciteurs de procès, avocats du banc du roi, et toutes gens qui font profession d'interpréter la loi, est infini. Que dis-je? Ils ont entre eux toutes sortes d'étages, distinctions, désignations. Comme leur multitude énorme rend leur métier peu lucratif, qui veut vivre, en cette triste profession, a recours à l'industrie, au manége. Ils ont appris, dès leurs premières années, l'art merveilleux de prouver par un discours entortillé, que le noir est blanc, que le blanc est noir. — Ce sont eux surtout qui dépouillent les plaideurs par leur habileté? reprit Son Honneur. — Oui, sans doute, et je vais vous en donner un exemple, afin que vous compreniez ce que je vous ai dit.

« Envie à mon voisin prend d'avoir ma vache ; aussitôt il va trouver un procureur, c'est-à-dire un docte interprète de la pratique des lois, et lui promet récompense honnête s'il peut démontrer, par des arguments puisés dans l'arsenal de ces mêmes lois, que je ne suis pas légitime propriétaire de ma vache. Aussitôt je suis forcé de comparaître en justice. Absolument il faut que j'aille aux pieds du juge, ou je suis condamné, par ce simple motif que je n'ai pas comparu. Que faire alors? De mon côté, je cherche un Yahou légiste, en opposition au légiste de mon voisin ; car il n'est pas permis par la loi de me défendre moi-même.

« Or, ayant de mon côté la justice et le bon droit, je me trouve entre deux embarras considérables. Premier point : le Yahou auquel j'ai eu recours pour plaider ma cause est, selon l'esprit de sa profession, accoutumé dès sa jeunesse à soutenir le faux ; en sorte qu'il se trouve hors de son élément lorsque je lui donne à défendre, à protéger la vérité pure et nue : il ne sait alors comment s'y prendre.

« Autre embarras : ce Yahou, docteur ès lois, malgré la simplicité de l'affaire dont je l'ai chargé, est obligé de l'embrouiller, pour se conformer à l'usage de ses confrères, et la traîner en longueur : sinon ils l'accuseraient de gâter le métier et de donner mauvais exemple. Ceci posé, pour me tirer d'affaire, il me reste deux moyens. C'est d'aller trouver le procureur de ma partie et de tâcher de le corrompre, en lui donnant le double de ce qu'il espère, avant peu, recevoir de son client ; et vous jugez qu'il ne m'est pas difficile de lui faire accepter une proposition si avantageuse. Un second moyen, qui pourra vous surprendre, également infaillible, est de recommander à ce Yahou qui me sert d'avocat, d'entourer ma cause de nuages favorables, de plaider pour ma vache entre *chien et loup*, c'est-à-dire en plein clair-obscur ; en un mot, de faire entrevoir à mes juges que la vache appartient peut-être à mon voisin. Les juges, peu accoutumés aux choses claires et simples, s'arrêteront volontiers aux subtiles arguments de mon avocat, ils trouveront du goût à l'écouter et à balancer le pour et le contre, et les voilà, par la seule puissance de ces subtilités, beaucoup plus disposés à juger en ma faveur que si l'on se contentait de leur prouver mon droit en quatre mots.

« C'est une maxime aussi parmi les juges : « Tout ce qui a « été jugé ci-devant est bien jugé ; ce qui est dit est dit, ce « qui est fait est fait ! » Aussi bien ont-ils grand soin de conserver dans un greffe éternel les arrêts antérieurs aux arrêts qu'ils prononcent, et qui seront de vieux arrêts à leur tour. Ils poussent, de leurs jugements, l'idolâtrie à ce point, qu'ils ne sauraient effacer de leurs greffes même ceux que l'ignorance a dictés, et qui sont le plus opposés à l'équité, à la raison. Ces arrêts antérieurs forment ce qu'on appelle, en bon anglais, la *jurisprudence;* on les produit comme des autorités ; il n'est rien que l'on ne justifie en les citant. Depuis peu, il est vrai, la jurisprudence autorise à revenir de l'abus où l'on était de donner tant de force à l'autorité des choses jugées : on cite en effet des jugements *pour* et *contre;* on s'attache à démontrer que les *espèces* ne peuvent jamais être entièrement semblables, et j'ai ouï dire à un juge habile que *les arrêts sont pour ceux qui les obtiennent.*

« Au reste, l'attention des juges se tourne plutôt vers les circonstances que vers le fond d'une affaire. Par exemple, en parlant de ma vache, ils voudront savoir si elle est rouge ou noire ; si elle a de longues cornes ; dans quel champ elle a coutume de paître, et combien elle rend de lait par jour. Ainsi du reste. Après quoi ils se mettent à consulter les anciens arrêts : longues consultations, et très-coûteuses ! Tous les six mois, ma vache ainsi revient sur le tapis et j'ai lieu de me féliciter si la cause est jugée au bout de dix ans.

« Remarquez aussi que les gens de loi ont une langue à

part, un jargon qui leur est propre, une façon de s'exprimer que les autres n'entendent point. En cette belle langue inconnue aux simples mortels, les lois sont écrites ; lois multipliées à l'infini, lois accompagnées d'exceptions innombrables.

« Dans ce labyrinthe inextricable, le bon droit s'égare aisément, le meilleur procès est très-difficile à gagner. Qu'un malhonnête étranger, né à trois cents lieues de mon pays s'avise de me disputer un héritage appartenant à ma famille depuis trois cents ans, il faudrait trente ans pour terminer ce différend et vider cette affaire difficile.

— C'est dommage, interrompit mon maître, que des gens qui ont tant de génie et de talents ne tournent pas leur esprit d'un autre côté et n'en fassent pas un meilleur usage. Au fait, ne vaudrait-il pas beaucoup mieux utiliser sa science et sa vie en donnant à ses semblables des leçons de sagesse et de vertu ? J'imagine, en effet, que ces arbitres suprêmes du droit et du devoir, de la fortune et de l'honneur de toute une nation, sont autant de demi-dieux.

— Point du tout, répliquai-je, ils ne savent que leur métier, rien de plus. Ce sont les plus grands ignorants du monde en tout autre matière ; ils sont les plus acharnés ennemis des beaux-arts, des artistes, des écrivains, de la belle littérature et de toutes les sciences ; dans le commerce ordinaire de la vie, ils paraissent stupides, pesants, ennuyeux, impolis. Je parle en général ; on en voit, clair-semés, qui sont spirituels, agréables et galants. C'est le cas de dire, ou jamais, que la règle, en ceci, est confirmée par l'exception. »

# CHAPITRE VI

Du luxe, de l'intempérance et des maladies qui règnent en Europe.
Et caractère de la noblesse.

J'avais beau dire, on ne pouvait comprendre à quel point cette race des praticiens était malfaisante et redoutable à la fois. « Quel motif, disait Son Honneur à quatre pieds en frappant du pied la terre, les porte à faire un tort si considérable à ceux qui ont besoin de leur secours, et que voulez-vous dire aussi, cette *récompense* que l'on promet à un procureur ? »

Je lui répondis que cette *récompense* était de l'argent. J'eus quelque peine à lui faire entendre ce mot *argent*. Je lui expliquai nos différentes espèces de monnaies, les métaux dont elles sont composées. « L'argent, chez nous, monsieur le cheval, est le commencement et la fin de toute chose. Il commande, il gouverne, il châtie, il récompense !

« A l'argent tout se rapporte ! Il donne à qui le possède... un peu plus que tout ! Par l'argent vous avez de beaux habits, de belles maisons, de belles terres ; l'argent amène à vous les plus belles cavales ; il vous pare, il vous fait *bonne chère ;* il vous glorifie ! *Argent* dit tout. C'est pourquoi nous ne croyons jamais avoir assez d'argent ; plus nous en avons, plus nous en voulons avoir, le riche oisif jouit des travaux du pauvre ! Et plus j'ai d'argent, plus je force à la gêne, au travail, quantité de malheureux sans argent.

— Et quoi ! interrompit Son Honneur, toute la terre n'appartient donc pas à tous les animaux ? Ils n'auraient pas un droit égal aux fruits qu'elle produit pour la nourriture de chacun ? De quel droit, s'il te plaît, des Yahous privilégiés recueillent-ils ces fruits, à l'exclusion de leurs semblables ? et si quelques-uns y prétendent un droit plus particulier, il me semble à moi que ceux-là ont mérité de vivre avant tous les autres, qui par leur travail ont contribué à fertiliser la terre.

— Oh ! pour cela, non ! lui répondis-je ; et ceux qui font vivre tous les autres par la culture de la terre sont justement ceux-là qui meurent de faim.

— Mais, dit-il, qu'avez-vous entendu par ce mot de *bonne chère*, lorsque vous m'avez dit qu'avec de l'argent on faisait *bonne chère* en votre pays ? » Alors je lui racontai les mets les plus exquis dont la table des riches est ordinairement couverte, et les différentes façons d'apprêter les viandes.

Je lui dis de nos gourmandises tout ce qui me vint en mémoire, ajoutant que, pour bien assaisonner ces viandes, et surtout pour boire à souhait de bonnes liqueurs, nous équipions des bateaux, nous courions mille hasards. Tant de voyages ! tant d'écueils ! des terres si lointaines !

Rien que pour offrir une honnête collation à quelque riche,

il nous fallait des voiles, gonflées des quatre vents du ciel, dans toutes les parties de l'univers.

« Votre pays est donc bien misérable (il disait cela, enflant ses naseaux jusqu'à l'insulte), qu'il ne fournit pas de quoi nourrir ses habitants? Quoi donc! vous n'avez pas de quoi boire, et vous êtes obligés de traverser les mers pour vous désaltérer! Et vous appelez cela une patrie!... »

A quoi je répondis : « Plaise à Votre Honneur de prendre en sa grâce l'Angleterre, ma patrie! Elle produit trois fois plus de nourriture que ses habitants n'en peuvent consommer; qu'elle cherche, au loin, des boissons qui lui plaisent, ce n'est pas qu'elle n'ait en abondance une eau fraîche! Elle compose une boisson avec le suc de certains fruits, ou l'extrait de quelques grains; en un mot, rien ne manque à ses besoins.

« C'est donc uniquement pour nourrir notre luxe et notre intempérance que nous envoyons dans les pays étrangers les productions de notre île de la Grande-Bretagne, et que nous rapportons en échange, et de si loin, des substances qui nous brûlent, des boissons qui nous enivrent, des vices qui nous tuent!

« Cet irrésistible attrait du luxe, de la bonne chère et du plaisir, est le principe de tous les mouvements de nos Yahous; pour y atteindre, à tout prix il faut s'enrichir. Or ce besoin de fortune à tout prix, voilà la source intarissable d'où nous viennent les mendiants, les filous, les voleurs, les pipeurs, les courtisans, les courtisanes, les parjures, les flatteurs, les suborneurs, les faussaires, les faux témoins, les menteurs, les joueurs, les fanfarons, les mauvais auteurs, les empoisonneurs, les impudiques, les précieux ridicules, les esprits forts, la race abjecte des vendeurs et des acheteurs de fumée !... »

Et, comme il m'écoutait bouche béante, il me fallut expliquer à cette bête chacune de ces ignobles professions, de mentir, de flatter, de calomnier ; bassesse ! abjection ! coquinerie ! la vénalité ! Vénalité de l'âme et vénalité de l'esprit ! vénalité du cœur... et tout est vénalité !

« Et quand je vous raconte ici toutes ces peines pour rapporter chez nous des vins mûris sur tous les coteaux, ce n'est pas que le vin nous soit nécessaire ; il est mieux que nécessaire, il est charmant ! Il apporte avec soi la gaieté sans frein, l'oubli complet des choses sérieuses, mille folies, et le courage et le bel esprit !

« Le vin nous affranchit de la tyrannie et des volontés souveraines du bon sens.

« Par cette obéissance aux volontés des plus riches, se nourrissent les pauvres de notre nation. De la misère ils se sauvent par un travail sans trêve. Suis-je habillé comme je dois l'être, je porte sur mon corps l'ouvrage de cent ouvriers. Un millier de mains ont contribué à bâtir, à meubler ma maison ; il en a fallu cinq ou six fois davantage pour habiller, orner et parer ma femme. »

Ici, pour faire un pendant au tableau des gens de justice, il me fallut donner le tableau des médecins. J'avais dit à Son Honneur que la plupart de mes compagnons étaient morts de maladie ; il n'avait qu'une idée imparfaite de ce mot : *maladie!*

Il s'imaginait que nous mourions comme tous les autres animaux, sous la faiblesse de l'âge, à moins que nous n'eussions été blessés par quelque accident. Je fus obligé de lui expliquer la nature et la cause de nos diverses maladies.

1° Nous mangions sans avoir faim, nous buvions sans avoir soif.

2° Nous passions les nuits à avaler des liqueurs brûlantes, buvant pour boire, au détriment de nos entrailles. Cette façon de vivre, inévitablement, répandait dans tous nos membres une faiblesse, une langueur mortelles.

3° Des maladies funestes naissaient quelquefois avec nous, transmises avec le sang, et se prolongeaient de génération en génération.

Mais je n'en finirais pas de dresser la liste des maladies auxquelles nous étions exposés ; il y en avait cinq ou six cents pour chaque membre ; et de notre corps, chaque partie, interne, externe, en avait une infinité qui lui étaient propres.

« Pour guérir tous ces maux, nous avons des *Yahous* qui se consacrent uniquement à l'étude du corps humain ; ils prétendent, par des remèdes efficaces, extirper nos maladies, lutter contre la nature même, et prolonger notre existence ! » En ma qualité de chirurgien, j'expliquai avec plaisir à Son Honneur les différentes méthodes, les mystères de la médecine.

« Il faut supposer que toute maladie est une réplétion : d'où nos médecins concluent sensément que l'évacuation est nécessaire, et par en haut, et par en bas. Ils ont reconnu certaines propriétés... évacuantes à certains herbages ; ils ont assigné son emploi médical à chaque substance : gomme, huile, écailles, sels, excréments, écorces, serpents, crapauds, grenouilles, araignées ; le poisson même a son emploi dans la guérison ; de ces drogues, mêlées ensemble ou prises séparément, ils composent certains breuvages, d'une odeur et d'un goût abominables, qui soulèvent le cœur et révoltent les sens.

« A chaque instant ils tirent de leur pharmacopée un vomissement (évacuation par en haut), un lavement, (évacuattion par en bas), selon leur fantaisie, et le malheureux qui tombe entre leurs mains ne saurait éviter la potion qui purge les entrailles et cause d'effroyables tranchées, ou le clystère qui lave et relâche les intestins. La nature, disent-ils, nous a donné l'orifice supérieur et visible pour ingérer, et l'orifice inférieur et secret pour égérer : or la maladie est une révolution dans la disposition naturelle du corps.

« Il faut donc que le remède agisse en sens inverse, et combatte la nature ; et c'est pourquoi il est nécessaire, indispensable, de changer l'usage des orifices, d'*avaler* par l'orifice d'en bas, d'*évacuer* par celui d'en haut.

« D'autres maladies qui n'ont rien de réel tiennent à l'imagination, et sont presque aussi redoutables que les maladies réelles. Ceux qui sont attaqués de cette sorte de mal s'appellent des *malades imaginaires*. Et, naturellement, on s'essaye à les guérir, par des remèdes imaginaires. Voire le plus souvent nos médecins donnent ces remèdes pour les maladies réelles. En général, les fortes maladies d'imagination attaquent nos yahous femelles. »

Je parlai aussi du charlatanisme de beaucoup de médecins et de leur talent pour pronostiquer sûrement la mort, dans certains cas désespérés.

Un jour mon maître me fit un compliment que je ne méritais pas. Comme je lui parlais des gens de qualité d'Angleterre, il me dit qu'il croyait que j'étais gentilhomme, parce que j'étais beaucoup plus propre et bien mieux fait que tous les Yahous de son pays, quoique je leur fusse inférieur pour la force et pour l'agilité : cela venait sans doute, à son sens, des respects que j'avais pour moi-même, et de mon talent pour la parole. Il ajoutait (modestement) que ma fréquentation avec un animal de son espèce avait beaucoup développé mes penchants de Yahou bien disant et bien pensant.

Il me fit observer en même temps que parmi les Houyhnhnms les bruns ou les azelans bruns n'étaient pas si bien faits que les bais châtains, les gris pommelés et les noirs ; ceux-là, certes, ne naissaient pas avec les mêmes talents et les mêmes dispositions que ceux-ci ; donc ils restaient toute leur vie en servitude, aucun d'eux ne songeant à sortir de sa caste...

Pour exemple : un alezan brun qui tenterait de traiter d'égal à égal avec un gris pommelé ferait jeter les hauts cris à toute la nation chevaline. « Il faut, disait-il, rester dans l'état que la nature indique ; et c'est l'offenser, c'est se révolter contre elle, de vouloir sortir du rang qui nous appartient.

« Quant à vous, maître Yahou, si vous avez évité l'abjection dans laquelle végètent vos semblables, si vous n'êtes pas, comme eux, un exécrable objet de haine et de réprobation, si vous êtes admis à vivre, à parler familièrement avec un alezan doré tel que moi, il faut en remercier d'abord la nature, et puis l'éducation que je vous ai donnée... Au reste, on devine à votre aspect toutes les supériorités de la noblesse, et, pour ma part, je ne doute pas que vous ne soyez d'un sang supérieur à celui des Yahous. »

Je rendis à Son Honneur de très-humbles actions de grâces

pour la bonne opinion qu'elle avait de moi ; je l'assurai en même temps que ma connaissance était très-vulgaire, étant né seulement d'honnêtes parents, qui m'avaient donné une assez bonne éducation.

Ce que nous appelons la *noblesse* n'avait rien de commun avec l'idée qu'il en avait conçue. Au contraire, il ferait une énorme confusion entre *noblesse* et *vertu !* Et en preuve : nos jeunes gentilshommes étaient nourris dès leur enfance, dans l'oisiveté, dans le luxe ; aussitôt que l'âge le permettait, ils s'épuisaient dans la débauche, et se mariaient ensuite à quelque femme de basse extraction, laide et mal faite, malsaine, mais riche ; un pareil couple engendrant, à coup sûr, des enfants mal constitués, noués, scrofuleux, difformes, ce qui continuait parfois jusqu'à la troisième génération.

Tels étaient nos usages ; nos mœurs étaient ainsi faites. *Antique naissance* était synonyme, ou peu s'en faut, de *difformité*.

Parmi nous, un corps sec, maigre et décharné, faible, infirme, est devenu une marque presque infaillible de noblesse ; une complexion robuste, un air de santé, vont si mal à l'homme de qualité, que tout de suite, à le voir actif, bien fait, courageux, éveillé, sans tare, et radieux de jeunesse, on en tire une conclusion hostile à l'égard de ses ancêtres...

A plus forte raison, s'il a l'esprit élevé, juste et bien fait, s'il n'est pas bourru, efféminé, brutal, capricieux, débauché, ignorant.

« Vraiment ! me disait ce bonhomme de cheval, plus je t'écoute, et plus il me semble, en effet, que tu te moques de moi, avec ta *noblesse* et tes chimères d'une race à part et contrefaite, idiote et toute-puissante, et destinée à gouverner, éclairer, conseiller tout le reste de sa nation ! »

Je m'inclinais, affirmant de nouveau que ces choses, qui semblaient incroyables, étaient la vérité même !

Et plus que jamais, mon bon maître hennissait d'indignation et pitié.

# CHAPITRE VII

Parallèle des Yahous et des hommes.

Peut-être, ami lecteur, serez-vous scandalisé des portraits fidèles que je fis alors de l'espèce humaine, et de la sincérité avec laquelle j'en parlai devant cet animal dédaigneux, qui avait déjà une si mauvaise opinion de tous les Yahous?

Mais quoi! j'avoue ingénument que le caractère et les grandes qualités des Houyhnhnms avaient fait une telle impression sur mon esprit, que je ne pouvais les comparer à nous autres humains, sans mépriser tous mes semblables.

Ce mépris me les fit regarder comme indignes de tout ménagement. D'ailleurs, mon maître avait l'esprit très-pénétrant; il remarquait tous les jours, dans ma personne, de grands défauts dont je ne m'étais jamais aperçu; je les regardais tout au plus comme de fort légères imperfections.

Son bon sens pratique m'inspirait une extrême bienveillance; l'amour qu'il avait pour la vérité me fit détester le mensonge et le déguisement dans mes récits.

J'avouerai encore un autre motif de mon extrême sincérité.

Lorsque j'eus passé une année parmi les Houyhnhnms, je conçus pour eux tant d'estime et de vénération, que je résolus de ne jamais songer à retourner dans mon pays, mais de finir mes jours dans cette heureuse contrée, où le Ciel m'avait conduit pour m'apprendre à cultiver la vertu. Heureux si j'eusse obéi à cette inspiration d'en haut!

La Fortune ennemie a fait obstacle à ce grand rêve, et maintenant que je ne suis plus guère, hélas! qu'un citoyen anglais, je me sais bon gré de n'avoir pas tout dit, et d'avoir caché aux Houyhnhnms les trois quarts de nos extravagances et de nos vices. Bien plus, je palliais parfois, autant qu'il m'était possible, les défauts de mes compatriotes. Lors même que je les révélais, j'usais de restrictions mentales, tournant la difficulté sans la nier. N'étais-je pas en quelque sorte excusable? Une certaine partialité est permise, après tout, quand il s'agit de sa chère patrie.

J'ai rapporté jusqu'ici la substance de mes entretiens avec mon maître, aussi longtemps que j'eus l'honneur d'être à son service, et, comme il fallait abréger, j'ai passé sous silence plusieurs détails qui ne sont pas sans intérêt.

Un jour, il m'envoya chercher de grand matin, et, m'ordonnant de m'asseoir à quelque distance (honneur qu'il ne m'avait point encore accordé), il me parla en ces termes : « J'ai repassé dans mon esprit tout ce que tu m'as dit, à ton sujet, au sujet de ton pays. Je vois bien que toi et tes compatriotes vous avez une étincelle de raison, sans que je puisse, au vrai, deviner comment ce petit lot vous est échu. Je vois aussi que l'usage que vous faites de la raison augmente inutilement vos défauts naturels, et vous en donne quantité d'autres que la nature vous avait refusés.

« Il est certain que vous ressemblez aux Yahous pour la figure extérieure, et vous leur seriez tout à fait semblables, avec plus de force et d'agilité, des griffes plus longues. Du côté des mœurs, la ressemblance est entière. Ils se haïssent les uns les autres, et la raison en est qu'ils voient leur laideur et leur figure odieuse, sans qu'aucun d'eux ait jamais considéré la sienne propre.

« Avec ce petit grain de raison que vous avez, et qui leur manque, il vous était impossible de nier que vous fussiez aussi laids, grêles, difformes et mal bâtis que les Yahous, et, prudents, vous avez caché ces disgrâces sous la parure et l'ornement. Vos habits sont des mensonges ! Mâles et femelles, vous vous êtes trouvés si difformes, que vous avez inventé mille ajustements, dans l'espérance où vous étiez que vous seriez moins insupportables les uns pour les autres. Vaines précautions ! si vous êtes moins hideux au premier aspect, vous ne vous haïssez pas moins ; d'autres sujets de division, qui règnent parmi nos Yahous, règnent aussi parmi vous.

« Si nous jetons à cinq Yahous autant de viande qu'il en suffirait à rassasier cinquante... au lieu de manger en paix ce qu'on leur donne en abondance, ils se heurtent, ils se mordent, ils se déchirent ; chacun voudrait engloutir les cinquante portions des cinq autres, et nous sommes obligés de les repaître à part, et de lier ceux qui sont repus, de peur qu'ils ne se ruent sur les Yahous non rassasiés. Si la vache du voisin meurt de vieillesse ou par accident, nos Yahous n'ont pas plutôt appris cette agréable aubaine, que les voilà tous en campagne ; et troupeau contre troupeau, basse-cour contre basse-cour, c'est à qui mettra la bête en lambeaux. On se bat, on s'égratigne, on se déchire, et, si ces misérables Yahous ne finissent point par rester morts sur la place, il n'en faut rien attribuer à la prudence : ils sont privés des machines meurtrières et des armes massacrantes de vos pays.

« On rencontre assez souvent dans notre sol certaines pierres luisantes de différentes couleurs, dont nos Yahous sont fort amoureux. Rien ne leur coûte pour les tirer de la terre, où elles sont ordinairement enfouies : ils les portent dans leurs loges ; ils en font un amas qu'ils cachent, et sur lequel ils veillent sans cesse et sans fin, comme un trésor, prenant bien garde que leurs camarades ne les découvrent. D'où leur vient cette inclination violente pour les pierres luisantes ? à quoi peuvent-elles leur être utiles ? C'est un mystère qui m'échappe !

« Il faut que cette abominable avarice de vos Yahous dont vous m'avez parlé, se trouve aussi dans les nôtres, et voilà ce qui les rend si passionnés pour les pierres luisantes. Je voulus une fois enlever à ce vieil Yahou que vous voyez là-bas, accroupi dans les fanges, de vieux cailloux pour lesquels il avait creusé, pendant dix ans, la terre avec ses griffes, avec son groin... Il poussa des hurlements terribles, et se révolta comme un cheval que l'on voudrait maltraiter ; il écumait de rage, il avait le feu dans les yeux... Aussitôt qu'il se vit dépouillé de ses chers cailloux, pour lesquels il serait mort vingt fois, ce triple animal ne voulut plus boire ni manger ; il tomba dans la tristesse, il pleurait et se lamentait, il levait au ciel ses mains abominables ; malgré les coups, il refusa toute espèce de travail jusqu'à ce que j'eusse ordonné de reporter ce ridicule trésor à l'endroit où je l'avais pris.

« Alors maître Yahou commença de reprendre ses esprits, sa bonne humeur, et de recacher ses bijoux.

« Lorsqu'un Yahou a découvert dans un champ une de ces pierres précieuses, souvent un autre Yahou survient, qui la lui dispute. Or, tandis qu'ils se battent, un troisième accourt emportant la pierre ; et voilà le procès terminé ! Selon ce que vous m'avez dit, vos procès ne se vident pas si promptement dans votre pays, ni à si peu de frais. Ici, les deux plaideurs (si je puis les appeler ainsi) en sont quittes pour n'avoir ni l'un ni l'autre la chose disputée, au lieu que chez vous, en plaidant, on perd souvent ce qu'on veut avoir avec ce qu'on a.

« Il prend souvent à nos Yahous une fantaisie ignoble, inconcevable. Gras, bien nourris, bien couchés, traités doucement par leurs maîtres, pleins de force et de santé, ils tombent tout à coup dans un abattement, dans un dégoût, dans une mélancolie..., et les voilà tout à fait stupides. Ils fuient leurs camarades, ils ne mangent plus, ils rêvent, abîmés dans leurs pensées lugubres. Pour les guérir de cette maladie, un seul remède : on les réveille par un traitement un peu dur et sévère, on les emploie à des travaux pénibles. L'occupation que nous leur donnons alors met en mouvement tous leurs esprits, et rappelle à la fin leur vivacité naturelle, et tout va bien pour quelque temps. »

A ce détail ingénu, je me rappelai ma chère Angleterre, où l'on voit des hommes comblés de biens et d'honneurs, pleins de santé, de vigueur, environnés de plaisirs et préservés de toute inquiétude, tomber tout à coup dans la tristesse et dans la langueur, devenir à charge à eux-mêmes, se consumer par des réflexions chimériques, s'affliger, s'appesantir et ne faire plus aucun usage de leur esprit, livré à l'hypocondrie...

Je suis persuadé que le remède à cette maladie est tout à fait celui qu'on donne aux Yahous : une vie laborieuse et pénible est un régime excellent pour la tristesse et la mélancolie. Un remède que j'ai moi-même éprouvé, et que je conseille au lecteur lorsqu'il se trouve en pareil état : pour prévenir le mal, je l'exhorte à fuir l'oisiveté... Si, par malheur, il n'a rien à faire ici-bas, qu'il s'amuse à la poésie, à la musique, au voyage, à l'éducation de ses enfants.

« Rien, continua mon maître, ne rend les Yahous plus odieux que la voracité qui les porte à manger avidement tout ce qu'ils trouvent : herbes, racines, fruits, chairs corrompues... ou tout cela mêlé ensemble ; ils préfèrent ce qu'ils obtiennent par le vol ou la rapine. Tant que leur proie dure, ils mangent au point de crever ; ensuite leur instinct leur a fait connaître une certaine racine qui leur procure une prompte digestion.

« Nos Yahous, ajouta mon maître, ont une passion violente pour une affreuse racine ; — on la fume, on la mâche ; en poudre, ils en bourrent leurs fosses nasales ; et tantôt la racine empoisonnée est une joie, et tantôt une bataille ! Elle endort le plus éveillé, il faut qu'il tombe assassiné par ces tristes vapeurs ! Le tabac !... un brin de sainfoin coupé dans la prairie est à nos yeux préférable à ce jus horrible, à cette infecte vapeur.

« Les femelles des Yahous ressemblent beaucoup, quant au moral, aux belles dames de votre pays et du monde entier. »

Ici s'arrêta la déclamation de *Son Honneur*. J'avais grand

peur qu'il n'en dît davantage au sujet des Yahous, et que pas un ne lui échappât de tous nos vices. J'en rougissais d'avance pour l'honneur de mon espèce. Hélas ! comment l'arrêter dans le récit de tous les genres d'impudicité qui règnent parmi les Yahous de son pays ?... Son innocence et son ignorance naturelles empêchèrent ce vrai sage de s'appesantir sur tant de crimes contre nature, que sa bonne qualité de cheval l'avait empêché de comprendre, et, cette fois, j'en fus quitte pour la peur !

## CHAPITRE VIII

Philosophie et mœurs des Houyhnhnms.

Je priais parfois mon maître d'avoir pour agréable que je visitasse les troupeaux de Yahous du voisinage, afin de me rendre un compte exact des mœurs, des habitudes et des passions de cette espèce de bétail humain. J'avais témoigné pour ces monstres une aversion si profonde, que j'étais sans nul doute à l'abri de leur corruption ; c'est pourquoi le cheval à qui j'appartenais consentit à ces études physiologiques, à condition, cependant, qu'un gros cheval alezan brûlé, l'un de ses fidèles domestiques, d'un fort bon naturel, m'accompagnât toujours, crainte d'accident.

Ces Yahous en troupeaux ne se gênaient pas pour me regarder comme un de leurs semblables, ayant une fois vu mes manches retroussées, ma poitrine et mes bras découverts. Aussitôt que je fus au milieu d'eux, ils s'approchèrent de la façon la plus familière, et se mirent à me contrefaire, en se dressant sur leurs pieds de derrière, en levant la tête, une de leurs pattes sur le côté. Ils riaient de mes yeux, de mon nez, de mes deux mains, de mon allure, et leur rire était mêlé d'envie, d'aversion et de haine ; ainsi font toujours les singes, à l'égard d'un singe apprivoisé, qui porte un chapeau, un habit, une épée et des bas.

Un jour qu'il faisait grand chaud, et que je me baignais dans un courant limpide, une jeune Yahouse, hardiment, se jeta dans l'eau, s'approcha de moi, et se mit à me serrer de toute sa force. Ah ! quelle peur, quand je me sentis pressé entre ses deux bras ronds et potelés : *A l'aide ! au secours !* Je poussais de grands cris, je tremblais d'être écorché vif... Malgré la fureur qui l'animait et la rage peinte dans ses yeux, je n'eus pas une égratignure... À mes cris accourut l'alezan, et la Yahouse, à regret, prit la fuite. Cette histoire assez ridicule ayant été racontée à la maison, réjouit fort mon maître et toute sa famille ; elle me causa beaucoup de honte et de confusion. Je ne sais si je dois raconter que cette Yahouse avait les cheveux noirs, les yeux bleus, les lèvres roses et les dents blanches, les sourcils bruns, les ongles nacrés, et la peau bien moins brune que toutes celles que j'avais rencontrées.

Comme j'ai passé trois années entières en ce pays, le lecteur attend de moi, sans doute, qu'à l'exemple de tous les autres voyageurs je fasse ample récit des Houyhnhnms, et que j'expose en détail leurs usages, leurs mœurs, leurs maximes, leurs façons d'agir..... Le lecteur est tout à fait dans son droit, et voilà bien ce que je vais faire en peu de mots.

Les Houyhnhnms, qui sont les maîtres et les animaux dominants dans cette contrée, apportent, en venant au monde, une grande inclination pour la vertu. Ils avaient peine à mal penser d'une créature raisonnable ; leur principale maxime est de cultiver et de perfectionner leur raison, elle est le guide unique de leurs moindres actions. Chez eux la raison n'est pas, tant s'en faut, un prétexte à toutes sortes de problèmes, attaqués et soutenus par toutes sortes d'arguments. Ils s'en voudraient de mettre en question toute chose, et de défendre, en disant : *C'est probable, après tout !* des sentiments absurdes, des maximes malhonnêtes ! Tout ce qu'ils disent porte une conviction dans l'esprit ; ils n'avancent rien d'obscur, rien de douteux, rien qui soit déguisé ou défiguré par les passions, par l'intérêt. Je me souviens que j'eus grand'peine à faire comprendre à mon maître ce que j'entendais par le mot *opinion*, et comment il était possible que nous disputassions quelquefois et que nous fussions rarement du même avis.

« La raison, disait-il, n'est-elle pas immuable ? La vérité n'est-elle pas une, et devons-nous affirmer ce qui est incertain ? De quel droit nier, positivement, ce que nous ne voyons pas clairement impossible, et pourquoi donc agiter des questions que l'évidence ne peut décider ? Quelque parti que vous preniez, vous serez toujours livrés au doute ? Enfin, à quoi servent ces conjectures, ces vains raisonnements, ces recherches stériles et ces disputes éternelles ?

« Avec de bons yeux on voit de loin l'obstacle ; avec une raison pure et clairvoyante, on ne doit point contester. Par toutes vos disputes à tout propos, il est démontré que votre raison est couverte de ténèbres, ou que vous haïssez la vérité, d'une haine sans trêve et sans merci. »

C'était une chose admirable que la philosophie intelligente de ce cheval : Socrate ne raisonna jamais plus sensément. Si nous suivions les maximes de cet alezan d'État, il y aurait assurément dans toute l'Europe, avec plus de bon sens, moins d'erreurs. Mais aussi que deviendraient nos bibliothèques, la réputation de nos savants et le négoce de nos libraires? La république des lettres ne serait plus que la république universelle de la raison : il n'y aurait dans les universités d'autres écoles que l'école même du bon sens.

Le Houyhnhnms s'aiment les uns les autres, s'aident, se soutiennent, et se soulagent l'un l'autre. Ils ne se portent point envie ; ils ne sont point jaloux du bonheur de leurs voisins.

Ils n'attentent point à la vie et à la liberté de leurs semblables ; ils se croiraient malheureux si quelqu'un de leur espèce était dans les alarmes ; ils disent, à l'exemple d'un ancien : *Nihil* CABALLINI *a me alienum puto.* « Je suis cheval, et pas de chevalerie étrangère à mon souci de chaque jour. »

Ils ne médisent point les uns des autres ; la satire en prose, en *voyages*, en *romans*, ils l'ignorent. Le supérieur aurait honte d'accabler son inférieur du poids de son autorité ; ils commandent sans orgueil, on leur obéit sans bassesse ; ici, la dépendance est un lien et non pas un joug ; la puissance est toujours soumise aux lois de l'équité ; l'autorité s'impose aux respects des gouvernés.

Leurs mariages sont bien mieux assortis que les nôtres. Le cheval noir épouse une noire, et l'alezan une alezane ; un gris-pommelé épousera toujours une gris-pommelée, ainsi des autres. Les voilà donc à l'abri de nos déchéances conjugales : changements, révolutions, ni déchet dans les familles. Les enfants sont tels que leurs pères et leurs mères : armes et titres de noblesse consistent dans leur figure et leur taille, dans leur force et leur couleur, qui se perpétuent en toute leur postérité. Jamais cheval magnifique et superbe n'engendre une rosse, et jamais une rosse un beau cheval, comme cela arrive assez souvent chez nous.

Dans le genre cheval, point de mauvais ménage : épouse fidèle à son mari, et mari à son épouse.

Ils vieilliront dans la même tendresse ; il sera toujours jeune pour elle, elle sera pour lui toujours nouvelle ! Et ni divorce, ni séparation. Ils n'ont jamais été pratiqués chez eux. Époux toujours amants, épouses toujours maîtresses, ils ne sont point impérieux, elles ne sont point rebelles ; jamais elles ne s'avisent de refuser ce qu'ils sont en droit et presque toujours en état d'exiger.

Leur chasteté réciproque est le fruit de la raison, non de la crainte, des égards ou du préjugé. Ils sont chastes et fidèles, pour la douceur de leur vie et pour le bon ordre ; ils ont promis de l'être, et c'est l'unique motif qui leur fait considérer la chasteté comme une vertu.

Ils élèvent leurs enfants avec un soin infini. La mère attentive est là qui veille sur le corps et la santé, le père veille sur l'esprit et la raison. Ils répriment, autant que possible, les saillies et les ardeurs fougueuses de la jeunesse. En ce pays de Cocagne, on se marie avec joie et de bonne heure, conformément aux conseils de la raison, aux désirs de la nature.

On donne aux femelles à peu près la même éducation qu'aux mâles ; et je me souviens que mon maître appelait déraisonnable et ridicule notre usage à cet égard. Il disait que la moitié de notre espèce, avec l'éducation qu'on lui donnait, n'avait pas d'autre talent que celui de multiplier.

Le mérite des mâles consiste principalement dans la force et la légèreté, celui des femelles dans la souplesse et la douceur. Si la cavale a les qualités du cheval, on lui cherche un cheval qui ait les qualités de la cavale. Ainsi tout se compense.

On voit ceci chez nous : quand la femme ordonne, il faut bien que le mari obéisse. Ils ont cela de consolant, chez eux : leurs enfants ne dégénèrent point, ils ressemblent à leurs parents et perpétuent heureusement les grâces et les vertus des auteurs de leurs jours.

Quant à ces mots : *Corbeille, apport, dot, espérances, douaires, préciput, communauté, régime dotal, dernier survivant, part, demi-part, agnats et cognats, inventaires, successions, testaments, part d'enfants, premier lit, second lit, enfants légitimes et naturels, obligations, assurances, bénéfice d'inventaire, nourrices, biberons, bourrelets, langes, maillots, code, coutumes...* on n'en sait pas le premier mot chez messieurs les chevaux ! « Quoi ! disent-ils, tant de précautions pour faire un bon ménage... et ne dirait-on pas que ces fils-là vivent cinq cents ans ! »

Puis les voilà qui se gaussent en leur patois, et se moquent de nous !

Ils sont heureux à meilleur compte, et tout simplement.

# CHAPITRE IX

Parlement des Houyhnhnms. — Question importante agitée dans l'assemblée de toute la nation. — De quelques usages du pays.

Pendant mon séjour en ce pays des Houyhnhnms, environ trois mois avant mon départ, il y eut une assemblée générale de la nation, une espèce de parlement où mon maître, appelé par les élections, se rendit, député par son canton. On y traita une affaire... Elle avait été déjà cent fois mise sur le bureau... Elle était la seule question qui eût jamais partagé les esprits des Houyhnhnms. Mon maître, à son retour, me rapporta tout ce qui s'était passé.

Il s'agissait de décider s'il fallait absolument exterminer la race des Yahous. Un des membres soutenait l'affirmative, appuyant son avis de diverses preuves très-solides.

Il prétendait que le Yahou était l'animal le plus difforme et le plus dangereux que la nature eût jamais produit ; il était également indocile et malin, il ne songeait qu'à nuire à tous les autres animaux. Il rappela une tradition répandue en ce pays : on assurait que les Yahous n'y avaient pas été de tout temps ; en un certain siècle il en avait paru deux sur le haut d'une montagne, et qu'ils eussent été formés d'un limon échauffé par les rayons du soleil, qu'ils fussent sortis de la vase de quelque marécage, ou que l'écume de la mer les eût fait éclore, ces deux Yahous avaient engendré ; l'espèce ainsi s'était multipliée au point que le pays en était infecté.

Or, à cette infection il était utile de pourvoir. Il n'y avait guère plus d'un siècle que, pour prévenir les inconvénients de cette hideuse multiplication, les Houyhnhnms avaient ordonné une chasse générale des Yahous ; on en avait pris une grande quantité, et, après avoir détruit tous les vieux, on avait gardé les plus jeunes pour les apprivoiser, autant que cela serait possible à l'égard d'un animal aussi méchant ; et, comme les anciens ne savaient qu'en faire, ils en avaient fait des bêtes de somme.

« A coup sûr, disait ce logicien féroce, les Yahous ne sont point *Ylnhniamshy* » (c'est-à-dire aborigènes). Il représenta que les habitants du pays, ayant eu la fantaisie de se servir des Yahous, avaient mal à propos négligé l'usage des ânes, qui étaient de très-bons animaux, doux, paisibles, aisés à nourrir, infatigables ; ils n'avaient d'autre défaut que d'avoir une voix désagréable ; mais la voix de l'âne était un concert véritable, comparée à la voix des Yahous.

Plusieurs autres sénateurs ayant harangué diversement sur le même sujet, mon maître à la fin, monte à la tribune, et propose un expédient judicieux dont, malgré moi, je lui avais donné l'idée. Il reconnut que, cette fois, le sénat pouvait s'appuyer sur la tradition, et que l'honorable préopinant avait sans réplique démontré l'extranéité des Yahous.

Seulement il était persuadé que les deux premiers Yahous

étaient venus de quelque pays d'outre-mer, qu'ils avaient été déportés, et par suite abandonnés de leurs camarades.

Ils s'étaient d'abord retirés sur les montagnes, dans les forêts; plus tard, ils étaient devenus sauvages et farouches, et entièrement différents de ceux de leur espèce, habitants des pays éloignés. Pour établir solidement cette proposition, il raconta qu'il avait chez lui, depuis quelque temps, un Yahou très-extraordinaire, dont tous les membres de l'assemblée avaient sans doute ouï parler, et que plusieurs même avaient vu.

Il raconta sa trouvaille, et comment mon corps était couvert d'une composition artificielle de poils et de peaux de bêtes; il dit que je parlais une langue qui m'était propre, et que j'avais appris la leur. Je lui avais fait le récit de l'accident qui m'avait conduit sur ce rivage; il m'avait vu, dépouillé de mes couvertures, et par lui-même il s'était assuré que j'étais un vrai et parfait Yahou..., seulement j'avais la peau blanche et des griffes fort courtes.

« Ce Yahou étranger, ajouta monsieur le cheval, m'a voulu persuader que dans son pays, et dans beaucoup d'autres qu'il a parcourus, les Yahous sont les animaux maîtres, dominants et raisonnables, que les Houyhnhnms y sont dans l'esclavage et dans la misère. Il a, sans conteste, toutes les qualités extérieures de nos Yahous; mais, incontestablement, il est tourné comme pas un de sa race; il a quelque teinture de raison.

« S'il ne raisonne pas tout à fait comme un Houyhnhnm, il a du moins des connaissances et des lumières fort supérieures à celles de nos Yahous. Mais voici, messieurs, ce qui va vous surprendre, et sur quoi je vous demande une extrême attention : le croirez-vous? Il m'a assuré que dans son pays les Houyhnhnms étaient retranchés du nombre des pères dès leur plus tendre jeunesse, et que cette opération, la plus simple du monde, les rendait obéissants et dociles.

« Or je me demande en ce moment si cette leçon pour nous sera perdue, uniquement parce que de tels animaux nous l'ont donnée? Humanité, docilité, sagesse et prudence, on nous promet toutes ces vertus, et nous hésiterions? La fourmi nous apprend l'industrie et la prévoyance ; à l'hirondelle nous devons les premiers éléments de l'architecture. Je conclus qu'on peut fort bien introduire en ce pays-ci, par rapport aux jeunes Yahous, l'usage dont il est question. Traitons-les, s'il vous plaît, nous, les Houyhnhnms, comme ils nous traitent chez eux, rendons-les, par cette simple cérémonie, obéissants et sages.

« Ainsi, sans violence, au contraire, en nous délivrant doucement de ces monstres, nous accomplirons une réforme indispensable! En même temps (c'est mon avis), seront exhortés les Houyhnhnms à entourer de soins les jeunes ânons ; un âne est préférable à quatre ou cinq Yahous. Un âne, à cinq ans, travaille et fait un bon service ; d'un Yahou nous ne savons que faire avant qu'il ait quinze ans !... »

Tel fut ce discours mémorable ; on en parle encore au pays des Houyhnhnms. Mais à ce récit de mon maître il y avait un *tu autem!* A ce *tu autem* il y avait une réticence... A quels dangers fus-je exposé dans ce parlement de malheur !... Souffrez cependant que je touche un dernier mot du caractère et des usages des Houyhnhnms.

Les Houyhnhnms n'ont point de livres : ils ne savent lire ni écrire ; toute leur science est la tradition. C'est un peuple uni, sage et vertueux, très-raisonnable ; il n'a commerce avec aucun peuple étranger ; les grands événements sont très-rares dans ce trop heureux pays ; les traits de leur histoire qui méritent un souvenir, peuvent aisément se conserver dans leur mémoire et ne la surchargent pas.

Maladies et médecins, ils les ignorent. Que le médecin manque à la maladie, ou la maladie au médecin, peu leur importe ! Ils ont bien quelques légères indispositions, mais ils se guérissent aisément eux-mêmes, par la connaissance excellente qu'ils ont des plantes et des herbes salutaires ; leur instinct les pousse à étudier la botanique dans leurs promenades, et pendant leurs repas.

Leur poésie est belle, harmonieuse. Elle dédaigne également la rusticité, le langage affecté, le jargon précieux, les pointes épigrammatiques, les subtilités obscures, les antithèses puériles, les *agudezas* des Espagnols, les *concetti* des Italiens, les figures outrées des Orientaux. L'agrément des similitudes, la vérité des descriptions, la liaison et la vivacité des images, voilà l'essence et le caractère de leur poésie. Ils savent par cœur des morceaux admirables de leurs meilleurs poëmes : on dirait un composé de la sublimité d'Homère, de la grâce de Virgile, et de la grandeur de Milton.

Lorsqu'un Houyhnhnm *a vécu*, sa mort n'afflige et ne réjouit personne. Ses proches parents et ses meilleurs amis regardent son trépas d'un œil indifférent. Le mourant lui-même s'en va sans le moindre regret de quitter ce bas monde ; on dirait d'une visite qui s'achève. — On entre, on cause, on dit volontiers ce qu'on avait à dire, et l'on prend congé de la compagnie avec laquelle on s'est entretenu tout à l'aise.

Il me souvient que mon doux maître, ayant invité un de

ses amis, avec toute sa famille, à se rendre chez lui pour affaire importante, on convint et du jour et de l'heure.

Nous fûmes surpris de ne point voir arriver la compagnie au temps marqué. Enfin l'épouse, accompagnée de ses deux enfants, se rendit au logis, un peu tard. « Pardonnez-moi, dit-elle en entrant, si vous avez attendu ; mon mari est mort, ce matin, d'un accident. »

Elle ne se servit pas du mot *mourir*, qui est une expression malhonnête, mais de celui de *shnuwnh,* qui signifie, à la lettre, aller retrouver sa grand'mère. Elle fut alerte et presque gaie ; elle-même, un mois après, elle s'en fut *retrouver sa grand'mère* en bondissant.

Les Houyhnhnms vivent soixante-dix ou soixante-quinze ans, quelques-uns vont à quatre-vingts. Quelques semaines avant que de mourir, ils pressentent leur fin prochaine, et n'en sont point effrayés. Alors ils reçoivent les visites et les compliments de leurs amis, qui viennent leur souhaiter un bon voyage.

Dix jours avant le décès, le futur mort, qui se trompe rarement dans son calcul, va rendre à ses amis les visites qu'il en a reçues, porté dans une litière par ses Yahous. C'est alors qu'il prend congé, dans les formes, de ceux qu'il aime, il leur dit un dernier adieu en grande cérémonie ; on dirait d'un bon marchand quittant la contrée où il a fait sa fortune, et qui prend congé de ses voisins, pour finir ses jours dans sa nouvelle maison des champs.

Je ne veux pas oublier que les Houyhnhnms n'ont point de terme dans leur langue pour exprimer ce qui est mauvais, ils se servent de métaphores tirées de la difformité et des mauvaises qualités des Yahous.

S'ils veulent exprimer l'étourderie et la négligence d'un domestique ou la faute d'un enfant, une pierre à leurs pieds, un mauvais temps sur leur tête, ils ajoutent le mot *Yahou*, qui veut tout dire. Pour exemple, ils diront : *Hhhm-Yahou, Whnaholm-Yahou, Ynlhmndwihlma-Yahou ;* pour signifier une maison mal bâtie, ils diront *Ynholmhnmrohlnw Yahou.*

Lecteur bienveillant et bénévole qui m'écoutez bouche béante, et depuis si longtemps, que je commence à en ressentir un peu de honte, si mes explications vous paraissent insuffisantes, ou bien si quelqu'un désire en savoir davantage au sujet des mœurs et des usages des Houyhnhnms, il prendra, s'il lui plaît, la peine d'attendre qu'un gros volume in-quarto, que je prépare sur cette matière, soit achevé.

J'en publierai incessamment le prospectus, et je prends ici le strict engagement que MM. les souscripteurs ne seront point frustrés de leur espérance et de leurs droits.

Cependant que mon vieux public se contente ici de cet abrégé. La tâche est rude, au bout du compte, de raconter ce tas d'aventures, même en abrégé.

Les graveurs, dessinateurs, hydrographes et géographes sont à l'œuvre, et leur *illustration* jettera sans nul doute un grand jour sur ma très-véridique Narration !

## CHAPITRE X

Félicité du pays des Houyhnhnms. — Les bonheurs de la causerie. — Il est
banni du pays par l'ordre du parlement.

J'ai toujours aimé l'ordre et l'économie ; et dans quelque situation que je me sois trouvé, je n'ai pas manqué à me caser de mon mieux.

Mon maître m'avait assigné une loge à six pas de la maison ; ce logement, qui était une hutte conforme à l'usage du pays et semblable, ou peut s'en faut, à celles des Yahous, n'avait ni agrément, ni commodité.

J'allai chercher de la terre glaise dont je me fis quatre murs ; avec des joncs je formai une natte dont je couvris ma hutte. Enfin je cueillis du chanvre : il croissait naturellement dans les champs ; je le battis, j'en composai du fil, et de ce fil une espèce de toile que je remplis de plumes d'oiseaux pour être couché en vrai sybarite de la Cité.

Je me fis table et chaise avec mon couteau, et le secours de l'alezan. Lorsque mon habit fut entièrement usé, je m'en donnai un neuf de peaux de lapins, auxquelles je joignis les peaux de certains animaux appelés *Nnuhnoh*, qui sont fort beaux et à peu près de la même grandeur, et dont la peau est couverte d'un fin duvet. De cette peau je me fis aussi des bas très-propres. Je ressemelai mes souliers avec des planchettes que j'attachai à l'empeigne ; et cette empeigne étant usée entièrement, j'en fis de peau d'Yahou.

Ainsi logé et vêtu, je me nourrissais de mon mieux : coquillages, laitage et beurre, et racines, parfois du miel dans les troncs des arbres, et je le mangeais avec mon pain d'avoine. Au fait, la nature est bonne mère ; elle se contente de peu. Et puis la nécessité est mère de l'invention.

Je jouissais d'une santé parfaite et d'une paix d'esprit inaltérable. J'étais, grâce aux dieux, à l'abri de l'inconstance ou de la trahison des amis ; ni piéges, ni ennemis.

Je n'étais point tenté de faire honteusement ma cour à un grand seigneur, pour avoir l'honneur de sa protection et de sa bienveillance. Je n'étais point obligé de me précautionner contre la fraude et l'oppression : il n'y avait point là d'espion et de délateur gagé, ni de lord Mayor crédule, étourdi, politique et malfaisant.

En ces domaines de la vérité, je ne craignais point de voir mon honneur flétri par des accusations absurdes, et ma liberté honteusement ravie par des complots indignes, et par des ordres surpris à la bonne foi, à l'incurie. Il n'y avait ni médecins pour m'empoisonner, ni procureurs pour me ruiner ; pas même un poëte à me conduire à travers ses tristes fictions. Loin de moi la triste exigence de la plume et du sobriquet !

Fi des écrivailleurs ! Tous mendiants ! Tous mauvais plaisants, joueurs, impertinents nouvellistes, esprits forts, hypocondriaques, babillards, disputeurs, gens de parti, séducteurs, faux savants.

Fi des marchands trompeurs, des pasquins, des précieux ridicules, des esprits fades, damoiseaux, petits maîtres ! fi des faquins, des traîneurs d'épée ! Au pays des chevaux, pas un ivrogne ! Le dernier pédant avait emmené la dernière caillette. En même temps, la licence et l'impiété respectaient mes yeux et mes oreilles. Mes yeux n'étaient point blessés à l'aspect d'un maraud enrichi par la ruine d'un honnête homme, tristement abandonné à sa vertu, comme à sa mauvaise destinée.

J'avais l'honneur de m'entretenir souvent avec messieurs les Houyhnhnms qui venaient au logis, et mon maître avait la bonté de souffrir que j'entrasse toujours dans la salle où ces sages parlaient avec tant de prudence. Il arrivait parfois que ces vrais sénateurs m'adressaient des questions auxquelles j'avais l'honneur de répondre. J'accompagnais aussi mon maître en ses visites ; mais je gardais le silence à moins qu'on ne m'interrogeât. Je répondais bien, j'écoutais mieux ; tout ce que j'entendais était utile, agréable, et toujours exprimé en peu de mots, mais avec grâce ; une exacte bienséance était observée, et la plus simple politesse ; on s'appliquait à bien dire, à plaire, à paraître aimable. A la porte les ennuyeux ! Loin d'ici les bavards, qui chicanent à tort, qui disputent et déplaisent !

C'était leur maxime : en toute compagnie un peu de silence est nécessaire, et je crois qu'ils avaient raison. Dans cet intervalle et pendant cette espèce de trêve, l'esprit se remplit d'idées nouvelles, la conversation en devient plus animée et plus vive.

Leurs entretiens traitaient, le plus souvent, des avantages, de l'agrément, de l'amitié, des devoirs de la justice.

Ils parlaient de la bonté, de l'ordre, et des opérations admirables de la nature. Ils recherchaient de préférence les anciennes traditions, les conditions et les bornes de la vertu, les règles invariables de la raison; d'autres fois, ils mettaient sur la luzerne et le sainfoin les délibérations de la prochaine assemblée de leur parlement, le mérite de leurs poètes, les qualités de la bonne poésie.

Et je puis dire ici sans vanité que je fournissais moi-même à cette innocente causerie. Ils se demandaient quel mystère était caché dans cette étrange créature. Ils ruminaient mes accidents, mes aventures, les mœurs de ma nation, et vous pensez que leurs réflexions (dont je m'abstiens) faisaient peu d'honneur à l'espèce humaine. A force d'avoir étudié les mœurs des Yahous, ils parlaient du genre humain à me faire peur.

Ils découvraient la source de nos égarements, ils approfondissaient la matière de nos vices, de nos folies ; ils devinaient quantité de choses dont je ne leur avais jamais parlé.

J'avoue ingénument que, si je possède aujourd'hui quelques pâles notions de philosophie, un brin de sagesse et de prudence, il en faut rapporter tout l'honneur aux leçons de mon cher maître, aux entretiens de ses judicieux amis, préférables aux doctes conférences des académies d'Angleterre, de France, d'Allemagne et d'Italie. Oh ! je l'avoue et j'en suis fier, j'avais pour ces illustres personnages une inclination mêlée de respect, en même temps que j'étais pénétré de reconnaissance pour leur bonté de ne me point confondre avec leurs Yahous et de me croire un peu moins imparfait que ceux de mon pays.

Souvent, au souvenir de ma famille, de mes amis, de mes compatriotes et de toute la race humaine en général, je me les représentais comme de vrais Yahous, pour la figure et pour le caractère, un peu plus civilisés seulement, avec le don de la parole et un petit grain de raison.

Si je considérais ma figure au courant d'un clair ruisseau, je tournais la tête aussitôt, ne pouvant soutenir l'aspect d'un animal qui me paraissait aussi difforme qu'un Yahou. Mes yeux, accoutumés à la noble figure des Houyhnhnms, trouvaient en eux le type excellent de la parfaite beauté. A force de les regarder, de les entendre et de leur parler, j'avais pris un peu de leurs manières, de leurs gestes, de leur maintien, de leur démarche ; aujourd'hui que je suis redevenu un libre et digne citoyen anglais sur le pavé du roi, mes amis vous diront que je trotte assez souvent comme un cheval. Quand je parle et que je ris, je hennis ; on me raille, et je suis content.

Dans cet heureux état, et goûtant les douceurs d'un parfait repos, je me croyais tranquille pour tout le reste de ma vie, en cette situation la plus agréable. Un jour, mon maître m'envoya chercher de meilleur matin qu'à l'ordinaire, et je le trouvai très-sérieux, l'air inquiet, embarrassé ; il voulait me parler, et ne pouvait ouvrir la bouche.

Après un morne silence, il me tint ce discours : « Je ne sais comment vous accepterez, mon cher fils, ce que je vais vous dire : à la dernière assemblée du Parlement, à l'occasion de l'affaire des Yahous, un député recommandable et justement honoré a représenté à l'assemblée qu'il était indigne et honteux que j'eusse sous mon toit un Yahou que je traitais comme un Houyhnhnm ; il m'avait vu converser avec ce triste animal, et prendre plaisir à son entretien comme à celui d'un de mes semblables !

« Certes, disait-il, je sais bien que notre honoré confrère
« est innocent de pareil scandale, et pourtant le scandale
« existe, et je devais le signaler à Votre Honneur comme un
« procédé contraire à la raison, et dont on n'avait jamais ouï
« parler ! »

« Sur quoi l'assemblée, unanime en sa résolution, exigea à l'instant de deux choses l'une : ou vous reléguer parmi les Yahous pour être employé comme eux, ou vous renvoyer dans le pays d'où vous êtes venu. La plupart des sénateurs qui vous connaissent et vous ont vu chez moi ont rejeté l'alternative ; ils ont soutenu qu'il serait injuste et contraire à la bienséance de vous mettre au rang des Yahous de ce pays, et que vous aviez un commencement de raison.

« Il serait à craindre, ont-ils ajouté, que, par une commu-
« nication fréquente avec un Yahou de votre génie, ils ne
« devinssent intelligents à leur tour, c'est-à-dire plus détes-
« tables, ajoutons plus dangereux ! Le danger est aussi, mes
« frères, dans quelque Yahou surnaturel qui leur démontre
« à quel point ils sont opprimés, les pousse à la révolte et
« s'en vienne avec toutes ces forces sur les Houyhnhnms,
« pour les déchirer et les détruire. »

« Cet avis a passé à la pluralité des voix.

« Il faut donc que je vous renvoie incessamment. Voyez à vous tirer de peine, à vous mettre à la nage, à vous construire un petit bâtiment semblable à celui qui vous a jeté dans ces lieux, et dont vous m'avez fait la description. En un mot, par tous les moyens que vous pourrez imaginer, avec tous les aides et les appuis que nous vous donnerons, délivrez-nous de cette inquiétude, obéissez au sénat à quatre pieds.

« S'il n'eût tenu qu'à moi, je vous aurais gardé à mon service, en récompense de vos bonnes inclinations et de votre attention sur vous-même à corriger ce qui restait en vous du Yahou primitif ; de votre ardeur à vous conformer, autant que votre malheureuse nature en est capable, à la nature excellente des Houyhnhnms. »

(*N. B.* Les décrets de l'assemblée générale de la nation des Houyhnhnms s'expriment toujours par le mot *Hnhloayn*, qui signifie exhortation. Ils ne peuvent concevoir qu'il soit jamais nécessaire de *contraindre* une créature raisonnable à se soumettre à la raison.)

Ce discours me frappa comme un coup de foudre... Ainsi furent anéanties mes plus chères espérances ! De désespoir, je m'évanouis aux pieds de mon maître... Il me crut mort !

« Seigneur, lui dis-je en reprenant mes sens, d'une voix dolente, il n'appartient pas à une créature infime de discuter les volontés d'une auguste assemblée, et je m'incline avec respect devant sa décision souveraine ! Il faut que j'obéisse, et j'obéirai.

« Mais qu'il me soit permis de vous dire à quel point je suis malheureux, et que peut-être on pouvait décerner contre moi une peine moins rigoureuse. Il m'était impossible, hélas ! de me mettre à la nage et de nager plus d'une lieue... (Or la terre la plus proche était à cent lieues de là peut-être.) On me dit : « Construisez une barque ! » Avec quoi je vous prie, et comment la construire ? Néanmoins je voulais obéir, malgré l'obstacle, et déjà je me regardais comme une créature condamnée à périr.

« Oui, mon cher maître, sans le vouloir, vous m'avez donné le coup de la mort ! Supposons cependant que je construise une barque assez solide pour affronter la tempête et les flots de l'Océan, supposez que je trouve un port qui me recueille, un navire qui me ramène..... hélas ! soudain je retombe au milieu des Yahous traîtres, faussaires, menteurs, vendeurs de fumée, et redeviens leur semblable.

« O misère ! votre heureux disciple est à jamais perdu, mon cher maître, au milieu du bourbier dont vous l'avez tiré ! »

Je parlai ainsi ; mon discours fut tout plein de désordre et de douleur ; je me taisais, je pleurais, je me lamentais, je recommençais, ajoutant à ce bon sénateur, qui s'apitoyait de ma peine, une suite de raisonnements irrésistibles.

Les raisons qui avaient déterminé MM. les Houyhnhnms étaient trop solides pour oser leur opposer celles d'un misérable Yahou, tel que moi. Donc j'acceptai l'offre obligeante qu'il me faisait du secours de ses domestiques pour m'aider à construire une barque ; et je le priai de vouloir bien m'accorder un espace de temps qui pût suffire à ce difficile ouvrage.

Enfin, si je retournais jamais en Angleterre, je tâcherais de me rendre utile à mes compatriotes, en leur traçant le portrait et les vertus des illustres Houyhnhnms, que je proposerais en exemple à tout le genre humain.

Son Honneur me répliqua en peu de mots ; il me dit que la république m'accordait deux mois pour la construction de ma barque ; en même temps il ordonnait à l'alezan, mon camarade (il m'est bien permis de lui donner ce nom-là en Angleterre), de suivre en leurs moindres détails toutes mes instructions. J'avais dit à mon maître que l'alezan me suffirait et je savais que ce brave garçon avait beaucoup d'affection pour moi.

Mon premier soin fut d'aller avec lui vers cet endroit de la côte où j'avais abordé, il y avait trois années, sitôt passées !

Je montai sur une hauteur, et, jetant les yeux de tous côtés sur le vaste espace, j'entrevis au nord-est une petite île. Avec mon télescope je la vis clairement, et je supputai qu'elle pouvait être éloignée de quatre ou cinq lieues. Le bon alezan disait d'abord que c'était un nuage ! Il n'avait jamais vu d'autre terre que sa terre natale ; il ne savait pas distinguer sur mer les objets éloignés. Ce fut à cette île que je résolus de me rendre aussitôt que ma barque serait construite.

Ici se présentaient en foule une suite d'obstacles. L'alezan et moi, nous étant consultés, nous allâmes dans la forêt voisine, et moi avec mon couteau, lui avec un caillou tranchant emmanché fort adroitement, nous coupâmes le bois nécessaire à notre œuvre... Au fait, je ne veux pas fatiguer le lecteur de ces minuties ; en six semaines nous eûmes construit une espèce de canot à la façon des Indiens, mais beaucoup plus large. Avec deux peaux de Yahous cousues ensemble je me fis une voile, ayant choisi deux peaux de jeunes Yahous : celle des vieux aurait été trop dure. En même temps, je me fournis de quatre rames ; je fis provision d'une quantité de chair cuite de lapins et d'oiseaux, avec deux vases assez profonds, celui-ci plein d'eau, celui-là plein de lait.

Je fis l'épreuve de mon canot dans un grand étang, corrigeant l'un après l'autre les défauts que j'y pus remarquer, bouchant toutes les voies d'eau avec du suif d'Yahou, et m'efforçant de le mettre en état de me porter avec ma petite cargaison. Je le mis enfin sur une charrette, et le fis conduire au rivage par des Yahous, sous la conduite de l'alezan et d'un autre domestique.

Et, quand tout fut prêt, le jour de mon départ arrivé, je pris congé de mon maître, de la haquenée son épouse et de toute l'écurie; hélas! j'avais les yeux baignés de larmes, mon cœur était transpercé de douleur. Son Honneur voulut me voir dans mon canot, et s'avança jusqu'au rivage avec plusieurs de ses amis, de ses voisins. Je fus obligé d'attendre une heure, à cause de la marée; alors, le vent étant bon pour aller à l'île, je pris le dernier congé de mon maître.

A ses pieds je me prosternai pour les lui baiser; il me fit l'honneur de lever son pied droit jusqu'à ma bouche; et, si je rapporte ici cette circonstance, ce n'est point par vanité : c'est tout simplement que j'imite en ceci tous les voyageurs, qui ne manquent guère de faire mention des honneurs extraordinaires qu'ils ont reçus.

Je fis une profonde révérence à toute la compagnie, et, me jetant dans mon canot, je m'éloignai du rivage en pleurant.

## CHAPITRE XI

Gulliver est percé d'une flèche que lui décoche un sauvage. — Il est pris par des Portugais qui le conduisent à Lisbonne. — Il passe en Angleterre.

Je commençai ce malheureux voyage le 15 février de l'an 1715, à neuf heures du matin. Quoique j'eusse le vent en poupe, il me suffit d'abord de mes rames. Mais, considérant que je serais bientôt las et que le vent pouvait changer, je déployai ma voile, et, la marée arrivant à mon aide, je cinglai l'espace d'une heure et demie.

Mon maître, avec tous les Houyhnhnms de sa compagnie, restèrent sur le rivage, éperdus et fort attristés, jusqu'à ce qu'ils m'eussent perdu de vue, et j'entendis plusieurs fois mon cher ami l'alezan hennir : *Hnuy illa nyha, majah Yahou!* C'est-à-dire : *Prends bien garde à toi, gentil Yahou!*

Mon dessein était de découvrir, par bonheur, quelque petite île inhabitée, où je trouvasse à point ma nourriture et de quoi me vêtir. Je me figurais, dans un pareil séjour, une situation mille fois plus heureuse que celle d'un premier ministre. Une horreur extrême de retourner en Europe et d'y vivre en la société et sous l'empire des Yahous me faisait rêver la royauté d'une île déserte. — Ah! quel bonheur si mon vœu se fût accompli! Dans cette heureuse solitude je passerais doucement le reste de mes jours, enveloppé dans ma philosophie et jouissant de mes pensées sur le souverain bien, sans autres plaisirs que le témoignage de ma conscience, sans être exposé à la contagion des vices énormes que les Houyhnhnms m'avaient fait apercevoir dans ma détestable espèce!

Le lecteur se souvient sans doute des accidents de mon voyage, de mes gens révoltés, de ma triste prison dans mon propre navire, et de Gulliver abandonné dans une île déserte. Il m'avait semblé que mon île était située à dix degrés au sud du cap de Bonne-Espérance, quarante-cinq degrés de latitude méridionale. Et sur cette inquiétante conjecture je ne laissai pas de cingler à l'est, espérant mouiller au sud-ouest de la côte de la Nouvelle-Hollande, et de là me rendre à l'ouest, en quelqu'une des petites îles situées aux environs. Le vent était directement à l'ouest, et, sur les six heures du soir, je supputai que j'avais fait environ dix-huit lieues, à l'est.

Sur ces entrefaites apparut à mes yeux clairvoyants une île infime, et, quand j'abordai, cette île était une roche; au flanc de la roche, une vague hurlante avait creusé une baie où j'amarrai mon canot. La roche était de facile escalade, et je découvris, vers l'est, une terre qui s'étendait du sud au nord. Je passai la nuit dans mon canot; le lendemain, ramant de grand matin et de grand courage, en sept heures j'arrive à cette corne de la Nouvelle-Hollande qui est au sud-ouest.

Ainsi je fus confirmé dans une opinion que j'avais depuis

longtemps : que les mappemondes et les cartes placent ce pays au moins à trois degrés plus à l'est qu'il n'est réellement. Je crois avoir, il y a déjà plusieurs années, communiqué ma pensée à mon illustre ami M. Herman Moll et lui avoir expliqué mes raisons. Naturellement le savant M. Moll, après m'avoir bien écouté en approuvant de la tête, obstinément... en revint aux anciennes cartes.

L'endroit où j'avais pris terre annonçait une profonde solitude, et cependant la prudence empêchait (j'étais sans armes) que je me hasardasse plus avant dans les terres. Je ramassai des coquillages, mais le plus petit feu me pouvait déceler aux habitants de la contrée. Ainsi, pendant les trois jours que je me tins en cet endroit, je vécus d'huîtres et de moules, afin de ménager mes humbles provisions. Je trouvai très-heureusement un petit ruisseau dont l'eau jasait, courait, et me rafraîchissait.

Le quatrième jour m'étant risqué dans les terres, je découvris vingt ou trente habitants du pays, sur une hauteur qui n'était guère à plus de cinq cents pas. Ils étaient nus, et se chauffaient autour d'un grand feu. Un d'eux m'aperçut et me désigna au reste de la bande.

Aussitôt voilà mes sauvages qui se dirigent de mon côté, et moi de ramer de toutes mes forces !... Ils me suivirent le long du rivage, et comme je n'étais pas fort avancé dans la mer, ils me décochèrent une flèche ; elle m'atteignit au genou gauche, et me fit une large blessure, dont je porte encore aujourd'hui la marque. Ajoutez que l'arme était peut-être empoisonnée, et pensez donc si, une fois hors d'atteinte, je tâchai de sucer ma plaie et de bander mon genou.

En ce moment cruel, je me disais : « Comment faire ? et de

quel côté me conduire? Ici, une terre inhospitalière, et là-bas le nuage, et rien que l'espace!... » Et comme, au loin, je cherchais à m'orienter, j'aperçus au nord-est une voile !

A chaque instant elle avançait. J'étais sauvé... Mais l'horreur que j'avais conçue pour toute la race des Yahous me fit prendre en ce moment le parti de virer de bord et de ramer vers le sud, pour me rendre à cette même baie d'où j'étais parti le matin. Plutôt mille fois servir de pâture aux anthropophages de l'Océan que de vivre avec des Yahous ! J'approchai donc mon canot le plus près qu'il me fut possible, et me cachai à quelques pas de là, derrière une petite roche assez voisine du petit ruisseau dont j'ai parlé.

Cependant le navire que je fuyais s'arrête à une demi-lieue de la baie ; il envoie au rivage ses tonneaux vides, à remplir de cette eau fraîche ; elle était célèbre en ces parages. Les mariniers, en prenant terre, aperçurent mon canot, et reconnurent sans peine que le propriétaire n'était pas loin.

Quatre d'entre eux, bien armés, cherchèrent aux environs, et me trouvèrent, couché la face contre terre, à l'abri de la roche. Ils furent d'abord très-surpris de ma figure : un habit de peau de lapin, des souliers de bois, des bas fourrés !

« Voilà, dirent-ils, un sauvage qui a perdu le talent d'aller tout nu ! — Lève-toi, reprit un de ces matelots, et réponds-nous ! Qui es-tu ? d'où viens-tu ? où vas-tu ? »

Il parlait portugais ; je lui répondis, en portugais, que j'étais un pauvre Yahou banni du pays des Houyhnhnms, et que je le conjurais de me laisser libre. Ils furent surpris de m'entendre parler leur langue, et jugèrent, par la couleur de mon visage, que j'étais un Européen ; mais ils ne savaient ce que je voulais dire par ces mots de *Yahous, Houyhnhnms*, et de grand cœur ils s'amusèrent de mon accent, qui ressemblait au hennissement d'un cheval.

Je ressentais à leur aspect des mouvements de crainte et de haine, et déjà je me mettais en état de leur brûler la politesse et de rentrer dans mon canot... Ils mirent la main sur moi, et m'obligèrent de répondre à leurs questions. Je répondis :

« Je suis Anglais, j'ai quitté l'Angleterre il y aura tantôt cinq ans, à l'heure où la paix était profonde entre le Portugal et l'Angleterre. Ainsi j'espérais qu'ils voudraient bien ne me point traiter en ennemis, puisque je ne leur voulais aucun mal. Encore une fois, j'étais un pauvre Yahou qui cherchait quelque île déserte où passer dans la solitude le reste d'une vie infortunée ! »

A leur tour ils me parlèrent, et Dieu sait quelle fut ma surprise et si je crus voir un prodige ! Cela me paraissait aussi extraordinaire que si j'entendais aujourd'hui un chien, une vache parler en bon anglais. Ces marins... *Yahous* me répondirent avec toute l'humanité et la politesse imaginables !

« Ayez bon courage, me disaient-ils ; certainement notre capitaine voudra vous prendre sur son bord, et *gratis*, vous ramener à Lisbonne, et de Lisbonne en Angleterre. »

Ainsi, deux d'entre eux iraient en toute hâte trouver le capitaine, l'informer de ce qu'ils avaient vu et recevoir ses ordres ; en même temps, à moins que je ne leur donnasse ma parole de ne point m'enfuir, ils allaient me lier. « Faites-en, leur dis-je, à votre volonté. »

Ils avaient bien envie de savoir mon histoire et mes aventures ; mais je leur donnai peu de satisfaction, et tous conclurent que mes malheurs m'avaient troublé l'esprit. Au bout de deux heures, la chaloupe, qui avait porté l'eau douce au navire, revint avec l'ordre de m'amener tout de suite à bord.

Je me jetai à genoux, priant qu'on me laissât et qu'on voulût bien respecter ma liberté ! Vaine prière... On me lie, on m'emporte, on me mène au navire, et me voilà en présence du Yahou qui le conduit.

Il s'appelait Pédro de Mendez, honnête homme. Il me pria d'abord de lui dire qui j'étais ; ensuite il me demanda ce que je voulais boire et manger, m'assurant que je serais traité comme lui-même. Il me dit tant de choses obligeantes, que je fus tout stupéfait de trouver tant de bonté dans un Yahou.

Cependant je gardais un air morne et fâché, et ne répondis autre chose à ses honnêtetés, sinon que j'avais à manger dans mon canot. Pour en finir, il voulut qu'on mît un poulet à la broche et qu'on tirât de son meilleur vin. En attendant que mon repas fût prêt, il me fit conduire en un bon lit, dans la meilleure cabine. On eut grand'peine à me coucher tout habillé ; peu s'en fallut même que je ne me jetasse à la mer, pour n'être point obligé de vivre avec des Yahous.

Je fus retenu par les matelots, et le capitaine, informé de ma tentative, ordonna de m'enfermer.

Après le dîner, don Pedro me vint retrouver ; il voulut savoir quel motif m'avait porté à cette entreprise d'un homme au désespoir, et pourquoi donc je résistais à toute sa bienveillance. « Et quoi ! me disait-il, on vous sauve, on s'empresse autour de vous, et vous voulez mourir ? » Il parlait si bien, d'une façon si touchante et si persuasive, que je commençai à le regarder comme un animal un peu raisonnable. En peu de mots je lui racontai mon voyage, la révolte de mes gens sur une embarcation dont j'étais capitaine, et la résolution qu'ils avaient prise de me laisser sur un rivage inconnu.

Je lui dis ces trois belles années passées parmi les Houyhnhnms, qui étaient des chevaux parlants, raisonnants et raisonnables... Il prit mon récit tout entier pour un tissu de visions et de mensonges, et j'en fus extrêmement choqué.

« Monsieur, lui dis-je, on ne ment que chez les Yahous d'Europe, on ne sait pas mentir chez les Houyhnhnms, non pas même les enfants et les valets. » Au surplus, il croirait ce qu'il lui plairait ; mais j'étais prêt à répondre à toutes les difficultés qu'il pourrait m'opposer, et je me flattais de lui faire enfin connaître la vérité.

Le capitaine, homme sensé, après m'avoir fait plusieurs questions pour s'assurer que je gardais l'ordre et la logique du discours, comprenant enfin que je n'étais pas un visionnaire et que les parties de mon histoire se rapportaient l'une à l'autre, commença à ne plus douter de ma sincérité.

Même il se souvint qu'il avait jadis rencontré un matelot hollandais qui lui avait dit avoir pris terre, avec cinq de ses camarades, à une certaine île ou continent, au sud de la Nouvelle-Hollande, où ils avaient mouillé pour faire aiguade, et bel et bien ils avaient aperçu un cheval, chassant devant lui un troupeau d'animaux semblables aux Yahous dont je parlais.

Il avait ajouté plusieurs particularités que le capitaine avait oubliées ; et maintenant ces étranges détails lui revenaient en mémoire et le rendaient tout honteux de son incrédulité.

Donc, puisque aussi bien je faisais profession d'un si grand attachement à la vérité, il exigeait ma parole d'honneur de rester avec lui pendant tout le voyage, et sans songer à plus attenter sur ma vie ; ou bien il m'enfermerait jusqu'à ce qu'il fût arrivé à Lisbonne. Je lui promis ce qu'il exigeait de moi, non pas sans de grandes protestations que je souffrirais plutôt les traitements les plus fâcheux que de consentir jamais à retourner parmi les Yahous de mon pays.

Il ne se passa rien de remarquable pendant notre voyage. Afin de témoigner au capitaine combien j'étais sensible à ses bontés, je m'entretenais quelquefois avec lui, s'il me priait instamment de lui parler, et m'efforçais de lui cacher mon aversion pour tout le genre humain.

Il m'échappait néanmoins quelques traits satiriques ; il les prenait en galant homme, ou bien il ne faisait pas semblant d'y prendre garde. Je passais la plus grande partie du jour, seul dans ma chambre, et ne voulais parler à qui que ce fût de l'équipage. Ainsi j'obéissais aux répugnances que m'avaient laissées les Houyhnhnms avec leurs idées philosophiques.

J'étais dominé par une misanthropie insurmontable ; on m'eût pris pour quelqu'un de ces sombres esprits, de ces farouches solitaires, qui, sans avoir fréquenté les Houyhnhnms, se piquent de connaître à fond le caractère des hommes et d'avoir un souverain mépris pour l'humanité.

Le capitaine en vain me pressa plusieurs fois de quitter les dépouilles dont j'étais couvert, et de m'habiller de pied en cap ; je le remerciai de ses offres, ayant horreur de mettre sur mon corps ce qui avait été à l'usage d'un Yahou. Je lui permis seulement de me prêter deux chemises blanches. Le blanchissage, à coup sûr, les avait purifiées ! Je les mettais tour à tour de deux jours l'un, et j'avais soin de les laver moi-même.

Nous arrivâmes à Lisbonne le 5 de novembre 1715. Le capitaine alors me força à prendre ses habits, pour empêcher la foule de nous huer dans les rues. Il me conduisit à sa maison, et voulut que je demeurasse chez lui, pendant mon séjour en cette ville. Instamment je le priai de me loger au quatrième étage, en un coin sombre et loin de la foule, et qu'il me fît la grâce de ne dire à personne ce que je lui avais raconté de mon séjour parmi les Houyhnhnms ! Si mon histoire était sue, il m'arriverait une infinité de curieux, suivis d'une infinité de questions... et peut-être aussi l'inquisition s'en mêlant, gare le bûcher !

Le capitaine était garçon, il n'avait que trois domestiques ; celui qui m'apportait à manger dans ma chambre avait de si bonnes façons à mon égard et tant de bon sens pour un Yahou, que sa compagnie ne me déplut point. Il gagna sur moi que parfois je mettrais ma tête à ma lucarne pour prendre l'air ; ensuite il me persuada de descendre à l'étage au-dessous et de coucher dans une chambre dont la fenêtre donnait sur la rue.

Il me fit regarder par cette fenêtre, et tout d'abord je retirais ma tête aussitôt que je l'avais avancée : voir la foule aller, venir, m'était insupportable ! A la fin, je m'apprivoisai peu à peu ; au bout de huit jours, je descendis encore un étage.

Et si complétement ce garçon triompha de ma faiblesse, qu'il me fit asseoir sur le seuil de la porte, où je regardais les passants... Un peu plus tard je l'accompagnai dans les rues.

Don Pedro, à qui j'avais expliqué l'état de ma famille et de mes affaires, me dit un jour, que j'étais obligé, en honneur et en conscience, de retourner dans mon pays, et de vivre, en ma maison, avec ma femme et mes enfants.

Il y avait justement dans le port un navire prêt à faire voile pour l'Angleterre, et le bon capitaine avait déjà fait porter dans ma cabine tout ce qui serait nécessaire à mon voyage. A ces raisons j'en opposai plusieurs qui me détournaient de rentrer dans mon pays. « Non, non, disais-je, une île déserte où je finirai mes jours en rêvant aux amis que j'ai perdus, voilà ce qu'il me faut désormais. » Il me répliqua que cette île à moi tout seul était une chimère, et que partout je trouverais des hommes ; au contraire, une fois chez moi, j'y serais le maître et pourrais être aussi seul qu'il me plairait.

A la fin, je me rendis, ne pouvant mieux faire, et d'ailleurs j'étais devenu un peu moins sauvage. Le 24 du mois de novembre, je quittai Lisbonne et m'embarquai sur un bateau marchand. Don Pedro m'accompagna jusqu'au port ; il eut l'honnêteté de me prêter vingt livres sterling.

Durant tout le voyage, aucun commerce avec le capitaine, avec pas un des passagers ! Je me fis malade afin de rester dans ma chambre. Le 5 décembre 1715, nous jetâmes l'ancre aux Dunes, environ sur les neuf heures du matin. A trois heures de l'après-midi, j'arrivai à Redriff en bonne santé, et me rendis à mon logis.

Ma femme et toute ma famille, en me revoyant, me témoignèrent leur surprise et leur joie ; ils m'avaient cru mort, et, me retrouvant sain et sauf, ils s'abandonnèrent à des transports que je ne saurais exprimer. Je les embrassai tous assez froidement, à cause de l'idée Yahou, qui n'était pas encore sortie de mon esprit.

Mon premier argent frais, je l'employai à l'achat de deux jeunes chevaux. Je leur fis bâtir une fort belle écurie, et

» à trois heures de l'après midi j'arrivai à Redriff
et me rendis au logis.

leur donnai un palefrenier du premier mérite, dont je fis mon favori et mon confident. L'odeur de l'écurie était pour moi une odeur suave, et j'y passais tous les jours quatre heures charmantes, à parler à mes deux amis hennissants, qui me rappelaient le souvenir des vertueux Houyhnhnms.

Hélas ! voici déjà cinq années que je suis de retour de mon dernier voyage, et que je vis retiré chez moi.

La première année, avec grand'peine, je supportais la vue de ma femme et de mes enfants, il fallut un grand effort de ma volonté pour manger avec eux.

Mes idées changèrent à la longue ; aujourd'hui je suis un homme ordinaire... un peu misanthrope, il est vrai. Mais convenez, ami lecteur, qu'on le serait à moins ! Quoi de plus sérieux que la vie humaine ? quoi de plus triste au départ, de plus décourageant au retour ?

# CHAPITRE XII

Contre les voyageurs qui mentent dans leurs relations. — Ce que pense Gulliver de la conquête à faire des pays qu'il a découverts.

La voilà terminée enfin, cette histoire complète de mes voyages, pendant l'espace de seize ans et sept mois ! Dans cette relation, j'ai moins cherché l'élégance et le talent du récit que la vérité et la sincérité. Peut-être avez-vous pris pour contes et fables les *Voyages de Gulliver ;* convenez du moins que l'auteur parle en bonhomme, ignorant du mensonge et des ressources les plus vulgaires de la fiction. Donc ceci est un livre de bonne foi, il en a toutes les apparences : simplicité, clarté, bonhomie, exacts détails.

Il nous est aisé, sans doute, à nous autres voyageurs dans les terres inconnues, de nous perdre en descriptions surprenantes de quadrupèdes, de serpents, d'oiseaux et de poissons extraordinaires, mais, si la vérité a ses voiles, en revanche le mensonge a ses fumées, il est toujours le mensonge !

Au contraire, ici, reconnaissez le voyageur véridique à ces signes : il songe à donner de bons enseignements ; il vise à l'utilité plus qu'à l'intérêt de la leçon ; il s'adresse aux sages esprits, non aux esprits curieux ; il est content s'il persuade, il est fâché s'il amuse ; il cherche en tout lieu l'utile, il laisse aux écumeurs de mer les miracles.

Voilà tout ce que je me suis proposé dans cet ouvrage et je crois que l'avenir m'en saura gré.

Je voudrais de tout mon cœur qu'il fût ordonné par une loi :

Avant qu'un voyageur publie la relation de ses voyages, il jure par serment, en présence du lord grand chancelier, que tout ce qu'il va dire est exactement vrai, ou du moins qu'il le croit tel.

Le monde, à ce compte, aurait moins de déboires et ne serait pas trompé comme il l'est tous les jours. Je vote à l'avance pour cette loi salutaire ! et, mon livre à la main, j'entendrai volontiers le terrible axiome : *Il faut subir la loi que soi-même on a faite.*

Autrefois, quand j'étais jeune, il n'y avait pas de relation de voyage qui n'eût un grand charme à mes yeux ! Mais, depuis que j'ai fait plus que le tour du monde, que j'ai vu les choses de mes yeux, je n'ai plus de goût pour cette sorte de lecture ; un simple roman me convient davantage, et plaise au Ciel que mon lecteur pense comme moi !

Mes amis ayant jugé que la relation de mes voyages avait un certain air de vérité qui plairait au public, je me suis livré à leurs conseils, et j'ai consenti à me faire imprimer vif ! Certes, peu de malheurs m'ont été épargnés, mais j'ai toujours évité les horreurs du mensonge. Il n'y a rien de pire, et voilà l'abîme dont il est impossible de se tirer.

> La fortune éprouva le malheureux Sinon.
> Qu'elle en ait fait un traître ! oh ! ma foi non [1] !

Je sais qu'il n'y a pas beaucoup d'honneur à publier des voyages : cela ne demande ni science, ni génie, il suffit d'avoir une bonne mémoire, ou tenir un journal exact : je sais aussi que les faiseurs de relations ressemblent aux faiseurs de dictionnaires; ils ont leur nouveauté..., ils ont leur éclipse. On a dépouillé son voisin de droite, on est dépouillé par son voisin de gauche. Il m'arrivera peut-être ici la même chose, d'autres voyageurs iront dans les pays d'où je viens, ils en reviendront, ils enchériront sur mes descriptions, ils feront tomber mon livre... Heureusement, je n'écris pas pour la gloire, et pour peu que je sois utile un instant, ces petites déchéances ne sauraient me chagriner.

Je voudrais bien qu'on s'avisât de censurer mon ouvrage. En vérité, quel reproche adresser au voyageur qui décrit des pays dans lesquels nos marchands n'ont rien à gagner? J'ai écrit sans passion, sans esprit de parti, et sans vouloir blesser personne, uniquement pour l'instruction générale du genre humain. J'ai écrit sans aucune vue d'intérêt ou de vanité.

Les observateurs, les examinateurs, les critiques, les chicaneurs, les politiques, les petits génies, les patelins, les esprits les plus difficiles et les plus injustes, n'ont rien à me dire ; ils ne trouveront point, Dieu soit loué ! l'occasion

---

[1] VIRG., *Énéide*, l. II.

d'exercer leur odieux talent contre un livre innocent de supercherie et de toute espèce de vanité.

Le petit nombre, c'est-à-dire les sages, me conseillaient, à mon retour, de présenter au secrétaire d'État un Mémoire instructif de mes découvertes ! C'est la loi : toutes les terres qu'un sujet découvre appartiennent à la couronne.

Hélas ! je doute un peu que la conquête des pays d'où je viens soit aussi facile que celle de Fernand Cortez dans cette contrée de l'Amérique où les Espagnols massacrèrent tant de pauvres Indiens nus et sans armes ! Qui s'inquiète, après tout, de Lilliput ? Le bel empire à conquérir et comme on serait sûr de faire ses frais de flotte et d'armée ! En même temps, comme il serait d'une administration prudente et d'un gouvernement prévoyant d'attaquer les Brobdingnagiens !

Il ferait beau voir une armée anglaise entreprendre une descente en ce pays étrange, et messieurs les Anglais seraient-ils contents d'être envoyés dans une contrée où l'on a toujours une île aérienne sur la tête, et prête à écraser les rebelles ?... à plus forte raison les ennemis du dehors qui voudraient s'emparer de cet empire !

Le pays des Houyhnhnms paraît une conquête aisée, au premier abord. On ignore dans ce doux pays, le métier de la guerre ; armes blanches, armes à feu, sont lettres closes ; plaines chargées d'avoine, opulentes prairies, pas un fossé, pas un rempart... Royaume à prendre...

Et pourtant, si j'étais ministre d'État, je ne serais guère d'humeur à tenter pareille entreprise. Ils sont sages, ils sont prudents, les Houyhnhnms ; et leur prudence et leur parfaite unanimité sont des armes terribles. Imaginez-vous, d'ailleurs, cent mille Houyhnhnms en fureur, se jetant sur une armée européenne ; est-ce qu'on résiste à pareil choc ? Ah ! que de soldats déchirés à belles dents ! Que de bataillons défoncés à coups de pied, que de têtes brisées par ces poitrails de fer !

Il n'est point de Houyhnhnm auquel on ne puisse appliquer l'*impavidum ferient*... Quant à moi, leur disciple et leur serviteur fidèle, à Dieu ne plaise que jamais j'indique à la conquête les chemins qui conduisent à ces pâturages de la philosophie et du bonheur !

Ils m'ont appris la justice ! ils m'ont enseigné le devoir ! ils m'ont démontré l'horreur de la guerre ! A Dieu ne plaise que Gulliver soit l'instrument d'une invasion chez eux !

Savez-vous, mes frères, ce que peut être une invasion ? Une troupe de pirates est poussée par la tempête on ne sait où. Un mousse, au sommet du perroquet, découvre une terre : aussitôt les voilà qui cinglent vers ce lointain sans nom.

Ils abordent, ils descendent sur le rivage ; ils voient un peuple innocent qui les accueille. Aussitôt ils donnent un nouveau nom à cette terre, ils prennent possession au nom de leur maître. Avec du sable et de la fange, ils élèvent un monument qui atteste à la postérité cette illustre action !

C'est bien fait. Par ces petites cérémonies, la terre appartient à ces brigands, toute la terre et ses habitants, tombeaux, berceaux, le fruit de l'arbre et l'or enfoui, de droit naturel tout leur revient. Ils ont le droit de vie et de mort. Pour le manifester au monde entier qui les contemple, ils égorgent une centaine de pauvres Indiens sans défense. Ils ont la bonté d'en épargner une douzaine, qu'ils renvoient à leurs cabanes. Voilà le grand acte de possession souveraine qui commence à fonder le droit divin.

Cette œuvre accomplie, ils reviennent en toute hâte au pays natal, rapportant des échantillons de leurs pillages, et demandant de nouveaux *droits* à tout piller, tout égorger ; ils les obtiennent. Vaisseaux, fusils, canons, munitions, chevaux même, rien n'y manque, et pille, et tue !... Et voilà comme on devient un peuple civilisateur prêchant l'Évangile, et donnant aux peuples soumis l'utile exemple de toutes les vertus !

A Dieu ne plaise que je désigne ici la joyeuse Angleterre ! Elle a déployé dans ses colonies une justice paternelle. Elle a porté l'Évangile dans les pays nouvellement découverts, heureusement envahis ; elle a pratiqué la loi chrétienne, et pendant que l'Espagne envoie aux Indiens des égorgeurs, l'Angleterre est attentive à choisir des ministres dévoués, des gouverneurs honorables, des braves gens des deux sexes, bienvenus du roi, bienvenus des colonies, bienvenus du peuple anglais.

Qui nous pousse, au reste, à nous emparer des pays dont j'ai fait la description ! Quel avantage d'enchaîner et de tuer les naturels ? Ils ne possèdent ni mines d'or et d'argent, ni sucre, ni tabac. Ils ne méritent donc pas d'être un objet de notre ardeur martiale et de notre zèle religieux, et que nous leur fassions tant d'honneur que de les conquérir.

Si néanmoins la cour en juge autrement, je déclare que je suis prêt d'attester en justice, et la main sur le livre antique de notre foi, qu'avant moi nul Européen n'avait mis le pied dans ces mêmes contrées : je prends à témoin les naturels, dont la déposition serait irrécusable.

Il est vrai que l'on pourrait m'objecter ces deux Yahous dont j'ai parlé, et qui, selon la tradition des Houyhnhnms, parurent autrefois sur une montagne, et sont devenus la tige de tous les Yahous de ce pays-là...

Avec un peu de bonne volonté dans la demande et dans la réponse, il ne serait pas difficile de prouver que ces deux anciens Yahous étaient natifs d'Angleterre : ils ont transmis à leurs descendants plus qu'il n'en faut de leurs habitudes, de leur rudesse et des traits de leur visage, pour attester de leur origine picte et saxonne.

Au surplus, je laisse aux docteurs ès-colonies, aux économistes de profession, à discuter cet article, à examiner s'il ne fonde pas un titre incontestable et d'une évidente clarté pour le droit de la Grande-Bretagne.

Et maintenant que j'ai répondu, sans réplique, à la seule objection qu'on me pût faire au sujet de mes voyages, permettez, ami lecteur, après tant de fatigues sur terre et sur mer, que je me retire enfin dans mon doux pays de Redriff.

Après tant d'aventures presque incroyables, il n'est rien de mieux, en attendant une mort paisible, que beaucoup de sagesse, une humble maison, beaucoup de philosophie, un petit jardin.

ICI S'ARRÊTENT LES VOYAGES DE GULLIVER.

# TABLE DES MATIÈRES

# TABLE DES MATIÈRES

Pages.

Jonathan Swift . . . . . . . . . . . . . . . . 1

## PREMIÈRE PARTIE. — LE VOYAGE A LILLIPUT

### CHAPITRE PREMIER

Gulliver rend compte des premiers motifs qui le portèrent à voyager. — Il fait naufrage, et se sauve à la nage dans le pays de *Lilliput*. — On l'enchaîne, on le conduit, enchaîné, plus avant dans les terres. . 29

### CHAPITRE II

L'empereur de Lilliput, accompagné de plusieurs de ses courtisans, visite Gulliver dans sa prison. — Description de la personne et de l'habit de Sa Majesté. — Une commission scientifique est nommée pour apprendre la langue à l'auteur. — Il obtient des grâces par sa douceur : ses poches sont visitées. . . . . . . . . . . . . 42

### CHAPITRE III

Gulliver divertit l'empereur et les grands de l'un et de l'autre sexe, d'une manière fort extraordinaire. — Description de la cour de Lilliput. — L'auteur est mis en liberté à certaines conditions . . . . . . 54

## CHAPITRE IV

Description de Mildendo, capitale de Lilliput, et du palais de l'empereur. — Conversation entre Gulliver et un secrétaire d'État, sur les affaires de l'empire. — Les offres que fait Gulliver de servir l'empereur dans toutes ses guerres . . . . . . . . . . . . . . . 63

## CHAPITRE V

Gulliver par un stratagème extraordinaire, s'oppose à une descente des ennemis. — L'empereur lui confère un grand titre d'honneur. — Les ambassadeurs arrivent de la part de l'empereur de Blefuscu, pour demander la paix. — Le feu prend à l'appartement de l'impératrice, et Gulliver contribue à éteindre l'incendie . . . . . . . . . . 71

## CHAPITRE VI

Les mœurs des habitants de Lilliput. — Leur littérature, leurs coutumes, leur façon d'élever les enfants. . . . . . . . . . . . . . 78

## CHAPITRE VII

Gulliver, ayant reçu l'avis qu'on voulait lui faire son procès, pour crime de lèse-majesté, s'enfuit dans le royaume de Blefuscu . . . . . 91

## CHAPITRE VIII

Gulliver, par un accident heureux, trouve le moyen de quitter Blefuscu. — Après quelques difficultés, il retourne enfin dans sa patrie. . . 101

# DEUXIÈME PARTIE. — LE VOYAGE A BROBDINGNAC

## CHAPITRE PREMIER

Gulliver, après avoir essuyé une grande tempête, se jette dans une chaloupe et descend à terre. — Il est saisi par un des habitants du pays. — Comment il est traité. — Idée du pays et du peuple de Brobdingnac. . . . . . . . . . . . . . . . . . . . . 111

## CHAPITRE II

Portrait de la fille du laboureur. — Gulliver est conduit à la ville, un jour de marché. — Plus tard on le porte dans la capitale du royaume, et récit de ce qu'il a vu et souffert. . . . . . . . . . . . 126

## CHAPITRE III

Gulliver mandé à la cour. — La reine l'achète et le présente au roi. — Il dispute avec les savants de Sa Majesté. — On lui prépare un appartement. — Il devient favori de la reine. — Il soutient l'honneur de son pays. — Ses querelles avec le nain de Sa Majesté . . . . . 134

## CHAPITRE IV

Description du pays. — Gulliver indique une correction pour les cartes modernes. — Palais du roi; sa capitale. — Manière de voyager de Gulliver. — Le temple. . . . . . . . . . . . . . . . . . 145

## CHAPITRE V

Aventures diverses. — Gulliver montre ses connaissances en navigation. 150

## CHAPITRE VI

Différentes inventions de Gulliver pour plaire au roi et à la reine. — Le roi daigne s'informer de l'état de l'Europe. — Observations du roi sur la politique des peuples civilisés. . . . . . . . . . . . 159

## CHAPITRE VII

Zèle de Gulliver pour l'honneur de sa patrie. — Il fait une proposition avantageuse au roi. — Sa proposition est rejetée. — La littérature de ce peuple imparfaite et bornée. Leurs lois, leurs affaires militaires et les divers partis dans l'État. . . . . . . . . . . . . . 171

## CHAPITRE VIII

Le roi et la reine font un voyage vers la frontière. — Comment Gulliver sort de ce pays, pour retourner en Angleterre. . . . . . . . 180

# TROISIÈME PARTIE. — LE VOYAGE A LAPUTA

## CHAPITRE PREMIER

Gulliver entreprend un troisième voyage. — Il tombe aux mains des pirates. — Méchanceté d'un Hollandais. — Arrivée à Laputa . . . 197

## CHAPITRE II

Caractère des Laputiens. — Leurs savants, leur roi et sa cour. — Réception faite à Gulliver. — Les craintes et les inquiétudes des habitants. — Caractère des femmes laputiennes. . . . . . . . . . 204

## CHAPITRE III

Phénomène expliqué par les philosophes et les astronomes modernes. — Les Laputiens sont grands astronomes. — Comment s'apaisent les séditions. . . . . . . . . . . . . . . . . . . . 212

## CHAPITRE IV

Gulliver quitte l'île de Laputa ; il est conduit aux *Balnibarbes*. — Son arrivée à la capitale. — Description de cette ville et des environs. — Il est reçu avec bonté par un grand seigneur . . . . . . . . . 217

## CHAPITRE V

Gulliver visite l'Académie ; il en fait la description . . . . . . . 225

## CHAPITRE VI

Suite de l'Académie. . . . . . . . . . . . . . . . . . 232

## CHAPITRE VII

Gulliver quitte Lagado. — Il arrive à Maldonada. — Il fait un petit voyage à Glubbdubdrid. — Comment il est reçu par le gouverneur. . 239

## CHAPITRE VIII

Retour de Gulliver à Maldonada. — Il fait voile pour le royaume de Luggnagg. — A son arrivée il est arrêté et conduit à la cour. — Comment il y est reçu . . . . . . . . . . . . . . . . . 250

## CHAPITRE IX

Des Struldbruggs ou Immortels . . . . . . . . . . . . . 255

## CHAPITRE X

Gulliver, de l'île de Luggnagg, se rend au Japon. — Il s'embarque sur un vaisseau hollandais. — Il arrive dans Amsterdam, et, de là, passe en Angleterre . . . . . . . . . . . . . . . . . . . 265

## QUATRIÈME PARTIE. — LE VOYAGE AU PAYS DES HOUYHNHNMS

### CHAPITRE PREMIER

Gulliver entreprend un dernier voyage en qualité de capitaine. — Son équipage se révolte, et l'abandonne sur un rivage inconnu. — Description des Yahous. — Deux Houyhnhnms viennent au-devant du voyageur. . . . . . . . . . . . . . . . . . . . 273

### CHAPITRE II

Gulliver est conduit au logis d'un Houyhnhnm : comment il y est reçu. — Quelle était la nourriture des Houyhnhnms. — Embarras de l'auteur aux heures du repas. . . . . . . . . . . . . . . 281

### CHAPITRE III

Gulliver s'applique à apprendre la langue, et le Houyhnhnm son maître s'applique à la lui enseigner. — Plusieurs Houyhnhnms viennent voir Gulliver par curiosité. — Il fait à son maître un récit succinct de ses voyages . . . . . . . . . . . . . . . . . . . . 288

### CHAPITRE IV

Idée des Houyhnhnms sur la vérité et le mensonge. — Les discours de Gulliver sont censurés par son maître . . . . . . . . . . 297

### CHAPITRE V

Gulliver expose à son maître les causes les plus ordinaires de la guerre entre les princes de l'Europe ; il explique ensuite comment les particuliers se font la guerre les uns aux autres. — Portrait des procureurs et des juges en Angleterre . . . . . . . . . . 306

### CHAPITRE VI

Du luxe, de l'intempérance et des maladies qui règnent en Europe. — Et caractère de la noblesse. . . . . . . . . . . . . . . 316

### CHAPITRE VII

Parallèle des Yahous et des hommes. . . . . . . . . . . . 325

## CHAPITRE VIII

Philosophie et mœurs des Houyhnhnms . . . . . . . . . . . . 332

## CHAPITRE IX

Parlement des Houyhnhnms. — Question importante agitée dans l'assemblée de toute la nation. — De quelques usages du pays. . . 338

## CHAPITRE X

Félicité du pays des Houyhnhnms. — Les bonheurs de la causerie. — Il est banni du pays par l'ordre du parlement. . . . . . . . . 345

## CHAPITRE XI

Gulliver est percé d'une flèche que lui décoche un sauvage. — Il est pris par des Portugais qui le conduisent à Lisbonne. — Il passe en Angleterre . . . . . . . . . . . . . . . . . . . 355

## CHAPITRE XII

Contre les voyageurs qui mentent dans leurs relations. — Ce que pense Gulliver de la conquête à faire des pays qu'il a découverts. . . . 366

FIN DE LA TABLE DES MATIÈRES.

ANGERS. — IMPRIMERIE LACHÈSE ET DOLBEAU

www.ingramcontent.com/pod-product-compliance
Lightning Source LLC
Chambersburg PA
CBHW052118230426
43671CB00009B/1028